퇴근 15분 전

HELP!

HELP!

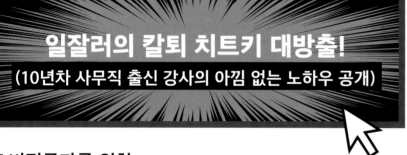

일잘러의 칼퇴 치트키 대방출!
(10년차 사무직 출신 강사의 아낌 없는 노하우 공개)

비전공자를 위한

파이썬
업무 자동화 (RPA)

퇴근 1분 전

**코알못 대기업 교육 담당자가
ChatGPT 업무 자동화(RPA) 강사가 되기까지!**

비개발자 현업 실무에서 경험하고 고민하여 만든
진짜 업무 자동화를 배워보자!

| 비현코(김우현) 저 |

DIGITAL BOOKS
디지털북스

IT 비전공자를 위한

파이썬
업무 자동화 (RPA)

| 만든 사람들 |

기획 IT·CG기획부 **| 진행** 양종엽 · 박소정 **| 집필** 비현코(김우현) **| 삽화** 장우성
표지 디자인 원은영 · D.J.I books design studio **| 편집 디자인** 이기숙 · 디자인숲

| 책 내용 문의 |

도서 내용에 대해 궁금한 사항이 있으시면
저자의 홈페이지나 디지털북스 홈페이지의 게시판을 통해서 해결하실 수 있습니다.
디지털북스 홈페이지 digitalbooks.co.kr
디지털북스 페이스북 facebook.com/ithinkbook
디지털북스 인스타그램 instagram.com/digitalbooks1999
디지털북스 유튜브 유튜브에서 [디지털북스] 검색
디지털북스 이메일 djibooks@naver.com
저자 이메일 bhyunco@gmail.com
저자 유튜브 유튜브에서 [비현코] 검색

| 각종 문의 |

영업관련 dji_digitalbooks@naver.com
기획관련 djibooks@naver.com
전화번호 (02) 447-3157~8

머리말

사무직 직장생활 11년,
코딩 없이 살아 온 IT 비전공자의 진짜 파이썬 업무 자동화 이야기
그리고 생성형 AI가 몰고 온 '시민 개발자'의 시대

2011년부터 2022년까지 11년간 삼성그룹과 현대자동차그룹에서 다양한 실무를 해왔습니다. 6년 동안은 반도체 공정 엔지니어(인턴), 철강 기술영업, 영업, 영업관리 및 구매, 내부 시스템 기획 등의 업무를 하였고, 5년 동안은 기업 HRD(기업교육부서)팀에서 다양한 기업 교육을 기획/설계/운영했습니다. 특히 기업 HRD팀에 있을 때는 요즘 흔히 말하는 DT 교육(4차산업혁명시대에 기업의 모든 것을 디지털화하는 교육 - 크롤링, 데이터 분석, 인공지능 및 업무 활용 교육 등)을 전사로 확대하는 역할을 해왔습니다.

11년간 실무를 했을 때는 '코딩'이라는 단어는 저의 업무와 사실 상관이 없다고 생각했습니다. 2020년 3월, 정식으로 파이썬을 배웠지만 업무에 활용하지는 못했습니다. 엑셀이라는 멋진 소프트웨어가 있다는 이유도 있었지만 다양한 실무자를 위한 DT 교육이 대부분 개발자의 관점 혹은 시점에서 다루어져서 실무에 적용하기 쉽지 않았던 것도 있습니다.

한창 회사에서 DT 교육을 진행할 적의 일입니다. 저의 보스는 제게 DT 교육 결과를 보고할 것을 지시하였습니다. 기업 교육을 포함한 다양한 교육업에 종사하는 분들은 공감하시겠지만 이 업계의 영원한 숙제 중 하나는 바로 교육 ROI(Return On Investment - 교육 투자 대비 효과) 입증입니다. '교육을 통해서 어떤 결과를 내었고 교육 투자에 비해 얼마나 경영 성과를 보였는가'라는 매우 증명하기 힘든 일을 저도 매번 교육마다 고민하고 방법을 찾아야 했습니다.

저는 DT 교육 학습자들을 다양하게 만나면서 그들을 상대로 인터뷰를 진행해 보았습니다. 학습자들은 대부분 저와 같은 IT 비전공자이며, 교육 성과에 관해 아래와 같이 답변하였습니다.

파이썬 기초 수업 학습자 (40시간 - 인당 교육비 약 100만 원)

파이썬을 왜 쓰죠? 엑셀이 훨씬 편한데?

파이썬 데이터 분석 수업 학습자 (32시간 – 인당 교육비 약 80만 원)

방법은 알겠는데, 파이썬-pandas-통계 공부를 언제 해서 업무에 언제 써요?

인공지능 Bigdata의 이해 수업 학습자 (16시간 – 인당 교육비 약 40만 원)

인공지능이 대단한 건 알겠는데… 그걸 내가 할 수 있을까요?
너무 고차원적인 기술이예요…

인터뷰 내용을 토대로 보고서를 어떻게 써야 할지 고민을 거듭했습니다. 그러던 중에 어떤 메일이 도착했는데 저의 고민을 한 번에 해결해 주는 내용이 있었습니다. 메일에는 한 영상이 첨부되었는데, 매우 간단한 영상임에도 제가 DT 교육의 교육 ROI를 증명하는 데 손색이 없었습니다. 아래는 그 영상을 보낸 직원의 이야기를 정리한 것입니다(각색이 조금 들어갔습니다).

> 그는 생산라인에서 근무하는 엔지니어였습니다. 그의 소속 부서는 매일 아침 8시 30분에 이사님 주재-팀장 회의를 했는데, 그가 맡은 업무는 회의 전날부터 당일 새벽까지 생산된 제품의 불량 이력을 엑셀로 정리해서 Daily 자료를 만드는 업무입니다. 그리 오래 걸리는 일은 아닙니다. 인트라넷에 들어가서 데이터를 다운로드하고 그 데이터를 엑셀로 정리한 다음 팀장님들이 보기 편하게 약간의 디자인 작업을 하는 단순 업무였습니다.
>
> 하지만 문제는 시간입니다. 출근 시간은 9시까지이지만 그는 매일 아침 7시 30분까지 출근해서 그 회의 자료를 준비해야 했습니다. 7시 30분에 출근해서 40분 동안 자료를 준비하고 메일을 보내면, 8시 15분 정도가 됩니다. 그리고 조금 쉬다가 업무를 시작해야 했습니다.

그의 인터뷰 내용은 다른 교육을 받은 교육생과 달랐습니다.

파이썬 라이브러리 활용 교육 학습자 (24시간 – 인당 교육비 약 60만 원)

매일 아침 1시간 반씩 일찍 출근해야 가능했던 업무를 파이썬 라이브러리를 사용해서
자동화하는 데 성공했습니다!
덕분에 그만큼의 시간을 확보할 수 있어서 업무 효율성이 매우 높아졌습니다.
앞으로도 꾸준히 공부해 나가려고 합니다.

하루에 한 시간을 확보할 수 있다는 것은, 1달이면 20시간(워킹데이 기준) 1년이면 240시간을 확보할 수 있음을 의미합니다. 60만 원의 교육비를 투자해서 1년간 240시간을 절약할 수 있다면 ROI는 시급 1만 원으로만 계산해도 400%가 나옵니다.

그렇게 그 영상을 기점으로 긍정적인 답변이 담긴 메일들이 잇따라 도착했습니다.

"파이썬으로 고객 맞춤 PPT를 만들었습니다."
"시황 보고서에 들어가는 데이터를 크롤링하는 크롤러를 만들었습니다."
"수천 명에게 고객별로 다른 메일과 첨부를 파이썬으로 해결했습니다."
"개인별로 처리해야 하는 총무 업무를 자동화하는 데 성공했습니다."
"매달 열리는 대외 워크샵 수료증을 자동으로 만들어 냈어요!"

여기서 주목할 것은 그렇게 DT 교육으로 각광을 받던 인공지능/빅데이터 활용과 같은 고차원적인 기술이 아닙니다. 단순히 개인의 반복 업무를 해결해 주는 작은 결과뿐이지만, 그러한 결과가 모여 위대한 결과를 만들어 낸다는 점입니다. 이를 토대로 저는 멋진 교육결과 보고서를 작성할 수 있었고, 단기간으로 학습함에도 빠른 업무 적용이 가능한 DT 교육이 바로 '파이썬 업무 자동화'라는 것을 알게 되었습니다. 그렇게 실무 적용 사례들을 포함한 보고서가 상부로 보고되었고, DT 교육의 교육 ROI 증명과 함께 전사적으로 DT 교육 예산을 끌어올리는 발판이 마련되었습니다. 그리고 시간이 흘러 머신러닝/딥러닝/텍스트 마이닝 등 고차원 기술이 회사 곳곳에서 사용되기 시작했습니다.

그 일 이후로 저는 정말 다양한 교육 업무를 파이썬으로 해결해 왔습니다. 그리고 지금은 뜨거운 이슈인 인공지능까지도 업무에 활용하면서 DT 교육의 결과가 얼마나 대단한지를 하루하루 몸소 체험하며 살아가고 있습니다.

저는 지금 강사/작가로도 활동하고 있지만, 많은 기업에서 DT 교육의 방향성을 제시하는 IT 교육 컨설팅의 업무도 겸하고 있습니다. 그리고 지금 제가 앞서 말한 이 내용이 기업에서의 DT를 가장 빠르게 확산시킬 수 있는 가장 확실한 해결책이라는 것을 감히 말씀드리고 싶습니다.

그리고 이 교육은 생성형 AI의 활용으로 인해 가속화되고 있습니다. 저는 2023년 오프라인 생성코딩 강의로 2,000여 명의 비개발자를 만났고, 그들이 생성형 AI를 통해 코드를 생성해 내는 것을 보고 느낀 점이 있습니다. 더 많은 비개발자들이 코딩을 사용하게 되면서 바야흐로 '시민 개발자'의 시대가 막을 올리게 되었다는 것입니다.

앞서 언급한 모든 변화의 본질은 바로 '실용'입니다. 저는 이 책을 통해서 지금까지 많은 개발자들의 DT(혹은 코딩) 교육에서 해결하거나 다루지 못했던 IT 개발자들은 모르는 IT 비전공자의 진짜 실무 파이썬 업무 자동화에 대해 이야기할 것입니다.

이 책은 여러분에게
시간이라는 이 시대의 화폐를 가져다 드릴 것입니다

2011년 개봉한 영화 〈인 타임〉(In Time)에서는 사람들이 25살이 되면 노화가 멈추는 사회를 보여 줍니다. 그 사회에서는 지폐 대신 시간을 화폐로 사용하며 모든 사람의 팔에 각자 얼마나 오래 살 수 있는지 보여주는 시계가 있습니다. 사람들은 그 시계를 보며 하루하루 살아남기 위해 바쁘게 살아갑니다.

영화의 주인공 Wil Salas는 아래와 같은 이야기를 합니다.

"Time is the only true currency. It's the only thing you can't get back once it's spent."

- Will Salas

"시간은 유일한 화폐야. 한 번 써버리면 돌려 받을 수 없는 유일한 것이지"

- 윌 살라스

혹자는 이 작품을 현실과는 다소 동떨어진 디스토피아적 세계관을 가진 SF 영화로만 바라볼지도 모릅니다. 하지만 현대 사회에서 우리가 당면하고 있는 시대적인 철학을 담은 작품이기도 합니다.

여러분은 혹시 시간에 대해서 이런 생각을 해 보신 적 있나요?

'기술이 발전하는 사회에서 많은 문제들이 해결되어 가는데 왜 정작 나의 시간은 항상 부족할까?'

기술의 발전으로 인간이 해결하지 못한 문제들이 빠르게 해결되고, 다양한 기술이 사회 곳곳으로 점점 확산되어감을 여러분은 느끼셨을 겁니다. 단순 사무 업무부터 인공지능까지 요즘은 '언제 세상이 이렇게 발전했지?'라는 생각이 들 정도로 변화가 빠르게 진행되고 있습니다.

그런데 문제가 있습니다. 인간은 기술을 경험하지 않은 시점으로 돌아가기가 어렵다는 것입니다.

집 전화만 쓰던 시절로 돌아갈 수 없고
삐삐만 쓰던 시절로도 돌아갈 수 없으며
피처폰만 쓰던 시절 또한 돌아갈 수 없는 것처럼

그럼 기술의 경험은 어떤 식으로 우리에게 다가오고 있을까요? 먼저 새로운 기술을 소수의 사람들이 사용하기 시작합니다. 그리고 그것을 기반으로 만들어진 결과물을 다수가 목격하면서 간접

적으로 그 기술을 경험하게 합니다. 그 기술을 경험한 다수는 이제 그 기술을 활용할 줄 모르더라도, 과거로 돌아가는 것이 어려워집니다.

그런 상황 속에서 만약 그 기술을 활용할 수 있다면 괜찮습니다. 하지만 그렇지 못할 경우에는 기술을 습득하고 그로 말미암은 결과물을 내기 위해 노력해야 할 것입니다. 저마다의 시간과 속도를 가지고 목표에 도달하기 위한 투자를 하며 점점 더 바쁜 시대를 살아가게 되는 것이죠.

이런 현상을 잘 표현한 단어가 바로 그룹(조직/사람/사회) 간의 기술격차*입니다. 그래서 많은 사람들은 업무에 활용할 수 있는 '기술'에 집중합니다. 여러분이 이 책을 펼치신 것은 기술격차를 좁히려는 개인의 노력이 시작이었을 것 같습니다. (*기술격차를 간단히 설명하자면, 기술을 잘 활용할 수 있는 그룹(조직/사람/사회)과 그렇지 못한 그룹의 차이가 점점 벌어짐을 뜻합니다.)

하지만 제가 지금까지 보고 듣고 경험한 것에서 중요한 점은 '기술'이 아닙니다. 우리에게 더 중요한 것은 기술이 아니라 방향성입니다. 좀 더 명확하게 말하자면, 우리가 IT 비전공자로서 해오던 '업무'에 어떤 방식의 기술을 활용할 수 있는지 알고 이정표를 세우는 것입니다. 파이썬이나 다른 기술들을 아무리 잘 다루더라도 어떤 업무에 적용할 수 있는지의 방향 설정이 없으면 많은 길을 돌아가야 할 것입니다(저 또한 그랬습니다).

그런 이유로 이 책은 기술에만 집중하지 않았습니다. 11년간의 사무직 경험을 바탕으로 많은 IT 비전공자들이 경험하는 업무 유형에 집중을 했고, 업무 유형별로 어떤 기술을 사용할 수 있는지에 관점을 두었습니다. 이런 작은 관점 변화는 우리가 조금 더 빠른 지름길로 갈 수 있도록 안내할 것입니다.

그 작지만 위대한 발걸음을 함께 시작해 보겠습니다.

차례

아래는 2012년 첫 출근을 했던 필자가 느꼈던 상황을 각색한 것입니다.

"신입아, 혹시 엑셀 잘 쓰니?"

기쁜 마음으로 첫 출근을 한 신입사원에게 같은 팀의 김 과장이 물어봤습니다. 대학 생활로 20 대의 절반을 보냈던 신입은 또래들에 비해 엑셀 사용에 능숙한 편이었습니다. 그래서 자신 있게 그렇다고 대답했습니다.

그리하여 신입에게 주어진 첫 번째 일. 전산에 있는 일자별 재고 데이터를 모두 다운로드하여 합 치고, 그래프를 그려서 정리하는 일이었습니다. 다음 날 아침, 김 과장의 이메일에는 최근 3개월 간의 재고 엑셀 데이터가 도착했습니다. 신입사원이 밤을 새서 그 일을 해냈기 때문입니다. 그리 고 과장님은 알 수 없는 웃음을 보이며 옆에 있는 이 대리에게 이렇게 말합니다.

"야~ 이 대리! 신입이 한 거 잘했나 한 번 확인해 봐."

이 대리는 귀찮은 듯이 귀를 후비며 데이터를 받고는 10분 정도 확인하더니 이렇게 말합니다.

"김 과장님, 대충 봐도 틀린 게 너무 많네요. 그냥 제가 해서 드릴게요. 신입아 이리 와봐."

이 대리는 능수능란하게 엑셀을 다룹니다. 신입사원은 그날 처음 엑셀에도 수식이 있다는 것을 알게 되었고 엑셀을 잘 쓰는 것이 너무 멋있어 보였습니다. 그리고 1시간도 지나지 않아 김 과장 에게 다시 잘 정돈된 엑셀이 메일로 도착했습니다. 김 과장은 주눅이 든 신입사원에게 이렇게 이 야기합니다.

"신입아, 여기서 엑셀 못쓰면 아무것도 못한다. 공부 열심히 해 둬라."

많은 회사에서 없어서는 안 될 소프트웨어를 한 개만 꼽으라면 대부분 엑셀이라고 답할 것입니 다. 그리고 신입사원 시절을 거쳐 봤다면 나름대로 엑셀을 잘 쓰고자 노력했을 것이고, 이 결과 에 공감하시리라 생각합니다.

많은 회사에서 없어서는 안 될 소프트웨어를 한 개만 꼽으라면 대부분 엑셀이라고 답할 것입니다. 그리고 신입사원 시절을 거쳐 봤다면 나름대로 엑셀을 잘 쓰고자 노력했을 것이고, 이 결과에 공감하시리라 생각합니다.

만약 제가 여러분께 이런 질문을 한다면 어떨까요?

Q **"당신은 엑셀의 전문가입니까? 엑셀을 업무에 자유자재로 활용할 수 있나요?"**

2022년의 직장인의 99%는 다음과 같이 대답할 것입니다.

A **"나는 엑셀 전문가는 아니지만, 엑셀을 업무에 활용하고 있습니다. 꽤나 많이요."**

하지만 만약 여러분이 30년 전에(1990년 초, 엑셀을 업무에 막 활용하기 시작할 때) 이와 같은 질문을 받았다면 어땠을까요? 대답이 지금과는 많이 달랐을 것 같습니다. 파이썬을 처음 접한 우리처럼 그 당시 직장인들은 엑셀을 생소하게 여겼을 것입니다.

Digital Transformation, 4차산업혁명 이런 단어를 요즘 많이 들어 보셨나요? 최근 다양한 기술이 발전하여 우리의 삶 속으로 들어와 있습니다. 빅데이터를 활용한 수요 분석, 머신러닝을 활용한 미래 예측, 딥러닝을 활용한 이미지 처리를 한 번쯤은 들어 보셨을 겁니다. 혹시 여러분은 그런 대단한(?) 기술들을 일상 생활과 업무 속에서 사용하며 살아가고 계신가요? 쉽게 Yes라고 답할 수 없는 질문입니다. 왜 그럴까요? 단순히 배우기 어려운 지식이라서 그럴까요?

우리가 새로운 지식을 습득하려고 하거나 공부를 할 때는 미래의 큰 꿈을 위해서일수도 있지만 당장 내 눈앞의 일을 해결해야 하는 경우가 더 많은 것 같습니다. 사실 그런 상황이 우리의 학습능률을 극대화하도록 만듭니다. 다음 달에 부동산 거래가 있다면 부동산 세법을 공부할 것이고, 해외 여행을 간다면 그 여행지의 역사를 깊게 공부하기도 합니다. 나의 오늘의 삶에 필요한 것이기 때문입니다. 결국 우리가 고차원적인 기술을 배우기 어려웠던 이유는 당장 내 눈 앞의 삶(업무)과 관계가 없다고 느꼈기 때문입니다. 그렇다면 우리의 삶(업무)에 활용하기 위해서는 어떻게 해야 할까요?

저는 이 물음에 답할 수 있는 하나의 중요한 답안지가 바로 파이썬 언어라고 생각합니다.

4차산업혁명, Digital Transformation에서 빠질 수 없는 단어가 바로 파이썬 프로그래밍 언어입니다.

그리고 그 언어를 활용해서 정말 대단한 혁신을 만들 수 있고, 아주아주 소소한 변화를 만들 수도 있습니다. 하지만 분명한 것은 그 결과물이 당장 내 삶을 조금씩 긍정적으로 바꿔내는 역할을 한다는 것입니다. 기술의 홍수의 시대에서 이 책을 만난 것을 후회하지 않으실 겁니다. 이 책은 여러분의 오늘을 바꿔드릴 것입니다.

개발자만 할 수 있다고 생각한 많은 일들을 IT 비개발자인 우리가 직접 해낼 수 있게 될 것이고 그로 인해 여러분의 시간을 조금 더 가치 있게 쓸 수 있게 될 것입니다. 이런 시간들이 점차 쌓이다 보면 여러분에게 새로운 미래가 펼쳐질 것입니다.

다시 질문을 하나 해보겠습니다.

Q "당신은 코딩(or 파이썬)의 전문가입니까? 혹시 업무에 그것을 활용하고 있나요?"

단언컨대 여러분은 이 책을 모두 읽고 나면 아래와 같이 대답하시게 될 것입니다.

A "나는 코딩 전문가는 아니지만 코딩을 업무에 활용하고 있습니다. 그리고 많은 변화를 겪게 되었습니다. 그 변화가 무엇이냐 하면 (후략)…"

Chapter 01

{ 회사 업무에
파이썬을 쓰는 이유 }

▶▶ Contents

함흥차사 개발팀… 내가 직접 구현할 수는 없을까?

이름 : 비현코
직급 : 대리
근속년수 : 8년
업무 : 인사/교육담당자 및 다양한 업무지원
특징 : DT교육 담당자로서 파이썬을 최근에 접함

월말이 되면 비현코 대리는 퇴근이 늦어집니다. 본인이 하는 업무 중에 많은 업무를 일과 시간 중에 할 수 없기 때문입니다. 거래처별 정산 작업, 신규 계약 건이 워낙 많은 부서에서 근무하기 때문에 이런 종류의 일은 바쁘다고 뒤로 미룰 수 없습니다. 돈을 지급하거나 받는 일과 같이 시점이 중요한 일이 비 대리의 주요 업무이기 때문입니다.

우리의 비 대리는 오늘도 야근합니다. 연일 야근을 참다 못한 비 대리는 결심합니다. 월 마감업무를 누구보다 잘 알기에, 관련 업무를 자동화하는 시스템을 개발팀에 요청해 보려 합니다. 이 시스템만 개발해 낸다면 바로 야근을 없앨 수 있습니다. 그래서 몇 일 더 고생해서 시스템 개발 요청서를 작성합니다.

다음 날 팀장님에게 시스템 개발 요청서를 보내겠다는 확인을 받고, 개발팀에게 해당 내용을 전달합니다. 개발팀에서는 알겠다며 내용을 보고 연락을 주겠다고 합니다.

그리고 1달이 지났을까요? 개발팀에서 연락이 왔고, 비 대리는 부푼 마음으로 완성된 시스템을 기대합니다. 그러나 개발팀은 아직 개발에 착수하지도 못했다고 합니다. 비 대리가 작성한 시스템 개발 요청서의 내용을 개발자가 이해하지 못했기 때문입니다. 그래서 그 부분을 이해하기 위해서 비대리에게 이제서야 이것저것 물어보기 시작합니다.

또 1달이 지났습니다. 답답한 비 대리는 개발팀에 연락했으나 돌아오는 답변은 "지금은 일이 몰렸으니 얼른 처리하고 대응해 주겠다"라는 상투적인 말이 전부입니다.

그리고 개발을 요청한 지 3달째, 드디어 비 대리가 원하는 마감 자동화 시스템의 개발이 완료되었습니다. 하지만 비 대리는 기쁘지 않습니다. 연말 인사이동으로 타 부서로 발령되기 때문입니다. 지금까지 고생해서 시스템을 의뢰해서 완성했어도, 결국 이 시스템을 기획한 사람이 사용하면서 개선해 나가야 의미가 있습니다. 그래서 몇 주 간의 시스템 개발을 위한 야근이 너무 아쉽고, 시스템 개발에 기대를 모았던 팀원들이 안쓰럽습니다.

그렇게 많은 노하우와 시간이 들어간 시스템은 후임자가 몇 개월 사용하다가 사장되고 말았습니다.

이 사례를 여러분의 상황에 비추어 보면 어떤 생각이 드시나요? 다소 비약이 있다고 생각할 수도, 여러분의 회사 상황과 똑같다고 여길 수도 있겠습니다. 다만 상황의 차이는 있어도, IT 비전공자로서 사무직 분들이 느끼는 감정의 차이는 크지 않을 것 같습니다. 사례에서는 가볍게 다루었지만, 사실 회사에서 우리가 가진 노하우를 누구나 사용할 수 있는 시스템으로 만들어 내는 것은 어렵습니다. 정말 많은 시간과 노력이 들어가기 때문입니다. 우리들은 시스템을 직접 개발하는 사람이 아니기 때문에 시스템을 기획하는 데 생각보다 많은 시간(필요하다면 비용도 듭니다)과 고민이 필요합니다. 일반적으로 팀장/임원의 입장에서는 6개월, 1년 뒤를 보면서 효율성을 추구하는 것이 쉽지 않습니다. 왜냐하면 눈앞에 닥친 일들을 잘 처리해내는 것이 관리자(리더)로서 조직에서 더 좋은 평가를 받을 수 있는 방법이기 때문입니다. 이것은 리더의 문제가 아닙니다. 일반적으로 규모가 좀 있는 조직이면서, 오너가 아닌 직장인들로 구성된 작은 팀/부서/그룹에서는 흔히 볼 수 있는 문제입니다. 만약 일하고 계신 조직이 그런 조직이 아니라면 축하드립니다. 정말 괜찮은 조직에서 일하시는 것이기 때문입니다.

결국 주어진 일을 개선하고 처리하기 위해서는 대규모의 개발기획이나 윗선에서의 의사결정이 필요합니다. 다시 말해 쉽지 않은 과정입니다. 기술은 발전하는데 우리의 일이 줄지 않는 이유 중 하나가 이런 구조적인 문제 때문입니다.

그런데 만약 비현코 대리가 직접 시스템을 구현할 줄 안다면 어떤 일이 일어났을까요? 개발팀과의 3개월간의 실랑이(?)가 다시 발생했을까요? 그렇지 않을 겁니다. 비대리가 알고 있는 정보와 노하우를 바탕으로 빠른 시간에 업무를 시스템화할 수 있을 테니 말이죠.

이 책을 통해 세상의 수많은 비현코 대리가 간단한 업무 자동화부터 복잡한 자동화까지 스스로 구현할 수 있게 될 것입니다. 파이썬 코딩 학습에 겁낼 필요 없이, 부담 없는 학습량과 학습 난이도로도 충분히 그 경지에 이를 수 있도록 도와드리겠습니다.

1.1.1 1993년의 B 대리와 2023년의 B 대리

다음 기사를 보겠습니다.

저 시절 여러분은 무엇을 하고 있었나요? 저는 실제 일을 하고 있진 않았지만 새로운 기술에 대한 니즈가 많이 생겨난 시절이라는 것은 알 것 같습니다. 1990년대에 회사 생활을 했던 회사 선배님께 여쭤보니 실제로 저런 사회적 분위기가 있었고, 그에 대한 부담감과 두려움을 안고 OA 소프트웨어(요즘으로 빗대면 PPT, Word, Excel 정도가 되겠네요)를 '배워야지, 배워야지' 생각을 했다고 합니다. 물론 아직까지도 '배워야지, 배워야지' 하고 계신 분들도 종종 있을 것 같습니다.

또 다른 기사를 보겠습니다.

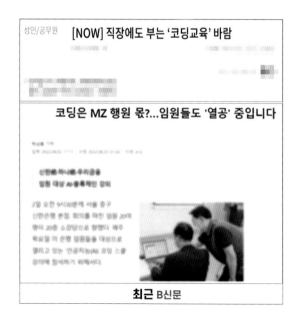

이런 기사 최근에 한 번쯤은 본 적 있지 않나요? 앞서 본 기사와 비교해 보면 OA 소프트웨어가 코딩으로 대체되었을 뿐이지 내용은 크게 다르지 않습니다.

아마 여러분은 이런 사회적 분위기에 이끌려 이 책을 읽고 계실지도 모르겠습니다. 저 또한 그런 이유로 코딩을 처음 접했습니다. 어쩌면 우리가 코딩을 시작하게 되는 이유나 배경은 크게 다르지 않을지도 모릅니다. 실제로 2016년~ 2022년을 기준으로 30세 이상의 남녀의 검색 키워드 빈도수를 보면, 이러한 생각에 확신을 가지게 만듭니다.

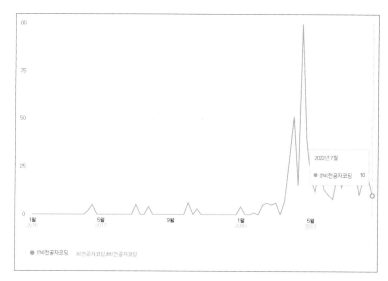

2016~2022년 30세 이상 남녀 검색 키워드 (출처: 네이버 데이터랩)

위 그래프를 보면 2021년 상반기부터 '비전공자코딩'이라는 단어가 30세 이상의 남녀 성인들에게서 많이 검색되는 것을 볼 수 있습니다. 30세 이상이라고 하면 일반적으로 본인이 사회생활을 한 번 정도는 겪었을 나이일 것입니다. 그리고 비전공자 코딩이라는 단어를 검색하였다면 코딩을 업으로 가지지 않은 분들일 가능성이 높습니다. 왜 이분들은 코딩에 관심을 가지게 되었을까요? 앞서 소개한 기사를 보아, 사회의 흐름에 따라가기 위한 노력이라고 생각할 수 있을 것 같습니다.

1.1.2 파이썬이란?

코딩의 대세는 '파이썬'이라는 프로그래밍 언어입니다. 왜 그러한지 다음 자료를 잠깐 보겠습니다.

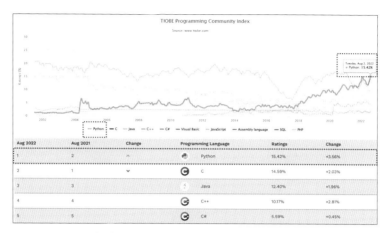

2021년 8월, 2022년 8월 프로그래밍 언어 점유율 비교 (출처: tiobe.com)

이 책을 집필한 시점에서 본 전 세계 프로그래밍 언어 점유율입니다. 그래프와 표를 보아 알 수 있듯이 전 세계에서 가장 많이 사용하는 프로그래밍 언어가 바로 파이썬(Python)입니다.

사람들은 왜 파이썬을 많이 사용하는 걸까요? 그 이유를 알기 위해 파이썬 프로그래밍과 연관 있는 두 용어를 먼저 살펴보고자 합니다. 혹시 '4차산업혁명', 'Digital Transformation'이라는 용어를 들어 보셨나요? 두 단어는 많은 의미를 내포하며, 관련된 기술도 매우 다양합니다. 그 기술들의 중심에는 '인공지능'이 있다고 해도 과언이 아닌데요. '인공지능' 기술을 일반인이 쉽게 사용할 수 있는 방법 중 하나가 바로 파이썬 프로그래밍 언어를 쓰는 것입니다.

그런 이유로 과거에 많은 사람이 OFFICE 소프트웨어를 배우기 위해 노력한 것처럼 파이썬 학습에 입문을 하게 됩니다. 그리고 파이썬 학습을 시작할 때 많은 학습자들이 자주 듣는 이야기가 있습니다.

"파이썬은 배우기 쉬운 언어다(???)"

정말 그럴까요? 개발자들 입장에서는 맞는 말이 될 수 있겠지만, 제가 파이썬을 처음 접했을 적에는 공감하기 어려운 이야기였습니다.

혹시 파이썬 코딩에 도전해 본 경험이 있는 분이라면 어떠셨나요? 파이썬을 배우는 것이 쉬웠나요? 물론 쉽다고 생각하는 분들도 계시겠지만, 일반적으로는 어렵다고 느끼는 것이 사실입니다.

하지만 학습 의지를 불태우며 어찌어찌 학습을 시작하여 문법 공부를 하다 보면 이런 생각이 들게 됩니다.

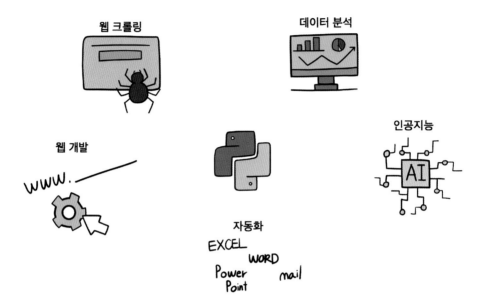

주변 얘기를 들어 보니 파이썬 코딩의 활용 분야가 많다고 합니다. 내가 원하는 서비스를 개발하거나 홈페이지를 만들 수 있고, 요즘 특히 주목을 받는 데이터 사이언스(Data Science)라는 학문은 빅데이터 기반으로 머신러닝/딥러닝을 활용해서 아주 유의미한 결과를 도출할 수도 있다고 합니다.

파이썬 하나만 익힐 뿐인데 다양한 일을 멋지게 해 낼 수 있다니 바로 활용해보고 싶은 마음이 드실 겁니다. 자, 그럼 지금부터 제가 파이썬 코딩을 활용하는 방법을 알려드리겠습니다. 이렇게만 하시면 됩니다.

- 파이썬 기초 (난이도: 1)
- 파이썬 심화 (난이도: 5)
- 데이터 컨트롤 기술 (난이도: 5)
- HTML/CSS/JS (난이도: 3)
- DB(데이터베이스) (난이도: 5)
- DJANGO 웹 프레임워크 (난이도: 7)
- 클라우드 기반 서버(AWS 등) (난이도: 9)

참 쉽죠? 네? 어려우시다고요? 걱정하지 마세요. 파이썬 코딩을 활용할 방법이 이뿐만은 아니니까요. 우리는 Data Scientist가 되어서 빅데이터 분석을 해낼 수도 있습니다.

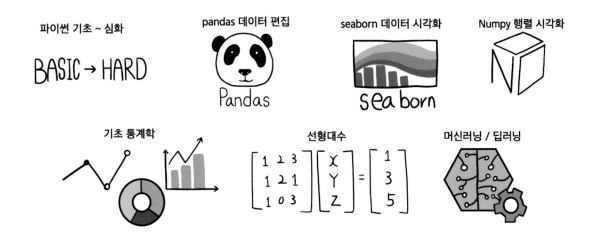

- 파이썬 기초 (난이도: 1)
- 파이썬 심화 (난이도: 5)
- pandas 데이터 편집 (난이도: 4)
- seaborn 데이터 시각화 (난이도: 3)
- NumPy 행렬 계산 (난이도: 6)
- 기초통계학 (난이도: 5)
- 선형대수 (난이도: 7)
- 머신러닝 (난이도:10)
- 딥러닝 (난이도: 10)

이 방법은 어떤가요? 여전히 어렵다고 느끼실 것 같습니다. 실제로 최근 각광을 받는 Data Science를 내 삶에서 적용하기 위해서 배워야 할 것은 어마어마하게 많은 양의 학습이 필요합니다.

파이썬 입문자들이 생각하는 파이썬 공부

진짜 파이썬 공부

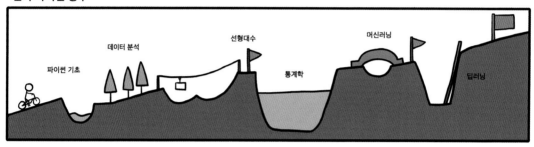

저는 2018년도부터 5년간 한 기업의 교육 담당자로 일하면서 IT 교육 시장의 흐름을 보아 왔습니다. 그리고 회사에서 DT(Digital Transformation) 교육을 전사로 도입하기 위해서 아무것도 모르는 맨 바닥에서 이러저리 구르면서 일을 위한 코딩 공부를 해야 했습니다. 그리고 아무것도 모르는 IT 비전공자 분들이 코딩을 받아들이면서 괴로워하는 모습을 수없이 많이 봤습니다.

왜 이렇게 어려워할까요? 제가 그 비밀을 알려드리겠습니다.

> "그건... 바로 코딩이 어렵기 때문입니다."

너무 당연한 이야기였나요? 그런데 천천히 한 번 이 부분에 대해서 생각해 볼 필요가 있습니다. 프랑스어 강사는 프랑스어가 쉽다고 합니다. TV에 나오는 셰프들은 간단한 요리라면서 매우 화려하고 복잡하게 요리를 하고는 쉽다고 합니다. 그림 그리기가 참 쉽다는 밥 아저씨(참 쉽죠?)는 어떤가요?

코딩도 마찬가지입니다. 누군가에게는 밥벌이 수단이 될 만큼 코딩은 결코 쉽지 않습니다. 하지만 그렇다고 "그러니 학습하기를 포기하고 코딩에 관심을 가지지 마세요"라고 이야기한다면 이 책을 읽을 필요가 없겠죠. 그럼 반대로 이런 질문을 던질 수도 있을 것 같습니다.

> "코딩이 어려운 부분을 인정하고 한 걸음씩 실력을 쌓아 나가면 되겠네요?"

맞는 말이지만 요즘 같이 바쁜 사회에서는 오늘 배운 지식이 내일 쓸모 없어지는 경우가 비일비재합니다.

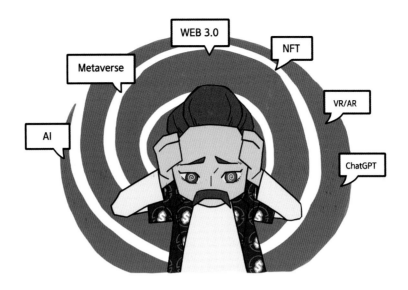

이런 진퇴양난의 상황에서 비전공자가 코딩을 포기하지 않고 꾸준히 앞으로 나아갈 수 있는 방법은 무엇일까요? 그 방법의 핵심은 바로 **학습 효능감**입니다.

학습 효능감은 말 그대로 내가 학습하여 얻은 정보와 지식으로 무언가를 해낼 수 있다고 믿는 감정입니다. 어려워 보이지만 알고 보면 간단한 개념입니다. 사람들이 집에서 요리할 때 스타 셰프의 레시피보다는 집에서도 쉽게 바로 만들 수 있는 레시피를 찾는 이유는 무엇일까요? 학습 효능감 때문입니다. 이처럼 '지금 배워서 바로 사용하는'이라는 실용성에 초점을 맞춰 파이썬 코딩을 학습하면 코딩을 포기할 가능성을 줄일 수 있습니다.

1.1.3 창의적인 업무 VS 반복적인 업무

저는 비개발자로 10년간 일반회사에서 일했습니다. 다양한 부서에 속하며 사무/영업/관리/기획/인사/교육/구매 등의 일을 깊거나 얕게 해왔고, 그 과정에서 느낀 점이 있습니다. 모든 업무에는 그 비율의 차이가 있지만 창의적인 업무와 반복적인 업무로 나뉘어진다는 것입니다. 창의적인 업무는 반복적인 작업보다는 상대적으로 인간만이 할 수 있는 역할이 많은 부분을 차지합니다. 반복적인 업무는 그 반대가 되겠지요.

제가 겪은 업무 경험을 바탕으로 한 사례로 위 업무를 구분해 보겠습니다. 사례를 참고하면서 앞서 제가 말한 학습 효능감이 어떤 의미인지 이해해 보시길 바랍니다.

[예시 1] 영업 업무

저는 6년 정도 영업 업무를 경험하였습니다. 영업 업무 안에서도 다양한 업무(사무/관리/기획/구매)를 하였지만 영업 본연의 업무는 크게 다르지 않았습니다. B2B 영업 사원의 하루 일과 구성을 예로 들어 보겠습니다.

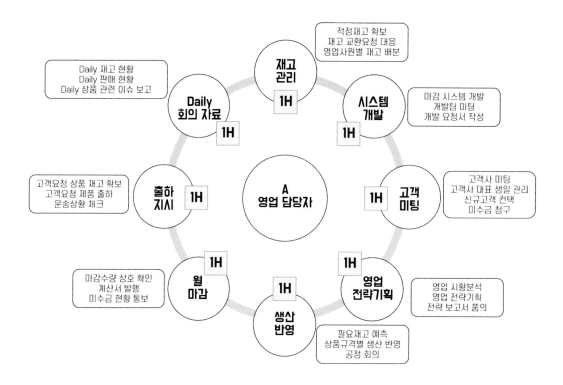

매일 1시간씩 나눠서 업무를 하는 것은 아니겠지만, 딱 봐도 숨막힐 정도로 많은 일을 하는 것 같습니다. 이처럼 인터넷, 문자, 메일, 엑셀 등으로 하는 반복 작업을 파이썬 업무 자동화로 해결한다면 어떤 일이 생길까요? 다음 그림을 보겠습니다.

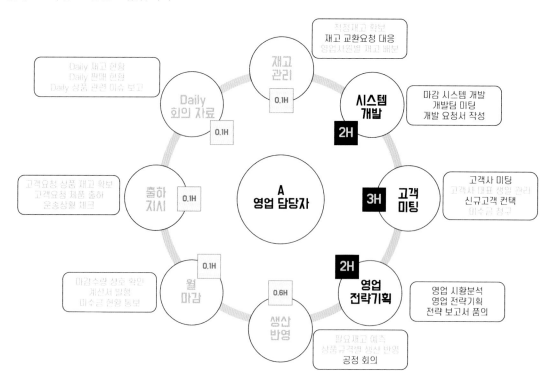

영업 본연의 업무는 고객을 관리하고, 영업전략을 잘 짜서 상품을 많이 판매하는 것입니다. 파이썬 업무 자동화를 적용한 결과 영업 업무의 본질에 더 집중할 수 있는 환경이 만들어졌습니다.

[예시 2] 교육 업무

저는 기업교육 담당자로서는 5년 정도 일을 했습니다. 교육에 뜻이 있었고 많은 노력을 기울여 기업교육 팀으로 갈 수 있었습니다. 그곳에서 교육에 집중하고 싶었으나, 난관에 부딪히게 됩니다. 그 이유는 아래와 같은 행정 업무가 매우 많았기 때문입니다.

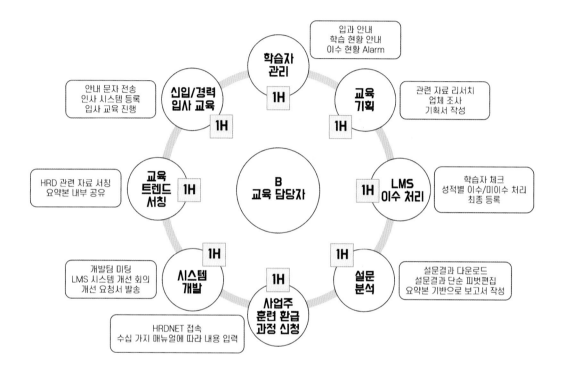

이런 업무들이 많다 보니 교육 업무의 본질과 같은 교육 기획/설계/준비 업무를 할 시간은 밀려서, 항상 야근으로 이어질 수밖에 없었습니다. 실제로 야근을 많이 한다고 회사에 경고를 받은 일까지 생겼습니다.

영업 업무와 마찬가지로 좀 더 교육 본연의 업무에 집중하고자 파이썬 업무 자동화를 활용하였고, 그 결과 다음과 같은 효과를 낼 수 있었습니다.

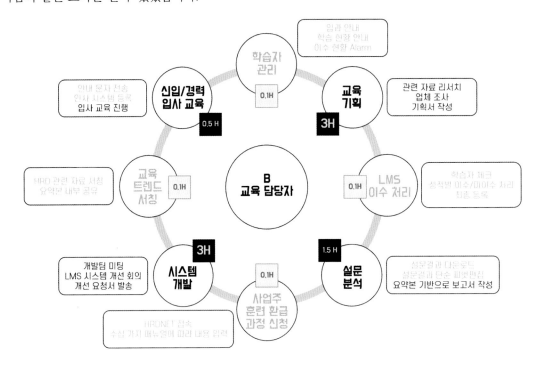

2가지 사례를 보면서 여러분들은 어떤 생각이 들었나요?

누군가는 이렇게 생각할 수도 있습니다.

"저게 되겠어?"

또 누군가는 이렇게 생각할 것입니다.

"파이썬 자동화로 칼퇴 해야지~!"

그리고 저는 이렇게 생각했습니다.

"같은 시간 동안 내가 하고 싶은 일에 더 집중하고 싶다."

파이썬 업무 자동화는 단순히 '우리의 업무를 대신해준다'라는 개념으로 끝나지 않습니다. 이 기술은 우리가 좀 더 인간적인 일에 집중할 수 있도록 도와줄 것입니다. 그리고 인간적인 일이라는 것은, 단순 업무를 넘어 우리가 행복할 수 있는 방향에 대한 이야기입니다.

그럼 함께 행복해지러 가볼까요?

1.2 파이썬 업무 자동화로 어디까지 할 수 있을까?

1.2.1 인간의 행동을 대신해주는 (파이썬) 코딩

코딩은 인간을 대신해 할 수 있는 역할이 많은데, 그중 핵심을 2가지만 꼽는다면 아래와 같습니다.

첫째. 의사결정

둘째. 반복 행동

사실 우리가 하는 행동의 상당 부분은 위의 2가지 역할로 분류할 수 있습니다.

간단한 예시를 들어볼까요? 지하철을 타러 갔다는 상상을 해보겠습니다. 교통카드가 없어서 일회용 교통 카드를 사야 하는 상황에 놓여 있습니다. 교통카드의 가격은 1,700원이고 우리는 천 원짜리 지폐와 오백 원, 백 원 동전을 가지고 있습니다.

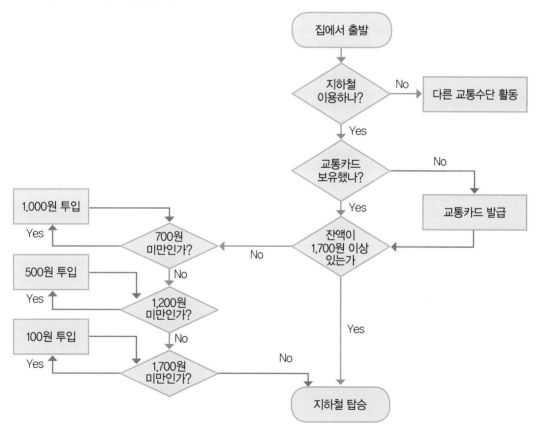

- 의사결정 1 – 교통카드가 없다 → 교통카드를 사야 한다.
- 의사결정 2 – 교통카드에 잔액이 1,700원 이상 있는가?
- 반복 행동 – 1,700원이 될 때까지 천 원, 오백 원, 백 원을 반복적으로 투입한다.

매우 단순한 행동이지요? 그런데 잘 생각해보면 우리의 삶은 늘 의사결정과 반복 행동으로 이뤄집니다. 일할 때도, 사람을 만날 때도, 이동할 때도 크고 작은 의사결정과 그 의사결정에 따른 행동을 반복적으로 하며 살아가고 있습니다.

만약 의사결정과 반복적인 행동을 누군가 해 줄 수 있다면 어떨까요? 그것이 바로 자동화가 되는 것입니다.

> 📖 **Note** _ 파이썬 코딩의 의사결정과 반복 행동
> 뒤에서 배우겠지만, 파이썬 코딩의 의사결정은 **if**문, 반복 행동은 **for**문이 우리의 역할을 대신하게 될 것입니다.

우리가 상상할 수 있는 많은 일들이 자동화가 가능합니다. 그럼 몇 가지를 알아보겠습니다.

> 이번 장에서는 파이썬의 실용 가능성을 보여드리는 목적이기 때문에 아직 코드를 이해하실 필요가 없습니다. 마음 편히 가능성을 경험하는 것에만 집중해 주시길 바랍니다.

파이썬 활용 사례 1 - Excel 자동화

엑셀이야말로 우리의 삶에서 정말 많은 역할을 해내는 소프트웨어입니다. 엑셀을 잘 쓰는 분들은 최고의 기량을 뽐내며, 자신의 업무에 많은 활용을 하고 있습니다. 하지만 엑셀의 잠재력은 이뿐만이 아닙니다. 엑셀에 파이썬 코딩이 더해진다면, 단순히 엑셀만 사용할 때보다 10배 아니 100배 이상의 업무를 단시간에 해낼 수 있습니다. 어떤 활용 방법이 있는지 한번 체험해 볼까요?

[엑셀 활용]

상황 예시 ▶ 여러 개의 엑셀 파일이 있고, 그 시트들을 하나의 파일로 모아야 한다

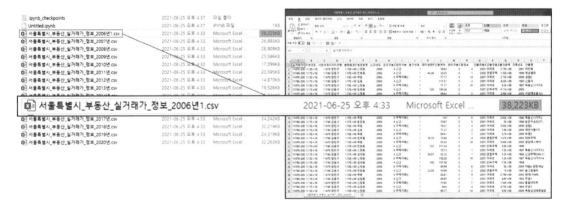

예시의 엑셀 데이터는 서울시 공공데이터 - 부동산 실거래가 정보로, 2006년부터 2020년까지 15개의 엑셀 시트가 있습니다. 파이썬을 활용해 이들을 하나의 파일로 모을 수 있습니다.

아래는 해당 명령어를 실행하여 여러 엑셀 파일을 하나로 모은 결과입니다. 이 방법은 엑셀을 실무에 활용하는 사람들에게 매우 유용합니다.

파이썬 활용 사례 2 – 영상 제작

얼마 전 휴대폰 통신사로부터 영상으로 요금 청구서를 받았는데 매우 놀랐습니다. 저의 한 달 휴대폰 요금 사용량을 상세하면서도 복잡하지 않게 설명해 주었기 때문입니다.

우리 주변을 둘러보면 빠른 속도로 달라지는 세상을 느낄 수 있습니다. 평소 즐겨보는 유튜브, 넷플릭스 등을 생각해보면 체감되실 겁니다. 영상 콘텐츠를 공유하기 시작하면서 영상이 마케팅 등 다양한 분야를 장악하게 되었고, 요즘은 유튜브, 틱톡, 인스타(릴스)등을 통한 숏폼이 트렌드를 이끌고 있습니다. 이러한 환경 속에서 개인이 영상을 소비하는 것은 물론, 영상을 제작하고 활용하는 것 또한 자연스러운 일이 되었습니다. 보통 영상을 제작할 때 쓰는 소프트웨어(어도비 프리미어, 베가스, 파이널 컷 등) 활용하거나 모바일로 간단하게 영상을 제작하곤 하는데요. 이런 상황에서도 파이썬이 할 수 있는 역할이 매우 많습니다.

파이썬 활용 사례 3 - 인터넷 활용 (검색, 이메일 등)

빅데이터 시대에서는 내가 원하는 정보를 빠르게 찾는 능력이 매우 중요합니다. 만약 우리가 원하는 정보를 찾아내는 것을 다른 사람이 대신해주고, 그 결과만 정리해서 받을 수 있다면 어떨까요? 네, 맞습니다. 이 또한 파이썬으로 해낼 수 있습니다. 그럼 파이썬이 어떻게 이런 일을 할 수 있는지 한번 알아보겠습니다.

[수동 자료 검색 + 이메일 자동 전송]

인터넷에서 검색하여 얻은 데이터를 워드 클라우드로 만들고, 그 파일을 이메일로 자동 전송하기도 가능합니다. (이 방법은 4장에서 알려드릴 것입니다.)

[API 활용]

오픈 API(Open API)라는 누구나 사용할 수 있도록 공개된 API를 활용하여, 번역/문자/데이터 획득/메일 전송/머신러닝 등의 기능을 사용할 수 있습니다. 예를 들어 먹고 싶은 음식을 직접 만들지 못해도 배달을 시켜서 구할 수 있듯이, 우리가 직접 기능을 구현하지 않아도 다른 사람들이 이미 만든 것을 가져다 활용하는 것입니다. 다음의 활용 사례를 한번 보겠습니다.

API는 Application Programming Interface의 약자로, 응용 프로그램에서 사용할 수 있도록 운영체제나 프로그래밍 언어가 제공하는 기능을 제어할 수 있게 만든 인터페이스를 뜻한다. 주로 파일 제어, 창 제어, 화상 처리, 문자 제어 등을 위한 인터페이스를 제공한다. (출처: 위키백과)

상황 예시 1 ▶ UPBIT API를 활용한 비트코인 시세 캔들 조회

```
[1]   1 #비트코인 시가/고가/저가/종가 가격 조회(방화벽 문제 없을 경우)
      2 import requests
      3 import pandas as pd
      4 import json
      5 url = f"https://api.upbit.com/v1/candles/days/"
      6 querystring = {"market":"KRW-BTC","count":"200"}
      7 response = requests.request("GET", url, params=querystring)
      8 response_json = json.loads(response.text)
      9 df = pd.DataFrame(response_json)
     10 df.head()
     11
     12 ##방화벽 문제 있을 경우
     13 # df = pd.read_pickle('bitcoin_data.pkl')
     14 # df
```

	market	candle_date_time_utc	candle_date_time_kst	opening_price	high_price	low_price	trade_price	timestamp
0	KRW-BTC	2024-03-08T00:00:00	2024-03-08T09:00:00	94044000.0	95224000.0	94000000.0	95152000.0	1709902428800
1	KRW-BTC	2024-03-07T00:00:00	2024-03-07T09:00:00	93325000.0	95678000.0	92670000.0	94060000.0	1709855999784
2	KRW-BTC	2024-03-06T00:00:00	2024-03-06T09:00:00	91284000.0	94917000.0	88233000.0	93325000.0	1709769599833
3	KRW-BTC	2024-03-05T00:00:00	2024-03-05T09:00:00	95500000.0	97000000.0	88024000.0	91275000.0	1709683199904
4	KRW-BTC	2024-03-04T00:00:00	2024-03-04T09:00:00	87978000.0	95586000.0	87302000.0	95500000.0	1709596799974

상황 예시 2 ▶ 쿠팡 파트너스 API를 활용한 특정 검색어 최저가 조회

	A	B	C	D	E	F	G	H	I	J
1		productId	oductNan	roductPric	oductIma	productUr	keyword	rank	isRocket	FreeShipping
2	74	186405939	아이러브표	4650	https://stat	https://link	취미용품	75	False	True
3	64	18350605(	아이러브표	4720	https://stat	https://link	취미용품	65	True	False
4	44	25912714	아이비스	5940	https://stat	https://link	취미용품	45	True	False
5	49	18350607§	아이러브표	6210	https://stat	https://link	취미용품	50	True	False
6	39	18350607§	아이러브표	6210	https://stat	https://link	취미용품	40	True	False
7	59	18350597§	아이러브표	7230	https://stat	https://link	취미용품	60	True	False
8	43	27473543<	ADICO 스	8420	https://stat	https://link	취미용품	44	True	False
9	29	483284101	디즈니 보·	8900	https://stat	https://link	취미용품	30	False	True
10	48	195468222	아트조이 [	11610	https://stat	https://link	취미용품	49	True	False
11	58	195468222	아트조이 [	11610	https://stat	https://link	취미용품	59	True	False
12	68	195468222	아트조이 [	11610	https://stat	https://link	취미용품	69	True	False
13	73	195468222	아트조이 [	11610	https://stat	https://link	취미용품	74	True	False
14	4	195468222	아트조이 [	11610	https://stat	https://link	취미용품	5	True	False
15	78	195468222	아트조이 [	11610	https://stat	https://link	취미용품	79	True	False
16	63	195468222	아트조이 [	11610	https://stat	https://link	취미용품	64	True	False
17	24	195468222	아트조이 [	11610	https://stat	https://link	취미용품	25	True	False
18	14	120196905	아이러브표	12020	https://stat	https://link	취미용품	15	True	False

파이썬 활용 사례 4 - 이미지 분석

파이썬용 OCR 도구(광학 문자 인식, Optical Character Recognition)를 이용하여 이미지에서 텍스트를 추출할 수 있습니다.

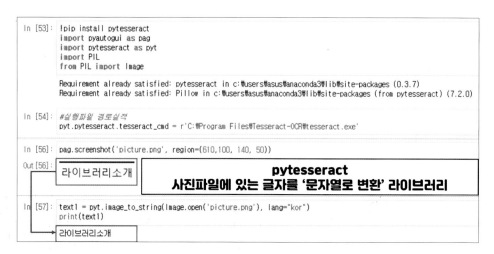

파이썬 활용 사례 5 - 인공지능 활용 (Machine Learning / Deep Learning / ChatGPT api 등)

앞서 간단히 언급했지만 세계적으로 파이썬이 유명해지게 된 결정적인 이유는 인공지능의 활용성입니다. 수준의 차이는 꽤 있겠지만 간단한 파이썬 코드로도 인공지능을 구현할 수 있습니다. 특히 인공지능의 한 분야인 머신러닝을 활용해 특정 데이터의 유의미성을 찾아낼 수 있습니다. 앞서 API를 설명드렸듯이 모든 것을 직접 설계하지 않아도 다른 누군가가 만들어 놓은 라이브러리(사이킷런, 텐서플로 등)를 활용하면 파이썬으로 인공지능을 구현해 낼 수 있습니다. 특히 요즘 유행하는 생성형 AI인 ChatGPT 또한 파이썬을 활용할 줄 안다면 사용범위를 무한하게 확장할 수 있습니다.

인공지능 구현에 너무나도 많은 활용 예시가 있음에도 우리의 삶에서 우리가 직접 사용하는 상황은 사실 많지 않았습니다. 하지만 이제 약간의 지식과 파이썬 활용을 할 수 있다면, 이미 만들어진 코드 묶음(라이브러리)를 이용해서 우리도 머신러닝을 통해 많은 결과를 도출할 수 있습니다. 머신러닝을 원활히 사용하려면 어느 정도 컴퓨팅 파워가 확보되어야 하겠지만 요즘은 그런 환경마저 초월하는 작업을 할 수 있는 서비스가 많이 탄생했습니다. 이 책은 그 부분까지 다루진 않지만, 우리가 직접 인공지능을 활용하는 것이 먼 미래의 일이 아님을 꼭 기억하시길 바랍니다.

1.3 당신의 코딩 학습이 절대 늦지 않은 이유

앞서 다양한 자동화 사례를 알아보았습니다. 자동화를 이렇게도 활용할 수 있구나 하고 느끼신 분도 있겠지만, 반대로 이런 생각을 하신 분도 있을 것 같습니다. 이 글을 읽고 계신 여러분 중에는 코딩을 처음 접하는 분들이 많을 텐데, 혹시 이런 걱정을 하고 계시진 않나요?

'기술의 특성상 최근 사용하는 사람들도 많아지므로 나의 경쟁력이 떨어지지 않을까?'

'지금 배우기에는 너무 늦은 것이 아닐까?'

결론부터 말씀드리면 절대로 그렇지 않습니다. 그 이유는 무엇일까요? 상식적인 면에서 보면 우리가 늦게 배울수록 그만큼 경쟁에 뒤쳐질 수도 있는 것인데 말이죠.

우리가 코딩을 배우는 원초적인 이유를 생각하기 위해, 먼저 경쟁의 의미를 정리해 보겠습니다. 표준국어대사전의 정의에 따르면 '경쟁'은 '같은 목적에 대하여 이기거나 앞서려고 서로 겨룸'을 의미합니다. 여기서 말하는 '같은 목적'에 집중해 보겠습니다. 큰 의미에서 보면 우리가 코딩을 배우는 목적은 여러 가지 있겠지만 첫 시작은 **자동화**일 가능성이 큽니다. 그런데 사실 조금 더 생각해보면 각자의 목적이 다릅니다. 누군가는 본인이 개인적인 일에서 남들보다 앞서길 원하고, 누군가는 회사 업무에서 남들보다 앞서가길 바랄 것입니다. 이외에 다양한 목적이 있겠지만 대부분은 '특정 분야'에서 남들보다 앞서고자 할 것입니다.

굳이 '특정 분야'를 꼬집어서 정한 이유는 무엇일까요? 내가 잘 아는 분야일수록 그에 관한 여러 아이디어를 보유할 가능성이 크기 때문입니다. 예를 한 번 들어보겠습니다.

> 육아 블로거 A는 오랜 기간 개인 블로그를 운영해 왔습니다. 시간이 많을 때는 글을 많이 써서 사람들이 유입될 수 있도록 역할을 잘 해냈지만, 시간이 적을 때는 그러지 못하곤 합니다. 하지만 시간만 있다면 한동안 블로그 글을 꾸준히 글을 쓰지 못했더라도 언제든 다시 검색 상위노출을 할 수 있습니다. 그 이유는 오랜 기간 블로그를 운영해오며 체득한 노하우 덕분입니다. 그래서 A는 어떤 주제로 어떻게 글을 쓰고 어떻게 노출해야 유입이 많은지 잘 알고 있습니다.
>
> 그런데 블로그를 운영하는 사람들이 전국에 정말 많을 텐데 전업으로 하는 것도 아닌 A가 어떻게 이런 일들이 가능할까요? 그 이유는 타깃팅의 세분화 때문입니다. 블로그의 주제는 '육아', 'IT', '과학', '재테크', '부업', '투자', '취미', '맛집' 등 무수합니다. 그중 A가 주로 다루는 주제인 '육아'는 아이의 나이대에 따라 세분화됩니다. A는 'IT' 주제의 글도 종종 다루는데, 주로 올리는 것은 육아 IT 용품입니다.
>
> 크게 보면 같은 주제여도, 깊게 들어가다 보면 어느 시점에서는 A와 경쟁하는 블로거가 많이 줄어들게 됩니다. 그렇게 줄어든 경쟁률 안에서, A는 자신이 가진 아이디어(운영하는 주제와 관련된 황금키워드를 뽑아낼 수 있는 A만의 방법)를 코딩과 접목함으로써 특정 키워드의 상위노출을 해냈습니다. 이것이 A의 블로그 운영 비법입니다.

경쟁을 미시적으로 들여다 보면 나와 경쟁해야 할 사람들은 생각보다 적습니다. 그렇다면 여러분이 자신 있는 주제와 더불어 프로그래밍에도 관심이 있는 사람이 얼마나 있을까요? 그리고 그중에서 이 책을 보고 있는 사람이 몇 명이나 될까요?

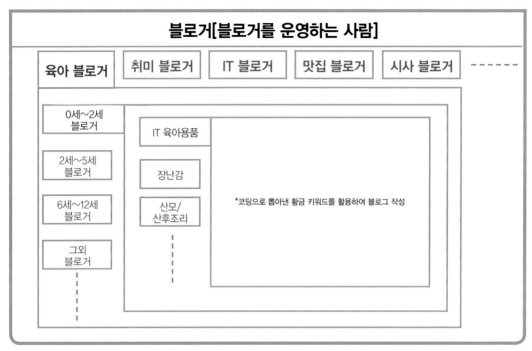

미시적 관점으로 보는 경쟁(블로그> 육아> 육아 IT> 키워드 추출)

앞서 본 의문에 대해 어느 정도 답이 나오시나요? 우리가 파이썬을 배우는 게 늦지 않은 이유는 우리가 살아온 경험을 다른 사람이 가지지 못했을 가능성이 크기 때문입니다.

앞서 본 블로그 예시처럼 여러분도 자신만이 아는 내용이 있을 것입니다. 혹은 자신을 포함한 몇 명만 아는 정보도 괜찮습니다. 중요한 건 그 아이디어나 노하우를 개인화해서 자동화할 수 있고, 이를 실현함으로써 지금까지는 없었던 새로운 결과물을 만들어 낼 수 있다는 것입니다.

여러분은 혹시 '유튜브 알고리즘' 밈(meme)에 대해서 알고 계시나요?

사람들이 일상에서 많이 사용하는 '알고리즘 님' 밈은, 사실 초개인화(추천 시스템) 기술의 결정체입니다. 알고리즘을 통해 우리는 각자의 입맛에 맞는 관심사를 골라 볼 수 있게 되었습니다. 그런데 알고리즘이 활약하는 영역은 비단 유튜브뿐만이 아닙니다. 여러분이 좋아하는 물품을 검색하고 쇼핑할 때를 떠올려 보세요. 검색하지도 않았지만 관심이 가는 상품 광고가 보여서 무심코 클릭한 경험이 한 번쯤은 있을 겁니다. 이렇듯 다양한 영역에서 고도화된 AI 기술을 사용하여 개인화된 경험을 제공하고, 우리는 그것을 자연스럽게 받아들였습니다. 삶의 패러다임에 초개인화라는 거대한 변화의 바람이 불어온 겁니다.

초개인화 시대가 된 지금은 언제 어디서든 인터넷 글과 유튜브 영상을 접하며 자신이 관심 있는 분야의 정보에 집중할 수 있게 되었습니다. 그렇다 보니 각자의 경험의 폭과 종류가 다양해졌습니다. 가끔 이런 경험을 해보셨을 겁니다. TV에 내가 모르는 사람이 광고 모델로 나오길래 검색해 보니 유튜브 100만 구독자를 가진 뷰티 유튜버 혹은 먹방 유튜버라고 합니다.

이제는 모두의 관심사가 제각각 다르니 같은 시간 속에서도 각자 경험한 것이 다르고, 같은 것을 보고도 다양한 견해를 내는 세상입니다. 그렇기에 누구에게도 없는 경험과 기술만으로도 나만의 무기를 만들어 낼 수 있는 것입니다.

제가 파이썬이라는 단어를 알고 접한 것은 더 과거였지만, 본격적인 학습은 2020년 3월부터 시작했습니다. 그리고 2021년 1월에 코딩 강사가 되었습니다. 학습 10개월만에 어떻게 이런 일이 가능했을까요? 10년간 다른 업을 종사하면서 얻은 경험과 지식을 바탕으로 저만의 콘텐츠를 만들어 냈기 때문이라고 생각합니다.

여러분만이 가진 경험에 코딩을 더하면 세상 어디에도 없는 나만의 실력, 기술, 콘텐츠를 만들어 낼 수 있습니다. 망설이지 말고 지금 바로 시작해 보세요. 어렵지 않습니다. 경험을 녹이고 코딩으로 연단한 나만의 무기를 가지기까지, 그 짧은 여정에 보탬이 되는 작은 불꽃을 제가 함께 만들어 드리겠습니다.

1.4 파이썬 회사 실무 활용, 10분 만에 맛보기

앞서 말씀드린 이야기만으로는 어떻게 파이썬을 실무에 활용하는 건지 감이 오지 않을 수도 있습니다. '그래, 코딩 배워서 그 거대한(?) 일들을 언제 만들 건대…?'라는 생각이 들지는 않으신가요? (실제로 제가 처음 코딩을 배우기 망설일 때 들었던 생각입니다.) 혹은 이런 생각이 드실 수도 있을 것 같습니다.

'유튜브 영상 몇 개 보니까 변수가 뭐다. 함수가 뭐다 하는 이야기는 많은데 내가 그걸 어느 천년에 다 배우고 바로 회사 업무에 적용할 수 있지? 애초에 그 영역까지 내가 포기하지 않고 갈 수 있을까?'

그래서 이번에는 코딩을 통해 만들어 낼 수 있는 멋진 결과들을 보여드리겠습니다. 다음 2가지 실습을 따라하는 것만으로 코딩 결과물을 체험해 보실 수 있습니다(클릭 한 번만으로 끝나는 실습이므로 코딩을 잘 몰라도 괜찮습니다).

실습을 위한 준비물로는 QR 코드를 스캔할 핸드폰, 그리고 노트북 하나와 크롬 브라우저(인터넷)만 있으면 충분합니다. 그리고 다음 순서대로 따라하시면 됩니다.

1단계. 크롬 브라우저를 열고, 핸드폰으로 오른쪽 QR 코드를 스캔하여 확인한 주소를 입력하여 접속합니다.

2단계. 실행 버튼을 클릭합니다.

3단계. 결과를 봅니다.

실습 QR

http://m.site.naver.com/00ZyR

[실습 1] 네이버에 접속해 '유튜브' 검색 후 기사 제목 가져오기

우리는 업무를 할 때 인터넷에서 정보를 가져와 그 내용을 정리하고 유의미한 보고서를 자주 만들곤 합니다. 이 작업은 간단하면서도 반복되는 작업이기에 자동화할 수 있습니다.

우선 맛보기로, 기사 제목을 스크랩하는 프로그램을 실행해 보겠습니다. 네이버에 접속하여 '유튜브'를 검색한 후 결과로 나온 기사들의 제목을 가져오고, 이를 나열해서 화면에 출력해 보도록 하겠습니다.

앞서 안내한 QR 코드를 통해 링크에 접속하고, 화면 왼쪽에 있는 실행 버튼을 클릭해 보세요.

```python
#인터넷 접속 후 네이버 검색에 "유튜브" 검색후 기사제목가져오기

!pip install Selenium==4.1.5
!apt-get update # to update ubuntu to correctly run apt install
!apt install chromium-chromedriver
from selenium import webdriver
import time

chrome_options = webdriver.ChromeOptions()
chrome_options.add_argument('--headless') #내부 창을 띄울 수 없으므로 설정
chrome_options.add_argument('--no-sandbox')
chrome_options.add_argument('--disable-dev-shm-usage')
driver = webdriver.Chrome('chromedriver',chrome_options=chrome_options)

#뉴스검색 접속
time.sleep(1)
driver.get("https://search.naver.com/search.naver?where=news&sm=tab_jum&query=%EC%9C%A0%ED%8A%9C%EB%B8%8C")
type(driver.find_elements_by_class_name("list_news"))
first_sel = driver.find_element_by_class_name("list_news")
second_sel = first_sel.find_elements_by_tag_name("li")
news_title_lists = []

for a in second_sel:
    news_title_lists.append(a.text.split("\n")[1])

for a in news_title_lists:
  print("\n")
  print(a)

driver.close()
```

실행 버튼을 클릭하면 해당 코드가 연산이 이루어지며 구동되기 시작합니다. 그리고 잠시 기다리면 다음과 같이 뉴스 기사 제목들이 출력됩니다.

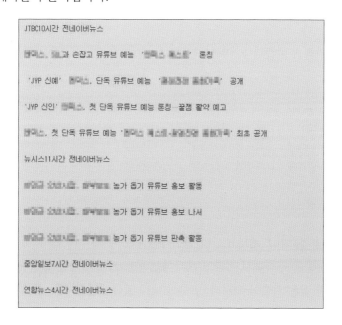

물론 위 내용은 이 책을 집필한 시점에 실행한 결과이기 때문에 여러분의 결과와는 다를 것입니다.

이처럼 우리는 인터넷에 있는 어떤 정보든 파이썬을 활용해 쉽게 가져올 수 있습니다.

[실습 2] 비트코인의 200일 치 시고저종(시가, 고가, 저가, 종가) 한 번에 가져오기

일반적인 회사의 재무팀은 세계 금융 시장에서 중요하게 생각하는 지표를 매일 실시간으로 체크하고 그 정보를 활용해서 전략을 짭니다. 그래서 웹상에서 정보를 가져오는 역할은 매우 중요합니다.

특정 사이트에서 제공하는 데이터를 가져오는 프로그램을 실행해 볼 텐데요. 데이터를 쉽게 가져올 수 있는 점에서 비트코인 가격 조회(호가 조회)를 해볼 것입니다. 비트코인 가격의 시가, 고가, 저가, 종가의 데이터 200일 치를 가져와 보겠습니다.

[실습 1] 화면에서 스크롤을 아래로 쭉 내려보면 다음과 같은 코드가 있습니다. 이번에도 왼쪽의 실행 버튼을 클릭해 보세요.

```python
#비트코인의 200일간의 시고저종(시가,고가,저가,종가) 한번에 가져오기
#시세 호가 정보(Orderbook) 조회 // 호가 정보 조회
import requests
import pandas as pd
import json
def coin_history(coin,time1='minutes',time2=""):
    url = f"https://api.upbit.com/v1/candles/{time1}/{time2}"
    querystring = {"market":coin,"count":"200"}
    response = requests.request("GET", url, params=querystring)
    response_json = json.loads(response.text)
    df = pd.DataFrame(response_json)
    return df
coin_history("KRW-BTC",'days')
```

실행 버튼을 누르면 결과를 보여줍니다. 이번에는 파이썬을 활용해 비트코인 가격의 200일 치 데이터를 간편하게 가져왔습니다.

	market	candle_date_time_utc	candle_date_time_kst	opening_price	high_price	low_price	trade_price	timestamp
0	KRW-BTC	2022-08-19T00:00:00	2022-08-19T09:00:00	31720000.0	31739000.0	29346000.0	29540000.0	1660910223457
1	KRW-BTC	2022-08-18T00:00:00	2022-08-18T09:00:00	31547000.0	31779000.0	31484000.0	31720000.0	1660867200053
2	KRW-BTC	2022-08-17T00:00:00	2022-08-17T09:00:00	32082000.0	32600000.0	31334000.0	31547000.0	1660780799449
3	KRW-BTC	2022-08-16T00:00:00	2022-08-16T09:00:00	32435000.0	32600000.0	31865000.0	32082000.0	1660694399485
4	KRW-BTC	2022-08-15T00:00:00	2022-08-15T09:00:00	32544000.0	33450000.0	32139000.0	32445000.0	1660607999982

원클릭 실습을 하며 어떤 생각이 드셨나요? '이 정도라면 나도 배워서 해 볼 수 있겠다' 혹은 '이걸 활용해서 나에게 알맞은 자동화를 구축해보자'라고 생각하셨다면, 그것은 좋은 출발 신호입니다. 그리고 앞서 저는 여러분께 필요한 것은 기술이 아니라 '방향성'이라 말씀드렸습니다. 이 실습으로 작은 용기를 얻으셨다면 이제 무엇을 만들지에 집중해 보세요. 여러분들이 할 수 있는 모든 것을 상상하시고 그 방법을 잘 기록해 두시길 바랍니다. 그 방법을 파이썬 코딩으로 구현해 낼 수 있도록 제가 옆에서 돕겠습니다.

자동화하고 싶은 업무 리스트 쓰기

이제 실습도 해봤으니 본격적으로 공부를 시작해 볼까요? 다음 장부터는 우리가 업무 자동화를 하기 위해 배워야 할 최소한의 파이썬 지식을 배워 보겠습니다. 여러분에게 파이썬은 아직 낯선 세계일 것입니다. 하지만 겁먹지 마세요. 저도 여러분과 같은 처음이 있었고, 그 당시에 겪은 어려움을 기억하고 있습니다. 이 경험을 살려서 여러분이 바로 사용할 수 있는 수준의 내용으로 학습 효능감을 안겨드리겠습니다.

## Chapter 02

{ 업무 자동화를 위한
최소한의 파이썬 지식 }

▶▶ Contents

2.0 챕터를 시작하기 전에

본격적으로 공부하기 앞서 이번 챕터의 '최소한'이라는 단어에 집중해 보도록 하겠습니다.

왜 '최소한'만 먼저 알려주냐고요?

저는 지금도 파이썬 공부를 하고 있습니다. 예전처럼 하나하나 사소한 문법이 아닌, 패키지를 직접 만든다거나, 웹상에서 파이썬 코딩이 잘 운영될 수 있는 기술, 그리고 인공지능 활용 등을 배우고 있습니다. 제가 파이썬을 처음 공부했을 때 겪은 어려움 중 하나가 바로 '배울 것이 너무 많다'입니다.

Docs _ 파이썬 공식문서

파이썬은 공식문서를 제공합니다. 이 문서를 참고해보면 파이썬에는 얼마나 다양한 학습 요소가 있는지 실감하게 될 것입니다. 아래는 파이썬 공식문서 중, 기본 Tutorial*에 해당하는 내용입니다.

파이썬 공식문서 - 기본 Tutorial (https://docs.python.org/3/tutorial/index.html))

---

* Tutorial 이란 '소프트웨어나 하드웨어를 움직이는 데 필요한 사용 지침 따위의 정보를 알려 주는 시스템'[출처: 우리말샘]을 의미합니다

그리고 다음은 튜토리얼을 포함한 파이썬 최신 버전의 공식 문서들이 있는 사이트입니다.

파이썬 최신 버전 공식 문서 모음 (https://docs.python.org/3/)

우리가 이 모든 것을 다 공부하려면 얼마나 걸릴까요? 한 달간 매일 4~5시간씩 이 공부만 한다 해도 다 배우지 못할 가능성이 큽니다. 이렇게 압도적으로 많은 내용을 공부하기도 벅차서 우리 업무에 코딩을 적용하기를 포기할지도 모릅니다.(심지어 기존의 프로그래머 분들은 파이썬이 쉽다고 이야기하는데도 학습량이 이렇게 많습니다.)

이러한 점에서 저는 프로그래밍의 진입장벽이 높다고 느꼈고, 이 벽을 넘어가려고 많은 시도를 해봤지만 시작할 엄두가 나지 않았습니다. 그런데 막상 공부를 해보면서 깨달은 점은 일단 기본만 잘 알아도 업무에 충분히 적용할 수 있는 방법이 많다는 것이었습니다.(심화적인 내용은 나중에 조금씩 공부해 가면 됩니다.)

따라서 이번 챕터에서는 1시간만 집중해서 공부하면 기본을 잡을 수 있도록, 제가 실제로 쓰는 파이썬 기본 문법들만 정리를 했습니다. 기초 공부는 짧게 하고, 파이썬을 업무에 적용하는 것을 목표로 진행할 수 있게 이 부분만큼은 빼먹지 마시고 꼼꼼히 읽어봐 주시길 바랍니다. 그럼 시작하겠습니다.

우리는 왜 코딩이 어렵다고 생각하는 걸까요? 이유는 다양하겠지만 그중에서 공부와 연관을 지어서 이야기해 보겠습니다.

수포자의 탄생

수포자(수학을 포기한 자)라는 단어를 들어 보셨나요? 영어나 국어를 포기하는 경우(영포자/국포자)도 있지만, 수학 과목은 유독 학습 포기자의 비율이 높습니다. 수포자들이 수학을 포기하는 이유는 무엇일까요?

> 처음에 어떤 원리를 배웁니다. 그 원리는 어렵지만 어느 정도는 이해된 것 같습니다. 하지만 사실 이 논리를 정확하게 이해하지 못한 상태이죠. 그런데 갑자기 본인이 이해할 수 없는 정도의 속도로 수업이 진행됩니다. 그리고 그 논리를 적용한 공식이 나옵니다.
>
> 그럼 공식을 활용해서 문제를 풀어야 하는데, 풀어야 할 문제가 점점 많아집니다. 그렇다 보니 원리는 이해되지 않은 상태로 공식을 달달 외우게 됩니다. 이 상태로 새로운 문제를 계속 접하다 보면 약간만 변형된 문제만 만나도 문제를 풀 수 없게 되죠.
>
> 그렇게 반복을 하다 보면, 응용에 응용이 이어지다 보니 암기로 해결할 수 없는 상황에 도달하게 되고 그렇게 수학을 포기합니다.

우리가 배움을 포기하는 진짜 이유

결국 수포자가 수학을 포기하는 가장 큰 이유는 원리를 이해하지 못해서일까요? 그 말에도 일리가 있지만 저의 생각은 다릅니다. 수학을 포기하는 이유를 조금 더 원론적으로 생각해 봅시다.

만약 공부해야 할 것이 수학이 아니라, 그 사람에게 꼭 필요한 소양을 다루는 학문이라면 어떨까요? 이를 테면 내 집 장만을 하고 싶은 사람에게 '부동산학'은 어떨까요? 혹은 부자가 되고 싶은 흙수저에게 '투자학'은 어떨까요? 모태솔로에게 '연애학'은 또 어떨까요?

결국은 우리가 어떤 배움을 포기하는 이유는 어려워서 그렇기도 하지만, 배운 것을 내 삶에 바로 적용할 수 없어서이기도 합니다.

앞으로 **파이썬 기초를 쉽게 학습할 수 있는 비밀 3가지**라는 매력적인 내용을 알려드리겠지만, 여러분이 파이썬을 학습하는 가장 중요한 이유는 이것이 아닙니다. 파이썬 코딩이 우리의 삶에 어떤 역할을 할 수 있는지를 아는 것, 이것이 무엇보다 중요한 파이썬 학습 동기입니다. 몇 가지 예시를 들어 볼까요?

먼저 업무 자동화에 관한 이야기입니다. 몇 년 전, 공무원 사회를 발칵 뒤집는 사건이 발생했죠. 아시는 분들은 아시겠지만 공무원들이 오랫동안 반복적으로 하던 일을 공익근무요원이 단 30분 만에 해결해서 대서특필된 적이 있습니다.

또 다른 예로 투자에 관해 이야기를 해보겠습니다. 요즘 AI가 투자하는 방식이 많이 있습니다. 그 기술의 근원 자체도 그동안 주가 기록들을 학습해서 투자 방식을 정하고 있습니다.

두 가지 예시만 봐도 파이썬이 여러분의 삶으로 들어왔을 때 얼마나 긍정적인 영향력을 만들어 낼지 짐작되실 겁니다. 그래서 저는 여러분께 파이썬 공부를 시작하기 전에 다음 주제를 깊이 있게 고민해 보시길 권장합니다.

'파이썬 코딩으로 나의 업무를 어떻게 변화시키고 싶은가'

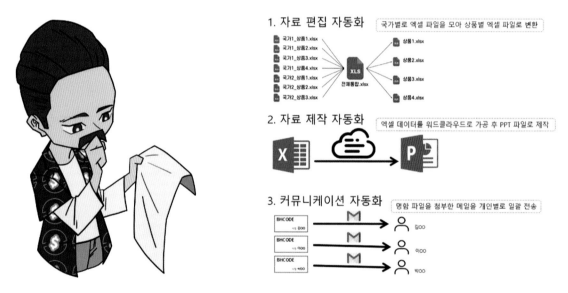

내가 파이썬 코딩으로 해결하고 싶은 업무는 무엇이 있을까?

파이썬 학습의 길에 발을 들여 보기로 마음을 먹었지만 끝을 모르기에 막연하고, 어디서부터 시작해야 할지 몰라서 불안한 마음이 앞설 수도 있습니다. 그런 여러분께 도움이 될 수 있도록 문답식으로 정리해 제 경험을 들려 드리겠습니다.

Q1 코딩 공부는 어떻게 했나?

A1 저는 2020년 3월경부터 프로그램 공부를 시작하게 되었고, 하루 1시간 정도 꾸준히 공부했습니다. (최근에는 좀 더 많이 하고 있네요.)배운 것을 실생활에 적용하고 성취하는 자신을 보면 확실히 삶의 변화가 이루어졌음을 느낍니다.

제가 지금까지 스스로 만들어서 업무에 활용한 프로그램은 수를 헤아릴 수 없을 정도입니다. 매일 아침 회사에서 이메일을 정리해 주기도 하고, 여러 부서에서 오는 데이터를 취합하기도 합니다. 또 다양한 사람들에게 개인화된 메일과 문자를 보내줍니다. 마치 분신술 같이 말이죠.

Q2 프로그래밍 공부 어떻게 시작하는가?

A2 제가 추천하는 방법을 먼저 소개하고, 하나씩 이야기해 보겠습니다.

[방법 1] 혼자 부딪혀 보기

[방법 2] 질문을 할 수 있는 강의 듣기

[방법 3] 내가 만들고자 하는 프로젝트에 집중해 보기

[방법 1] 혼자 부딪혀 보기

코딩 학습을 할 때 가장 먼저 해야 할 것은 모르는 게 있으면 무조건 일단 부딪혀 보는 것입니다. 검색을 하거나 유튜브를 보거나 다양한 사이트에서 기본 강의를 한 번 들어보는 거죠. 이때 혼자서 공부하시다 보면 좌절감을 느끼게 될 겁니다. 하지만 두려워하지 말고 그 좌절을 먼저 느껴 보시길 바랍니다. 그 좌절 속에서 많은 단어를 접하게 될 거고, 코딩에 조금 익숙해지실 거예요. 이 과정은 1주일 정도면 충분합니다. 너무 길게 고민하지 마세요.

Tips _ 코딩 학습에 참고하기 좋은 무료 사이트

1. 에드위드 (https://www.edwith.org/)

2. 이솦 (https://www.ebssw.kr/)

3. 유튜브 코딩 무료 강의 채널

유튜브에서 '파이썬 코딩 기초' 등의 키워드로 검색

[방법 2] 질문을 할 수 있는 강의 듣기

처음에는 오프라인이나 실시간 온라인 교육에 참여를 해보시길 바랍니다. (저도 오프라인 수업을 정기적으로 하는데 시간이 되신다면 한 번 직접 들어 보러 오셔도 좋을 것 같습니다.)

어떻게 공부해야 할지 모를 땐 질문을 하는 것이 정말 중요합니다. 특히 궁금할 때 바로 답을 받을 수 있는 환경이 중요합니다. 그 이유는 자신의 학습 수준을 가늠할 수 없는 상태에서 공부만 하다 보면, 학습 진도를 잘 따라가고 있는 게 맞는지 알기 어렵기 때문입니다.

주위에 과외를 받거나 온라인 실시간 코딩 교육을 들으며 첫 단계에서 느꼈던 좌절을 극복해 보세요. 그렇게 어느 정도 기초가 만들어지면 다음 단계로 넘어가길 바랍니다.

[방법 3] 내가 만들고자 하는 프로젝트에 집중해 보기

강의를 듣다 보면 너무 배울 게 많고, 배움에 끝이 없다는 것을 느끼시게 될 겁니다. 앞의 단계들을 거치면서 내가 어떻게 공부해야 하는지 알게 되었다면, 지금부터는 다 건너뛰고 나에게 필요한 것들만 공부합니다. 그렇게 공부한 지식을 퍼즐 맞추듯이 하나씩 채우다 보면 많은 것을 배우게 되실 것입니다.

앞서 한번 언급했지만, 간혹 개발자 분들이 이런 이야기를 하죠.

"파이썬은 쉽다."

하지만 그것은 프로그래머의 관점에서 쉬운 거지, 저(희들) 같은 비전공자에게는 절대 쉽지 않을 수 있습니다. 파고들수록 계속 어려운 것이 나오고 새로운 학습을 하는 일이 호락호락하진 않습니다. 다만 우리에게 있어 코딩을 할 수 있고 없고는 중요한 것이 아닙니다. 그보다 우리가 놓치지 말아야 할 점은 코딩으로 우리 삶을 바꿀 수 있다는 것입니다. 이 점을 잊지 마시길 바랍니다. 이 책의 내용을 잘 따라간다면 쉽다는 말이 어떤 의미인지 이해하시게 될 날이 오리라 확신합니다.

2.2 나의 프로그램을 만들기 위한 환경설정

본격적으로 파이썬을 시작하기 전에, 환경설정을 해보겠습니다.

> 📖 **Note** _ 환경설정
>
> 이 책에서는 **컴퓨터에서 파이썬 언어를 이용한 코딩이 되도록 하는 작업을 환경설정**이라 정의합니다. 여러분이 사용하는 컴퓨터의 OS(운영체제)는 보통 윈도우 아니면 Mac일 것입니다. OS별로 환경설정 과정이 조금씩 다른데, 조만간 상세히 알려드리겠습니다.

환경설정을 하는 방법으로는 다음 두 가지가 있습니다.

> [방법 1] 파이썬을 설치하고 사용하는 방법 (파이썬을 컴퓨터에 설치하고 활용)
>
> [방법 2] 파이썬을 포함한 여러 기능을 가진 소프트웨어를 설치하고 사용하는 방법

[방법 1]은 파이썬을 구동시키는 정석 루트로, 파이썬 입문서들은 보통 이 방법을 택합니다. python.org에 접속 후 최신 버전의 파이썬을 다운로드한 뒤 구동시키는 것입니다.

하지만 우리는 **[방법 2]**(파이썬을 포함한 여러 기능을 가진 소프트웨어를 설치하고 사용)를 이용할 것입니다. 이렇게 진행하는 이유는 바로 학습 편의성과 현업 활용성 때문입니다.

하나의 코드가 있다고 가정하겠습니다. 코드에 대해서 아직 배우지 않았으니 상식적인 수준의 사칙연산으로 예를 들어보겠습니다.

```
a = 1+1
b = 2+3
e = 0
c = a+b
f = c/e + 5
c = 2+2
d = 3+5
g = a + d + b + c
```

간단히 설명하면 a, b, c, d, e, f 등의 변수에 여러 숫자가 대입되어 있습니다. 하지만 이 코드를 실행시키면 오류가 발생합니다. 이렇게 오류가 발생하면 어느 부분에 문제가 있는지 알아내야 하는데, 이를 찾는 과정은 어떤 개발방식을 사용하느냐에 따라 다릅니다. 어떻게 다른지 다음 두 가지 그림을 보겠습니다.

첫 번째 그림은 하나로 쭉 이어진 코드를 다룰 수 있는 개발 도구(Tool)의 화면입니다. 영화 속에서 프로그래머들이 프로그래밍하는 장면을 보았다면 낯익을지도 모르겠군요.

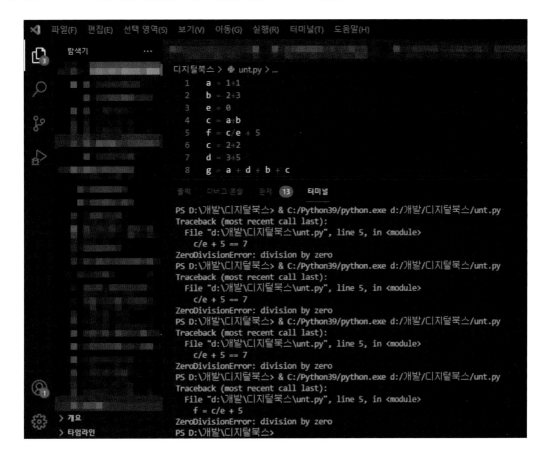

두 번째 그림은 코드를 한 줄씩 확인할 수 있는 Jupyter Notebook의 화면입니다(Jupyter Notebook이 무엇인지는 나중에 설명하겠습니다.)

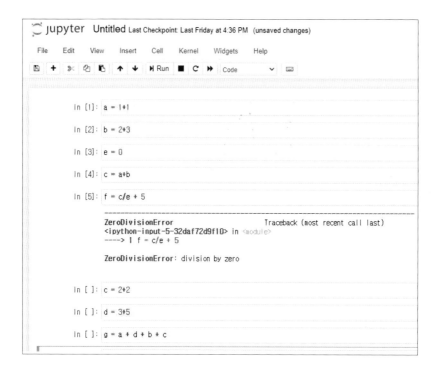

오류가 발생한 이유는 무엇일까요? line 5를 보면 c/e가 있는데 e는 0입니다. 즉, 0으로 나누기 때문에 연산이 발생하지 못합니다. 이 오류는 쉽게 찾아내긴 했지만 만약 이 코드가 8줄이 아니고 80줄, 아니 800줄이라면 찾기 쉬울까요? 쉽지 않습니다. 그래서 우리는 파이썬 학습을 할 때 코드를 한 줄씩 실행하고 그 결과를 볼 수 있는 소프트웨어가 필요합니다.

파이썬을 구동하는 툴(Tool)은 다양한데 그중 우리가 사용할 것은 Jupyter Notebook입니다. 이 툴을 쓰는 쓰는 이유는 여럿 있지만, 결정적인 이유는 앞서 본 예시처럼 코드를 한 줄씩 바로 실행하고 편집할 수 있다는 것입니다. 물론 다른 툴도 비슷한 기능이 있겠지만 학습에서만큼은 Jupyter Notebook이 최고의 효율을 자랑합니다.

그럼 Jupyter Notebook 설치부터 시작해 보겠습니다.

> 📓 **Note** _ 윈도우와 Mac 환경설정 방법이 각각 다름
>
> 윈도우와 Mac의 환경은 각각 달라서 Jupyter Notebook을 설치하기 위한 준비 과정에 차이가 다소 있습니다. 따라서 윈도우 사용자와 Mac 사용자의 환경설정 진행 과정을 아래와 같이 나누었습니다. 참고하여 따라하시면 되겠습니다.
>
> • 윈도우 사용자: 2.2.1 Windows 환경설정을 따라한 후 바로 2.2.3 실습에 앞서 알아야 할 것들로 이동
> • Mac 사용자: 2.2.2 Mac 환경설정을 따라한 후 2.2.3 실습에 앞서 알아야 할 것들로 이동

2.2.1 윈도우 환경설정

파이썬 프로그램을 실행하기 위한 **윈도우** 환경설정을 진행해 보겠습니다.

> **! Warning** _ 회사에서 아나콘다 사용 시 주의할 점
>
> 책에서는 아나콘다(Anaconda)를 사용하여 Jupyter Notebook을 설치합니다. 다만 아나콘다를 회사에서 설치하여 사용할 경우에는 상업적 용도에 대한 라이센스 확인이 필요합니다. 만약 회사에서 사용해야 한다면 아래의 링크를 참조하여 Jupyter Notebook을 설치하시길 추천드립니다.
>
> **[참고 영상]** bit.ly/bhyunco_jp_install

진행 순서는 크게 4가지로 나누어집니다.

> STEP 1 아나콘다 설치
> STEP 2 기본 웹 브라우저 설정
> STEP 3 웹 드라이버 설치
> STEP 4 Jupyter Notebook 실행 및 기본 폴더 설정

> **📓 Note** _ 아나콘다(Anaconda)란?
>
> 아나콘다(Anaconda)는 패키지 관리와 배포(deploy)를 단순케 할 목적으로 과학 계산(데이터 과학, 기계학습 애플리케이션, 대규모 데이터 처리, 예측 분석 등)을 위해 파이썬과 R 프로그래밍 언어의 자유-오픈 소스 배포판으로, 패키지 버전들은 패키지 관리 시스템 conda를 통해 관리됩니다. 아나콘다 배포판은 1,300만 명 이상의 사용자들이 사용하며 윈도우, 리눅스, macOS에 적합한 1,400개 이상의 유명 데이터 과학 패키지가 포함되어 있습니다. [출처: 위키백과 아나콘다 (파이썬 배포판)]
>
>

STEP 1 아나콘다 설치

아나콘다(Anaconda)부터 설치해 보겠습니다.

01 구글에 anaconda3 검색

구글(google.com)에서 **anaconda 3**을 검색하고, 첫 번째로 나오는 **Anaconda Distribution**을 클릭합니다.

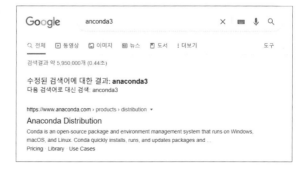

02 Anaconda 3 다운로드 후 설치

해당 사이트에 접속 후 Download를 클릭해 주세요.

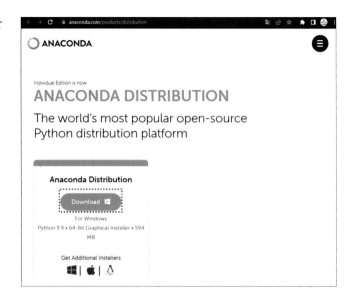

그럼 본인의 컴퓨터에 맞는 버전으로 설치 파일이 다운로드됩니다.

다운로드를 마쳤다면 Anaconda3 설치 프로그램을 실행하고 설치를 진행합니다.

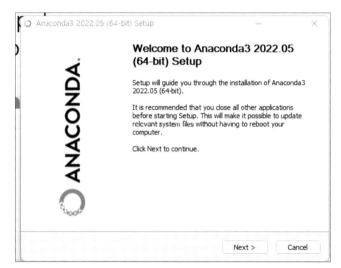

계속 다음을 눌러 설치를 진행하되, 오른쪽과 같이 고급 옵션을 선택하는 내용이 보이면 Add Anaconda 3 to my PATH environment variable에 체크를 해주시길 바랍니다. 이후 적당히 넘기고 Install을 누르면 설치가 완료됩니다.

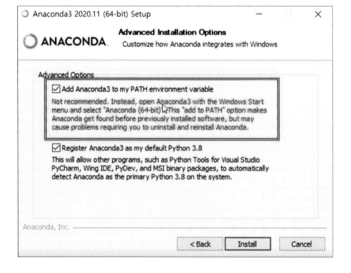

방금 Anaconda를 설치하면서 Jupyter Notebook이 같이 설치되었을 겁니다. Jupyter Notebook은 인터넷 환경을 빌려서 실행되기 때문에, Jupyter Notebook을 실행하면 본인 컴퓨터에 기본으로 설정된 브라우저가 열립니다.

학습 편의상 이 책에서는 Jupyter Notebook을 활용할 때 Chrome 브라우저를 자동 실행시킬 것입니다. 따라서 기본 웹 브라우저를 Chrome 브라우저로 설정해 보겠습니다.

01 윈도우 검색 창을 통해 기본 웹 브라우저 실행

윈도우 검색 창에 **기본 웹**을 검색 후 **기본 웹 브라우저 선택** 버튼을 클릭합니다.

> **Tips** _ 윈도우 검색 창 단축키
> • Windows 검색 창 실행: 윈도우 키 + ⑤

02 Chrome을 기본 웹 브라우저로 선택

기본 앱의 **웹 브라우저** 영역에 현재 기본으로 선택된 브라우저가 보입니다. 우리는 크롬 환경에서 활용할 것이므로 Chrome을 클릭하고 창을 닫아주면 됩니다. 이로써 기본 웹 브라우저를 Chrome으로 설정 완료하였습니다.

이번에는 크롬 웹 드라이버를 설치하겠습니다. 크롬 웹 드라이버란 우리가 파이썬을 통해서 웹(인터넷)을 제어할 때 사용하는 소프트웨어입니다. 이 소프트웨어를 통해서 우리는 인터넷을 자유롭게 제어하게 될 것입니다.

01 Chrome 버전 정보 확인

Chrome 브라우저를 열고 오른쪽 위의 설정 버튼을 클릭합니다.

> **2쇄 업데이트**: 아래 링크는 크롬 브라우저 & 크롬 드라이버 기본 설치법을 다룬 최신 영상입니다.
> **[참고 영상]** https://youtu.be/FIKy-vTSMb8

도움말 〉 Chrome 정보를 클릭합니다.

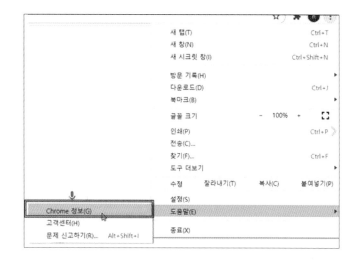

그러면 크롬의 버전을 확인할 수 있습니다. 이 버전을 기억해 두세요.

02 ChromeDriver 설치

구글에서 **chrome web driver**를 검색하고 첫 번째로 나오는 사이트를 클릭해 주세요.

해당 사이트로 들어가서 본인의 크롬 브라우저 버전에 맞는 ChromeDriver 버전을 선택해서 다운로드해 주세요. 이때 다운로드 경로는 본인이 잘 알 수 있는 곳으로 지정해 주시길 바랍니다. (추후 우리가 작성한 코드가 있는 폴더에 이 파일을 자유자재로 활용할 수 있도록 하겠습니다.)

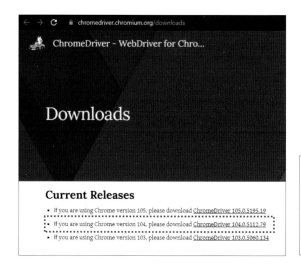

ChromeDriver 설치 파일을 다운로드했으면, 바탕화면에 **bhyunco_class**라는 폴더를 하나 만들고 압축을 풀어줍니다. 그리고 오른쪽 QR 코드 (혹은 링크)를 통해서 강의자료 파일을 다운로드하고 위 폴더에 넣어주시기 바랍니다. (Chromedriver는 위치경로에 따라 실제 실행할 때 해당 경로를 설정해 주어야 합니다. 그래서 C:/의 기본 경로에도 복사하여 붙여넣기를 해두시기를 바랍니다.)

실습 QR

https://naver.me/
G8mTwcVl

강의자료 파일을 압축해제 하면 오른쪽 그림처럼 Chapter 2~8의 실습 자료들을 열어 볼 수 있습니다.

이제 학습할 때마다 해당 폴더의 자료를 보면서 실습을 따라오시면 됩니다.

.ipynb_checkpoints	파일 폴더
chapter2	파일 폴더
chapter3	파일 폴더
chapter4	파일 폴더
chapter5	파일 폴더
chapter6	파일 폴더
chapter7	파일 폴더
chapter8	파일 폴더

자, 이제 거의 다 완료되었습니다. 모든 설치가 완료되었다면 다음으로 넘어가 보겠습니다.

Jupyter Notebook 실행 및 기본 폴더 설정

이제 Jupyter Notebook을 실행하고 기본 폴더를 설정하겠습니다.

01 **Jupyter Notebook 실행**

윈도우 검색 창에 **Jupyter Notebook**을
입력하면 새로운 프로그램이 설치된 것
을 알 수 있습니다. 이 프로그램을 실행
해 보겠습니다. (윈도우 검색 창 단축키: 윈
도우 키 + ⓢ)

Jupyter Notebook을 실행해 보면 바탕화면이 기본 폴더로 지정되지 않았다는 것을 알 수 있습니다.
(바탕화면이 아닌 anaconda3가 적힌 폴더로 이동하게 됩니다.)

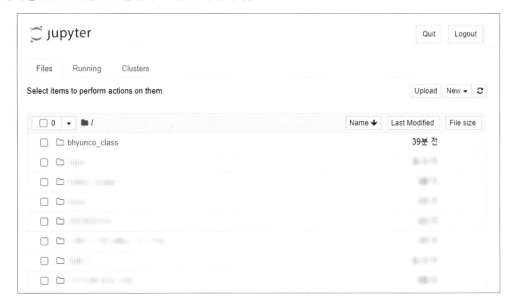

이전 단계에서 우리는 바탕화면에 bhyunco_class라는 폴더를 만들었습니다. 그러므로 Jupyter Note-
book을 실행했을 때 바탕화면의 폴더들이 보이도록 기본 폴더 설정을 진행하겠습니다.

02 Jupyter Notebook 기본 폴더 설정

먼저 바탕화면의 폴더 주소를 복사합니다. **파일 탐색기**를 열고 왼쪽 창에서 **바탕화면**을 클릭하면 바탕화면 폴더의 주소를 알 수 있습니다. **주소 표시줄**에 마우스 우클릭 후 **주소 복사**를 선택해 주세요.

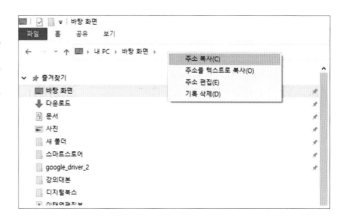

 Tips _ 파일 탐색기 실행 단축키
- 파일 탐색기 실행: 윈도우 키 + E

복사한 주소를 주소 표시줄에 붙여 넣으면 바탕화면의 폴더주소가 나옵니다. 이 주소를 복사해 주세요.

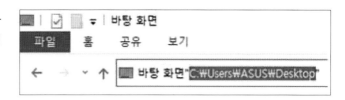

그 다음, 윈도우 키를 누르고 Jupyter Notebook을 검색 후 마우스 우클릭을 해서 **파일 위치 열기**를 선택해 주세요.

그럼 폴더가 하나 열립니다. 여기서 **Jupyter Notebook(anaconda3)**에 마우스 우클릭 후 **속성**을 선택하고, 대상(T) 옆의 입력 창에서 **%USERPROFILE%/**을 방금 복사한 바탕화면 폴더 주소로 바꿔 넣습니다.

이제 Jupyter Notebook을 종료했다가 열면 바탕화면 폴더가 기본 폴더로 지정됩니다.

 Tips _ Jupyter Notebook 독립 설치

Anaconda3를 활용해서 Jupyter Notebook을 설치할 수도 있지만 파이썬을 설치한 후 Anaconda3 설치 없이 바로 Jupyter Notebook을 설치할 수도 있습니다. 이 방식은 간편하지만 다양한 환경에서 설치에 오류가 발생할 수 있고, 파이썬을 처음 배우는 입장에서는 해결하기 어려울 수 있어서 참고용으로만 안내드립니다.

01 파이썬 설치

python.org 접속 후 3.10.7 버전(집필 시기를 기준으로 최신의 안정화 버전입니다)의 파이썬을 설치합니다. 이때 반드시 아래의 내용을 반영하여 설치해 주시길 바랍니다.

python.org에 접속 후 Downloads를 클릭합니다.

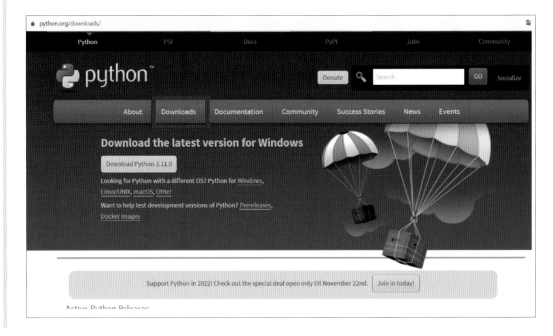

3.10.7 버전을 찾아서 **Download**를 클릭합니다.

내 컴퓨터에 맞는 버전을 선택해 설치 파일을 다운로드합니다.

> **내 컴퓨터의 Windows가 32bit인지 64bit인지 확인하는 방법**
>
> 윈도우 + Pause/Break를 동시에 눌러 시스템 정보를 확인하는 창을 열어 보세요. 이 창에서 **시스템 종류** 항목을
> 확인하면 여러분의 컴퓨터가 몇 비트 운영체제인지 알 수 있습니다.

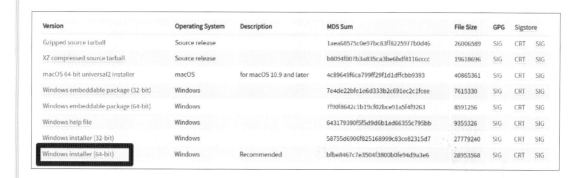

다운로드한 설치 파일을 열어 설치를 진행합니다. 그러다 다음과 같은 화면이 나오면 **Add Python 3.10 to Path**를 체크하고
Customize installation을 클릭한 후 다음으로 넘어갑니다.

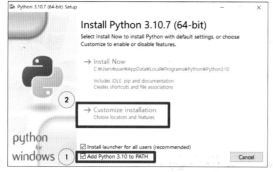

파이썬 설치 경로를 묻는 화면이 나오면 **C:₩Pyhton** 폴더로 지정하고 **Install**을 눌러 설치를 완료합니다.

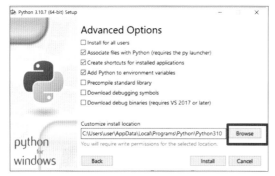 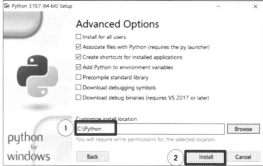

02 Jupyter Notebook 설치하기

파이썬이 잘 설치되었는지 확인 후 Jupyter Notebook을 설치해 보겠습니다.

명령 프롬프트를 열고 python을 입력 후 Enter를 누릅니다. 입력한 줄 아래에 파이썬 버전(Python 3.10.7)이 보인다면 파이썬이 잘 설치된 것입니다. 버전을 확인했으면 exit()을 입력해 python을 종료합니다.

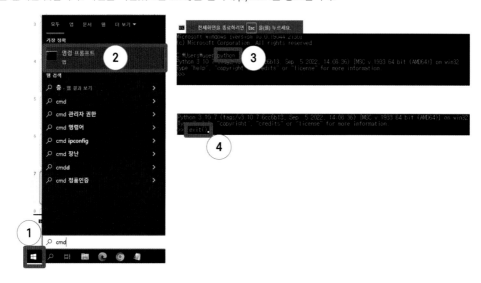

pip install notebook 명령을 입력해 Jupyter Notebook을 설치합니다(설치 과정은 자동으로 진행됩니다. 설치 도중에 창을 닫으면 안 됩니다).

설치가 완료되면 jupyter notebook 명령을 입력해 Jupyter Notebook을 실행합니다.

03 Jupyter Notebook 실행 확인하기

설정된 기본 브라우저(크롬 브라우저)에서 Jupyter Notebook이 실행되는지 확인합니다.

2.2.2 Mac 환경설정

파이썬 프로그램을 실행하기 위한 **Mac** 환경설정을 진행해 보겠습니다.

진행 순서는 크게 4가지로 나누어집니다.

> STEP 1 기본 웹 브라우저 설정
> STEP 2 아나콘다* 설치
> STEP 3 크롬 웹 드라이버 설치
> STEP 4 Jupyter Notebook 실행 및 기본 폴더 설정

📖 **Note** _ 아나콘다(Anaconda)란?

아나콘다(Anaconda)는 패키지 관리와 배포(deploy)를 단순케 할 목적으로 과학 계산(데이터 과학, 기계학습 애플리케이션, 대규모 데이터 처리, 예측 분석 등)을 위해 파이썬과 R 프로그래밍 언어의 자유-오픈 소스 배포판으로, 패키지 버전들은 패키지 관리 시스템 conda를 통해 관리됩니다. 아나콘다 배포판은 1,300만 명 이상의 사용자들이 사용하며 윈도우, 리눅스, macOS에 적합한 1,400개 이상의 유명 데이터 과학 패키지가 포함되어 있습니다. [출처: 위키백과 아나콘다 (파이썬 배포판)]

STEP 1 기본 웹 브라우저 설정

추후 직접 다뤄보겠지만 Jupyter Notebook은 인터넷 환경을 빌려서 실행됩니다. 따라서 Jupyter Note-book을 실행하면 본인의 Mac에 기본으로 설정된 브라우저가 열립니다.

Mac의 기본 브라우저는 사파리(Safari)로 설정되어 있지만, 이 책에서는 크롬 브라우저를 이용합니다. 크롬을 기본 브라우저로 설정하면 개발자 도구를 이용하기 매우 간편하고 호환성이 좋기 때문입니다.

이러한 이유로 Mac 환경설정은 크롬 브라우저를 설치한 후 기본 웹 브라우저로 설정하는 작업부터 먼저 진행하겠습니다.

01 크롬 브라우저 설치

먼저 크롬 브라우저를 설치하겠습니다. 인터넷을 열고 Chrome을 검색해주세요. (크롬이 설치되어 있는 분들은 02 기본 브라우저 설정부터 진행하시면 됩니다.)

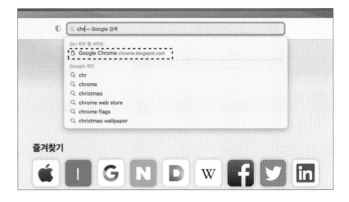

그러면 크롬을 다운로드할 수 있는 사이트가 열립니다. **Chrome 다운로드**를 클릭해 주세요.

Mac 사용자 대부분은 Apple 칩이 사용된 Mac을 사용하고 계실 것 같습니다. 본인이 사용하는 Mac에 적합한 버전을 선택해 설치하시면 됩니다.

02 기본 브라우저 설정

이제 **기본 브라우저 설정**을 진행하겠습니다.

시스템 환경설정에 들어가서 **일반**을 검색합니다. 그 다음 **기본 웹 브라우저**를 클릭해 주세요.

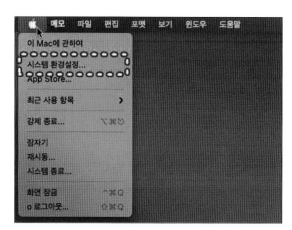
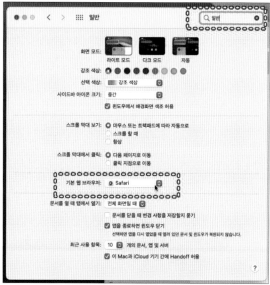

기본 웹 브라우저를 **Google Chrome**으로 변경해 주시면 됩니다.

STEP 2   아나콘다 설치

기본 웹 브라우저를 크롬 브라우저로 적용했으니, 이제 파이썬 실행을 위한 환경설정을 할 차례입니다. 아나콘다(Anaconda) 설치부터 진행해 보겠습니다.

01 구글에 anaconda3 검색

구글(google.com)에서 anaconda 3을 검색하고, 첫 번째로 나오는 Anaconda Distribution을 클릭합니다.

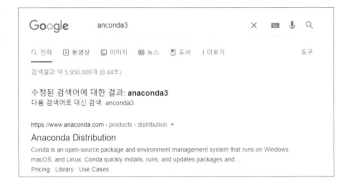

02 Anaconda 3 다운로드 후 설치

해당 사이트에 접속해서 Mac에 해당하는 다운로드 버튼을 클릭 후 본인의 Mac에 적합한 버전을 선택해 주세요. 그러면 설치 파일이 다운로드됩니다. (여러분의 Mac이 Apple 칩을 사용한다면 **64-Bit (M1) Graphical Installer**를, Intel 칩을 사용한다면 **64-Bit Graphical Installer** 버전을 설치해주면 됩니다.)

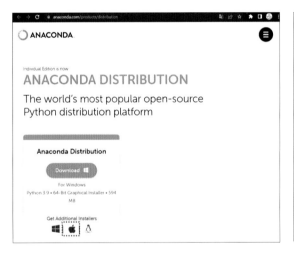

다운로드 후 Anaconda3 설치 프로그램을 실행합니다. 다음 혹은 계속을 누르며 진행하시다 보면 설치가 완료됩니다.

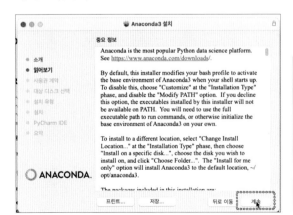

ChromeDriver 설치

이번에는 ChromeDriver를 설치하겠습니다. ChromeDriver는 우리가 파이썬으로 웹(인터넷)을 제어할 때 사용하는 소프트웨어입니다. 이 소프트웨어를 통해서 우리는 인터넷을 자유롭게 제어하게 될 것입니다.

01 **Chrome 버전 정보 확인**

아래의 Tips를 참조해 여러분의 Mac에 설치된 크롬 브라우저의 버전을 확인해 주세요. 버전을 기억하고 다음 단계로 넘어갑니다.

> 💡 **Tips** _ **내 컴퓨터에 설치된 크롬 버전 확인하기**
>
> 크롬의 설정 버튼을 클릭 후 **도움말**을 클릭하면 **Chrome 정보**라는 탭이 나옵니다. 이 탭을 클릭하면 현재 설치된 크롬 브라우저의 버전을 알 수 있습니다.

02 **ChromeDriver 설치**

구글에서 **chrome web driver**를 검색하고, 첫 번째로 나오는 사이트를 클릭합니다.

해당 사이트로 들어가면 다양한 크롬 드라이버의 버전이 보입니다. 이 중에서 설치해야 할 것은 여러분의 컴퓨터에 설치된 크롬 버전과 동일한 버전입니다.

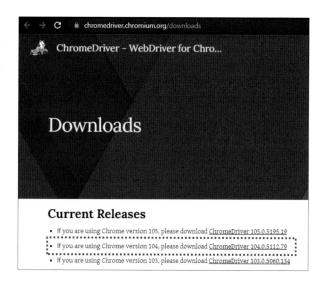

크롬 버전과 동일한 버전을 선택하면 다음과 같이 다운로드 가능한 파일이 나옵니다. 내 컴퓨터 환경에 맞는 설치 파일을 클릭해 다운로드합니다.

다운로드한 파일의 압축을 해제하면 크롬 드라이버 파일이 나옵니다.

추후 실습 시 ChromeDriver 및 실습 파일을 원활하게 활용할 수 있도록, 새로운 폴더를 미리 만들겠습니다. 바탕화면에 bhyunco_class라는 폴더를 만들어 줍니다.

이 폴더 안에 강의자료라는 폴더를 만들고, 오른쪽 QR 코드 (혹은 링크)를 통해서 강의자료 파일을 다운로드해 주세요. 그 다음 압축된 파일을 풀고 '강의자료' 폴더에 넣습니다.

실습 QR

https://naver.me/
G8mTvvcVI

앞서 압축을 해제했던 크롬 드라이버 파일도 'bhyunco_class' 폴더에 넣어 주세요.

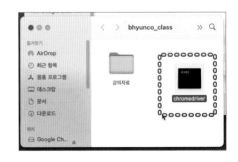

Jupyter Notebook 실행 및 기본 폴더 설정

01 Jupyter Notebook 실행

Anaconda 설치가 완료되었다면 오른쪽
그림처럼 **Anaconda Navigator** 로고가
보이게 됩니다. 이것을 클릭합니다.

Jupyter Notebook 밑에 있는 **Launch** 버튼을 클릭하면, 다음과 같이 CMD(Command) 창이 나오고 이
내 Jupyter Notebook이 실행됩니다.

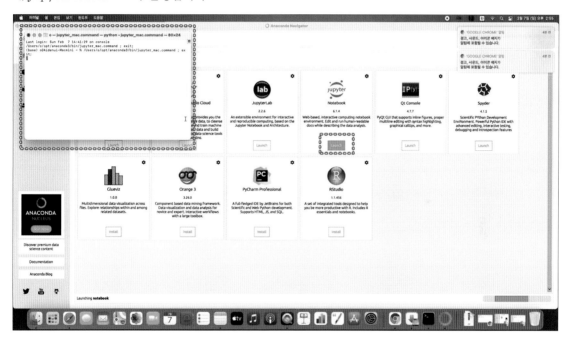

그런데 문제가 있습니다. 실행된 창에는 우리가 만든 바탕화면의 'bhyunco_class' 폴더가 보이지 않습니
다. Anaconda 3 파일이 있는 폴더의 주소가 기본 경로로 설정되어 있기 때문입니다. 그래서 다음 과정에
서는 바탕화면을 Jupyter Notebook의 기본 경로로 설정하는 방법을 안내해 드리겠습니다.

02 Jupyter Notebook 기본 폴더 설정

먼저 바탕화면의 **bhyunco_class** 폴더를 마우스 우클릭하고 **폴더에서 새로운 터미널 열기**를 클릭합니다.

그러면 명령어를 입력할 수 있는 터미널 창이 나옵니다. **jupyter notebook**이라고 입력한 뒤 Enter↵를 눌러 줍니다.

이제 우리가 만들어 놓은 폴더가 기본으로 설정된 Jupyter Notebook이 실행됩니다.

이로써 파이썬 프로그램을 실행하기 위한 환경설정을 마쳤습니다. 강의자료, ChromeDriver가 잘 설치되어 있는지 꼭 확인해 주세요. 잘 설치되어 있다면 다음으로 넘어가겠습니다.

🍧 **Tips** _ 강의자료 다운로드

이미 앞에서 다운로드하셨겠지만 다시 한번 안내해 드립니다. 오른쪽 QR 코드나 링크를 통해 강의자료를 다운로드 후, 바탕화면에 **bhyunco_class** 폴더를 생성해 이 폴더 안에 압축을 해제하시길 바랍니다.

실습 QR

https://naver.me/
G8mTvvcVl

2.2.3 실습에 앞서 알아야 할 것들

이번에는 실습을 본격적으로 시작하기에 앞서, 컴퓨터 환경과 별개로 알아야 하고 준비해야 할 것들을 알아보겠습니다.

앞으로 여러분들이 이 책을 읽고 학습하며 만나게 될 몇 가지 '작은 문제'에 대해서 이야기해보겠습니다. 이런 '작은 문제'들이 발생하는 이유는 **공부가 아닌 활용에 초점**을 두었기 때문입니다. (이는 제가 생각하는 코딩의 가장 큰 목적이기도 합니다.)

파이썬의 기본 문법을 공부하는 데 오랜 시간을 들이고 그 다음부터 우리의 현업에 적용하는 방식을 택한다면 이런 '작은 문제'들을 하나하나 알려드리며 책을 써 내려가야겠죠. 하지만 IT 비전공자의 관점에서 혹은 코딩을 전혀 모르는 입장에서는 기본부터 하나씩 쌓아가면서 공부하는 것은 시간적 부담이 큽니다. 우리의 삶은 너무나 바쁘기에 빠르게 기본만 공부하고 넘어가야 합니다. 그렇다 보니 학습 과정에서 종종 막히는 부분이 생깁니다. 저는 이를 빠른 파이썬 학습에 필요한 '작은 문제'라고 명명합니다. 구체적으로 어떤 문제들이 있는지 알려드리겠습니다.

작은 문제 1. 모르는 코드를 너무 빠르게 설명하고 넘어간다

이 책은 기본 문법을 알려준 뒤, 바로 업무에 적용하는 실습을 시작할 것입니다. 그런데 실습을 하다 보면 우리가 기본 문법에서 배우지 않은 코드가 나올 수도 있습니다. 어느 정도는 제가 설명하면서 넘어가겠지만, 코드에 대해서 깊게 설명하지는 않을 것입니다. 왜일까요? 당장은 모르겠어도 시간이 지나면서 코드를 계속 사용하다 보면 자연스럽게 이해되는 것들이 생기기 때문입니다. 마치 회사에서 부장님이 재미없는 농담을 해도 웃어야 하는 것을 알게 되는 우리의 경험과도 같다고 할까요? 조금 이해가 안 되는 부분이 있다면 책을 잠시 덮고, 그 내용에 대해서 검색을 해보기를 추천합니다. 다만 공부에 너무 매몰되지 말고 기능을 구현하는 데에만 집중해 주세요.

작은 문제 2. 코드가 어려워 보일 때 너무 무리해서 모든 것을 이해하려고 하지 마라

실습을 하다 보면 머리와 눈으로는 이해되는데, 막상 본인이 모든 코드를 다 쓰려고 하려면 막막해질 때가 있을 것입니다. 학구열이 불타는 어떤 분은 이럴 수도 있습니다. "내가 이 코드를 직접 만들 수 있을 때까지 계속 단련할 거야!" 그런데 말입니다. 그런 게 하나 둘 생기다 보면 코드를 공부하는 속도가 점점 줄어들 수 있습니다. 즉, 적당히 이해하고 활용하는 것이 중요하다는 말입니다. 우리가 엑셀의 구동 원리를 모르더라도 엑셀을 활용하는 것처럼요.

작은 문제 3. 오류를 대하는 우리들의 자세 (feat. 오류를 두려워하지 말라)

코드를 치다 보면 정말 다양한 이유로 오류가 발생합니다. 다음과 같이 말이죠.

난생 처음 보는 오류를 만나면 심리적으로 매우 자신감이 떨어지고 어찌할 바를 모르겠는 마음이 생기기도 합니다. 하지만 그런 마음을 과감히 떨쳐야 합니다. 프로그래밍에서의 오류는 컴퓨터가 우리에게 프로그램을 잘못 작성했다고 나무라거나 경고하는 것이 아닌, 우리가 프로그램을 잘 구동할 수 있도록 안내해 주는 선생님의 역할을 합니다. 예를 들어 보겠습니다.

앞서 보여드린 오류 중에서 두 번째 오류를 보겠습니다.

```
Type Error: unsupported operand type(s) for +: 'int' and 'str'
```

이 오류가 무엇을 의미하는지 우리가 바로 알아채기는 어렵습니다. 그럼 어떻게 해야 할까요?

세상에는 많은 개발자가 있습니다. 그리고 개발자가 아니더라도 프로그램을 이용해서 많은 일을 하는 사람들이 있습니다. 우리나라뿐만 아니라 전 세계에 말이죠. 그래서 해당 오류를 경험한 사람들이 있을 가능성이 매우 큽니다. 한편 내가 겪은 오류가 아무리 검색해도 나오지 않는다면 본인의 수준이 많이 올라갔다는 것을 방증하는 꼴이기도 합니다. 자, 그럼 위의 에러를 한번 검색해 보겠습니다.

검색 결과를 찾아보니 아래와 같은 질문과 답변의 게시글이 있었습니다.

[질문] 문자열에 정수를 붙이는 게 안 되는데 그럼 어떻게 해야 되나요? ㅠㅠ

[에러 내용]

```
Type Error: unsupported operand type(s) for +: 'int' and 'str'
```

[답변] 문자열과 정수는 타입이 다르기 때문에 + 연산을 할 수 없습니다. 그래서 정수 i 대신 str(i)를 사용해 문자열로 만들어야 합니다.

이처럼 우리가 만나는 많은 오류는 검색을 통해서 해결할 수 있습니다. 이런 오류들을 해결해 나가면서 실력도 같이 성장시켜 나갈 수 있는 것입니다. 이제 오류를 만나게 되면 어떤 마음을 먹어야 하는지 이해하셨나요?

> ### 💡 Tips ＿ 스스로 새로운 정보를 습득하는 방법
>
> 이 책의 내용만 꾸준히 따라오신다면, 앞으로 배우게 될 최소한의 파이썬 문법 등은 80% 이상 이해할 수 있을 겁니다. 하지만 나머지 20%는 여러분이 스스로 오류를 극복하는 방법을 익히며 습득하셔야 합니다. 코딩을 학습하다 보면 앞에서 말씀드린 오류와는 별개로 만나게 되는 관문이 하나 더 있습니다. 그것은 내가 어제 배운 기술이나 내용들이 새롭게 업데이트되는 것입니다. 우리가 아무리 최신 기술을 배우게 되더라도 기술은 계속 발전하기 때문에 시간이 조금 지나고 나면 또 다시 배워야 되는 상황을 경험하시게 될 것입니다.
>
> 그렇다면 우리는 구시대의 지식으로 계속 살아가야 할까요? 아닙니다.
>
> 그럼 시간을 내서 새로운 수업을 계속 들어야 할까요? 틀린 말은 아니지만 효율이 많이 떨어질 수 있습니다. 탈무드 명언 중에는 이런 말이 있죠. "물고기를 잡아주지 말고, 물고기 잡는 법을 가르쳐라" 즉, 스스로 새로운 정보를 습득하는 방법을 터득하면 됩니다.
>
> 앞서 오류를 해결한 것처럼 새로운 정보를 검색을 통해서 습득하는 방법은 크게 4가지가 있습니다.

[방법 1] 한글 검색을 이용해 정보 확인

[방법 2] 영어 검색을 이용해 정보 확인

[방법 3] 공식 문서로 정보 확인

[방법 4] ChatGPT 이용

그럼 각 방법을 자세히 소개하겠습니다.

[방법 1] 한글 검색

구글 검색 엔진에 다양한 정보가 있기 때문에, 개발을
공부하는 사람이라면 대부분 구글 검색을 이용하는 경
우가 많습니다. 어느 정도 짐작은 되시겠지만, 기본적
인 파이썬 관련 정보는 이미 우리의 길을 경험한 다양
한 선배들 덕분에 한글 검색으로 충분히 해결됩니다.
우리가 지금 배우는 수준은 한글 검색으로 거의 해결
될 것이기 때문에 검색 연습을 자주하시면 좋습니다.

[방법 2] 영어 검색

한국어로 아무리 검색해도 관련 지식이 나오지 않는다면 어떻게 해야 할까요? 그렇다면 축하드립니다. 드디어 대한민국에
서 어떤 사람도 관련 글을 적지 않은, 아주 마이너한 정보의 영역에 도착을 하신 것입니다. 자랑스러워하셔도 좋겠습니다(웃
음). 영어를 매우 잘 하시는 분이라면 궁금한 점을 직접 작문하시겠지만, 저를 포함해 그렇지 못하는 분들도 계실 것 같습니다.

이럴 때 사용하는 것이 번역 서비스입니다. 특히 네이버에서 제공하는 파파고가 유용합니다. 파파고(papago.naver.com)에
접속하셔서 나의 질문을 한글 부분에 넣기만 해도 매우 훌륭한 영어 질문이 완성됩니다. 단, 구글 번역기는 사용하지 않는 편이
좋습니다. 이미 한글 검색에서 구글 번역기의 역할을 해내는 경우도 있기 때문에 효율성이 좀 떨어집니다. 그리고 한영 번역은
확실히 국내 회사가 더 잘 하기 때문에 도움이 됩니다.

[방법 3] 공식 문서 확인

두 번째 방법으로도 찾지 못하셨다면 여러분은 많은 사람들이 경험하지 못한 문제를 만난 것 같습니다. 그만큼 성장했다는 것을 의미하겠죠? 마음이 뿌듯해지실 겁니다.

이 책을 학습하면서 여러분은 다양한 라이브러리를 다루게 되실 텐데요. 그런 라이브러리를 사용할 때 나오는 원리 등을 잘 정리해 놓은 것이 바로 공식문서입니다. 공식문서는 해당 라이브러리를 개발한 사람(혹은 단체)이 작성해 놓은 자료이기 때문에 가장 확실한 정보처라고 볼 수 있습니다.

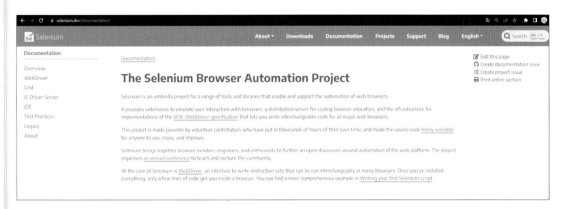

[방법 4] ChatGPT 이용 (생성형 AI를 활용해 모르는 코드도 쉽게 제작)

인공지능이 알아서 코드를 짜주는 No-Code(노코드), Low Code(로우코드)의 시대가 오고 있습니다. 저는 코드를 짜다 어려운 부분이 생기면 구글링을 하기 전에 인공지능에게 관련 질문을 던져서 해결해 달라고 하기도 합니다.

생성형 AI에게 질문을 던져 최적의 답을 찾아가는 방식을 프롬프트 엔지니어링이라고 하며, 이를 통한 텍스트로 코드를 생성하는 기술이 빠르게 발전하고 있습니다. '올해 최고의 인기 있는 프로그래밍 언어는 영어'라는 밈(meme)이 생길 정도로 말입니다.

최신 코드 생성 기술이 궁금하다면 아래 링크를 참조해보시길 바랍니다. 다양한 생성형 AI 서비스 중에 가장 많은 사람들이 사용하며 기능이 매우 우수한 챗봇을 소개하며, 이를 통해 실무 문제를 해결하는 방법을 알려드립니다.

[참고 영상] https://www.udemy.com/course/chatgpt_python_rpa/learn/

이 방법에서 소개해 드릴 것은 OpenAI의 ChatGPT라는 인공지능 챗봇입니다. 심심이나 이루다에게 질문을 하고 대답을 받듯이 ChatGPT도 대화하듯이 문답을 주고 받을 수 있습니다. ChatGPT의 사용법은 간단합니다. chat.openai.com에 접속해 로그인한 후 다음 화면에서 하단의 검색창에 질문을 입력하면 됩니다.

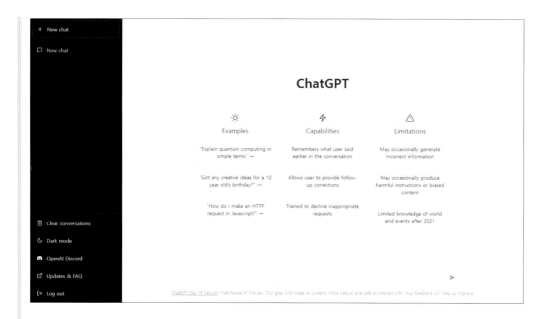

참고로 한글로 질문하기보다 Papago 등을 활용해서 영어로 번역 후 질문하시면 좀 더 효과적으로 답을 얻을 수 있습니다.

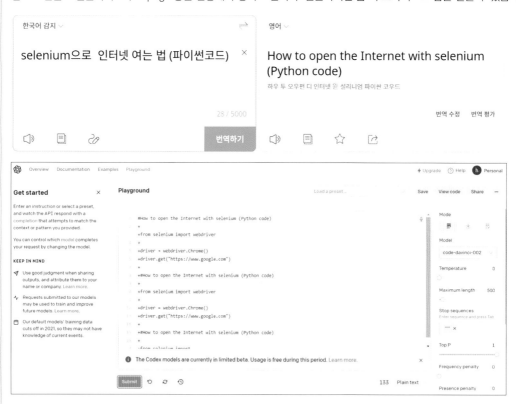

어렵지 않은 방법이니 문제 해결이 되지 않는다면 잘 활용해 질문을 해결해 나가시길 바랍니다.

이렇게 4가지 방법을 활용한다면 여러분들이 만나는 어떤 문제도 쉽게 해결할 수 있게 될 것입니다. 시간은 소중합니다. 너무 혼자서 씨름하지 말고 먼저 앞서 나간 사람들의 지혜를 활용하시길 바랍니다. 반복해서 알아보다 보면 어느 순간 같은 문제로 더 이상 검색하지 않고 있는 나를 발견해낼 것입니다.

2.3 1시간 만에 배우는 파이썬 구동을 위한 최소한의 지식

앞에서도 계속 반복해서 말씀드렸지만, 우리의 코딩의 목적은 공부가 아닌 현업(혹은 삶)에 적용하는 것입니다. 그 목적을 잊지 마시고, 우리가 파이썬 코딩을 배우기 위해서 필요한 정말 최소한의 문법적인 지식을 배워 보겠습니다. 처음 배우실 땐 어렵게 느껴지거나 의아한 점이 분명 있을 것입니다. 이 부분을 최대한 잘 풀어서 설명해 드리겠습니다. 그래도 이해가 안 되는 부분이 있다면 "아~ 그렇구나" 하고 적당히 넘어가고, 내용만 따라와 주세요. 이 내용을 외울 필요는 없습니다. 다음 장에서 현업 활용 코드를 계속 실습하다 보면 '아! 그때 이야기했던 게 이거구나' 하고 이해하고 따라오실 수 있을 겁니다. 그럼 실습을 시작해 보겠습니다.

2.3.1 주피터 노트북 사용법

주피터 노트북의 기본 사용법부터 익혀보도록 하겠습니다. 먼저 Jupyter Notebook을 실행해 주세요.

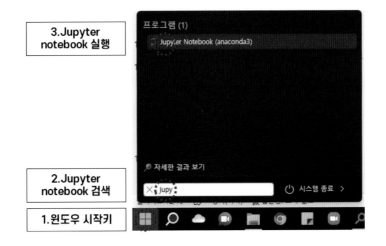

주피터 노트북 구동하기

주피터 노트북의 기본 구동이 잘 되는지 확인해 보겠습니다.

01 노트북 생성

주피터 노트북 화면 우측에서 **New 〉 Python3**을 클릭해 .ipynb 파일을 만들어 줍니다. (참고로 New 버튼을 눌러서 노트북(Python 3)뿐만 아니라 텍스트 파일이나 폴더, 터미널도 생성할 수 있습니다.)

> 📓 **Note** _ ipynb 파일
>
> ipynb는 Jupyter Notebook에서 구동되는 파일을 의미합니다.

02 노트북 제목 변경 & 인터넷 구동

노트북은 보통 **Untitled**라는 제목으로 파일이 만들어지는데요. 이 제목을 바꾸고 노트북을 구동해 보겠습니다. (여기서 말하는 노트북은 코드와 텍스트를 함께 작성할 수 있는 코드 편집기라고 이해하시면 됩니다.)

아래와 같이 파일명을 클릭한 다음 **구동테스트**라는 이름으로 바꿔줍니다. 그 다음, 하단 영역에 서 In[1] 옆 빈칸을 클릭하고 **1+1**을 적습니다. 그리고 Alt + Enter↵를 누르면 1+1의 연산결과를 볼 수 있습니다.

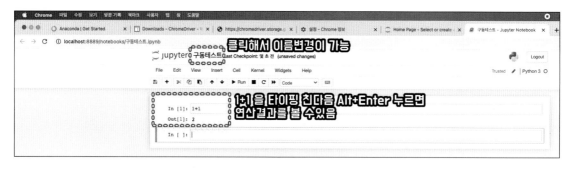

축하합니다. 이로써 첫 프로그래밍 구동을 성공하였습니다! 그럼 이제 다음 단계로 넘어가 보겠습니다.

크롬 드라이버로 인터넷 창 제어하기

우리가 가장 먼저 점검해야 할 것은 크롬 드라이버(ChromeDriver)의 정상 동작 여부입니다. 실습에서 인 터넷 창을 제어해야 하는데, 인터넷 창이 잘 구동되는지 한 번 확인해 보겠습니다.

코드를 하나하나 설명드릴 수는 있지만, 아직 기본 코드를 배우지 않았기 때문에 이해하기 어려우실 겁니다. 코드에 대한 자세한 설명은 차후에 할 것이니 지금은 일단 따라와 주시길 바랍니다.

먼저 아래와 같이 3줄을 타이핑한 다음 Alt + Enter↵ (코드 실행)를 눌러줍니다. (여기서 >>>는 Jupyter Notebook의 코드를 의미합니다. 자세한 설명은 뒤에서 하겠습니다.)

- (Window일 경우)

```
>>> !pip install selenium==4.1.5
>>> from selenium import webdriver
>>> driver = webdriver.Chrome('chromedriver.exe')
```

- (Mac일 경우)

```
>>> !pip install selenium==4.1.5
>>> from selenium import webdriver
>>> driver = webdriver.Chrome('.chromedriver')
```

> **❗ Warning** _ Mac 보안 문제 해결
>
> Mac 사용자에 한해서는 위 코드 3줄을 실행 시 아래와 같은 오류가 발생하게 됩니다.

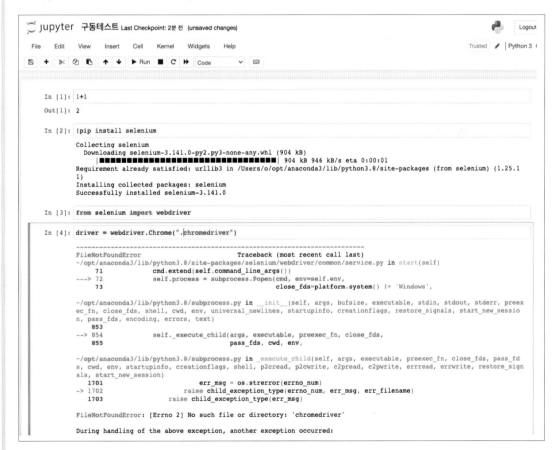

이 오류는 Mac의 보안 문제가 발생했기 때문에 나타난 것입니다. 그럼 보안 문제를 해결해 봐야겠죠?

먼저 **시스템 환경설정 > 보안 및 개인 정보 보호**로 들어갑니다.

여기서 **확인 없이 허용**을 클릭합니다.

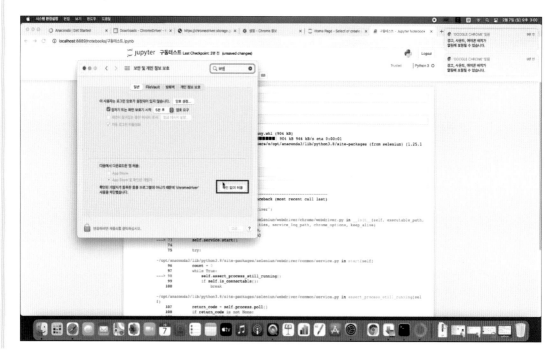

그러면 코드가 정상적으로 구동되어 크롬(인터넷)이 열리게 됩니다.

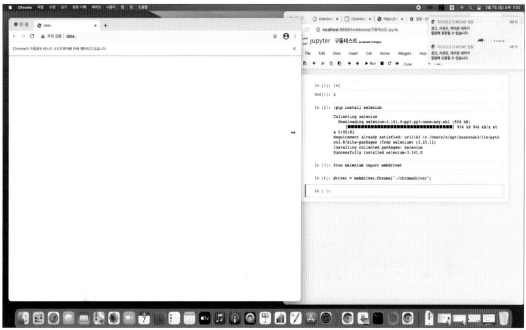

앞의 코드 3줄을 실행하면 크롬 브라우저가 열릴 것입니다.

그럼 이어서 아래의 코드를 입력하고 다시 Alt + Enter↵ 를 눌러 실행합니다.

```
>>> driver.get('https://www.naver.com')
```

크롬 브라우저 기반으로 사이트 접속이 잘 되는 것을 알 수 있습니다.

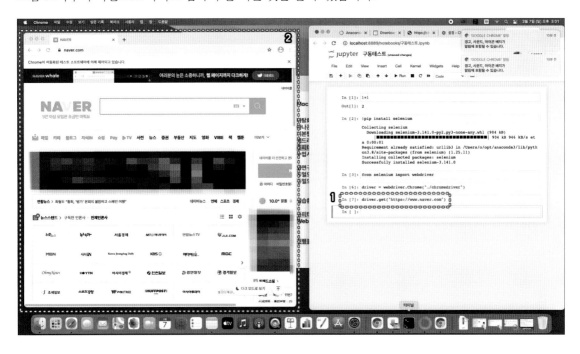

주피터 노트북 기본 사용법 알기

01 셀 설정하기 – 코드와 마크다운

주피터 노트북은 하나의 라인을 **셀**이라고 표현하며, 셀의 종류는 크게 두 가지로 구분됩니다. 코드를 작성하는 **코드 셀**과 문서를 작성하는 **마크다운 셀**입니다.

아래와 같이 탭을 클릭해 코드(Code)와 마크다운(Markdown) 중 무엇으로 작성할지 설정할 수 있습니다.

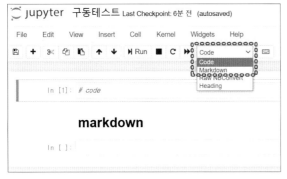 

02 셀의 두 가지 모드

셀에는 두 가지 모드가 있습니다. 두 모드를 오가며 코드를 작성하거나 셀을 추가/삭제하는 작업 등을 할 수 있습니다.

- **Edit Mode(초록색)**: 코드나 문서를 직접 입력하는 모드
- **Command Mode(파란색)**: 셀을 삭제, 복사, 추가 등을 할 수 있는 모드

In [ ]:	1+1

In [ ]:	1+1

두 모드의 사용법을 알고 싶다면 Command Mode에서 ⒽH를 눌러 안내문을 읽어 보세요.

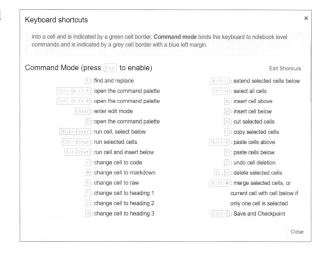

처음부터 안내문의 모든 기능을 숙지하기보단 실습하면서 '이런 기능은 없을까?'라는 생각이 들 때마다 하나씩 알아보시기를 권장합니다. 우리는 기본 기능만 짚고 가보도록 하겠습니다.

- **Command Mode (ESC를 눌러 활성화)**
  - markdown 셀로 변경: ⒨M
  - code 셀로 변경: ⓎY
  - 현재 셀 추가(위로): ⒶA
  - 현재 셀 추가(아래로): ⒷB
  - 현재 셀 자르기: ⓍX
  - 현재 셀 복사: ⒸC
  - 현재 셀 붙여넣기: ⓋV

- **Edit Mode (Enter를 눌러 활성화)**
  - 현재 셀 실행: ⎡Shift⎦ + ⎡Enter↵⎦
  - 현재 셀 실행 후 아래에 새로운 셀 생성: ⎡Alt⎦ + ⎡Enter↵⎦

03 코드 실행 순번 및 결과 확인

이번에는 코드 실행 순번 및 결과 확인에 대해서 알아보겠습니다. 하나의 셀을 만들어서 **1+1**를 타이핑한 다음 실행해보면, In [ ]의 대괄호 안에 숫자 1이 생깁니다. 그리고 셀을 한 번, 두 번 계속 실행할 때마다 번호가 변경됩니다. 이로써 셀을 실행할 때마다 코드가 몇 번째 실행되는 건지 알 수 있습니다.

이제 모든 준비는 끝났습니다. 다음 절부터는 파이썬 구동을 하기 위해서 알아야 할 최소한의 지식을 배워보겠습니다.

 **Tips** _ 백견이 불여일타

백견(百見)이 불여일타(不餘一打). 즉, 100번 보는 것보다 한 번 코딩을 해보는 것이 훨씬 습득에 도움이 됩니다. 이 책을 따라 코드를 같이 입력하면서 실습에 임해주시기 바랍니다.

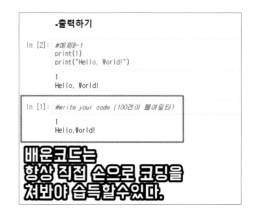

2.3.2 파이썬 기본기 떼기

실습을 시작하기 전에 다음 준비물을 챙겨두시길 바랍니다. 강의자료 chapter 2 폴더에 들어 있는 .ipynb 파일을 열어 주세요.

STEP 1 파이썬 기본 연산

01 출력하기

우리가 보통 알고 있는 출력은 "어이~ 비 대리 회의 자료 출력 좀 해줘!"할 때의 출력입니다. 하지만 프로그래밍에서의 출력은 의미가 다릅니다. 종이에 인쇄해 보여주는 것이 아닌, 우리가 보는 화면에 프로그램의 결과물을 보여주는 것을 의미합니다.

코드를 출력하는 예를 한번 볼까요? 아래의 코드를 입력하고 Alt + Enter↵를 눌러 실행해 보세요.

■ 예제 B-1

```
>>> print(1)
1
>>> print("Hello, World!")
Hello, World!
```

위 코드를 보면 >>>가 있는 행과 없는 행으로 구분할 수 있습니다. >>>가 있는 행은 우리가 코드를 입력하는 부분이고, >>>가 없는 행은 우리가 입력한 코드가 실행되고 나서 결과값을 나타내는 부분입니다.

그리고 코드를 입력한 행을 보면 print라는 명령어가 있습니다. 이 명령어로 우리가 원하는 숫자/문자 등을 화면에 출력하여 우리 눈에 보이게 할 수 있습니다.

02 비교하기

두 피연산자를 비교하기 위해서 사용합니다. 프로그램 설계를 할 때 일반적으로 사용하는 비교 연산자와 그 결과값을 한번 확인해 보겠습니다.

■ 예제 B-2

```
>>> 1 < 2      ❶
True
>>> 1 > 2      ❷
False
>>> 1 == 2     ❸
False
>>> 1 >= 2     ❹
False
```

❶ 1과 2를 비교해서 2가 클 경우를 의미합니다. 이를 실행하면 True라는 형태로 값이 출력되게 됩니다.

❷ 1과 2를 비교해서 2가 작을 경우를 의미합니다. 이를 실행하면 옳지 않은 명제이므로 False라고 출력됩니다. (True는 참인 명제, False는 거짓인 명제를 의미합니다.)

❸ 1==2를 실행하면 False라고 출력됩니다. 그런데 여기서 ==는 무엇을 의미할까요? 어느 정도 유추하셨겠지만, 이는 좌/우가 완전히 같다는 의미를 지닙니다.
굳이 =을 사용하지 않고 ==을 사용한 이유는 무엇인지 의문이 드실 겁니다. 이는 파이썬 프로그래밍에서 정의한 규칙 중의 하나이기 때문입니다. 지금은 '==는 좌/우가 같음을 의미한다'는 것만 이해하고, 두 연산자의 차이는 나중에 다루겠습니다.

❹ 1과 2를 비교해서 2가 1보다 작거나 같을 경우를 의미합니다.

이처럼 비교 연산자를 통해서 우리는 프로그램의 명제를 참 또는 거짓으로 구분할 수 있습니다. 이 기능은 왜 필요할까요? 앞에서 잠깐 언급했지만, 프로그래밍이 인간의 행동을 대신하려면 인간이 하는 역할을 컴퓨터가 직접 해낼 수 있어야 합니다. 명제가 참이고 거짓임을 알 수 있다면 우리가 의사결정을 할 때 도움을 많이 받을 수 있는 것처럼 프로그램의 비교 연산자도 우리가 프로그램 내에서 판단을 내리고 자료를 구분하는 데 도움을 줄 수 있습니다.

03 계산하기

몇 가지 기호를 제외하면 대부분 우리가 아는 일반적인 수학 기호로 기본 연산을 할 수 있습니다. 다음 예제를 한번 살펴보겠습니다.

■ 예제 B-3

```
>>> print(5+3)
8
>>> print(5*3)
15
>>> print(5/3)
1.6666667
>>> print(5%3)
2
>>> print(5//3)
1
```

단순한 사칙연산이기 때문에 5+3, 5*3, 5/3은 더하기, 곱하기, 나누기임을 알 수 있습니다. 이처럼 계산을 하고 print를 이용해서 그 결과를 출력할 수 있습니다.

> 🎈 **Tips** _ 생소한 개념이 나왔을 때 학습하는 방법
> 앞서 본 예제 코드에서 사칙연산은 익숙하니까 금방 알겠지만, 네 번째와 다섯 번째에 해당하는 연산자 %와 //는 생소했을 겁니다. 여기서 단순히 "%는 무엇이고 //는 무엇이다"라고 알려드리는 것도 방법이겠지만, 프로그램 학습을 하며 모르는 것이 나올 때마다 제가 모든 것을 설명드릴 수는 없습니다. 그러므로 '물고기를 잡는 법'을 배워야 합니다. 다음을 참조하여 스스로 학습하는 방법을 터득해 보세요.
>
> 프로그램 학습 해결 방법 _ 1) 유추를 통한 학습
> % 연산자의 의미를 모르면 5%3이 어떤 연산인지 알 길이 없습니다. 이럴 때는 어떻게 해야 할까요? 가장 먼저 해볼 것은 다른 숫자를 넣어서 실행해 보는 것입니다.

이를테면 7%3이라든지 11%3으로 바꿀 수 있겠죠? 그럼 한번 실행해 보겠습니다.

```
>>> print(7%3)
1
>>> print(11%3)
2
```

이제 3가지(5%3, 7%3, 11%3) 연산의 결과를 비교해 보세요. %는 어떤 연산을 의미할까요? 네, 맞습니다. 바로 나머지를 의미합니다. //도 같은 방식으로 실행하고 유추해 보면 몫을 의미하는 연산자임을 알 수 있습니다.

앞으로 여러분이 만나게 될 다양한 프로그램 언어에서 모든 것을 알고 그것을 활용하거나 해석하는 것은 불가능에 가깝습니다. 그렇지만 우리는 유추를 통해서 프로그램에서 사용하는 기능들을 이해할 수 있습니다. 이런 방식을 이해하는 것이 프로그램 실력을 향상하는 데 매우 큰 도움이 된다는 것을 잊지 마시기 바랍니다.

프로그램 학습 해결 방법 _ 2) 검색을 통한 학습

이번에는 좀 더 쉬운 방법을 안내하겠습니다. 구글에 '파이썬 % 연산자'를 검색해 보겠습니다.

유추를 적용하기 어렵거나 적용해도 잘 풀리지 않는다면 이처럼 검색을 통해 해답을 얻을 수 있습니다.

STEP 2 파이썬 기본 상식

01 주석 처리

주석 처리란 무엇일까요? 먼저 '주석'의 의미를 정리해 보겠습니다.

> 주석: 낱말이나 문장의 뜻을 쉽게 풀이함. 또는 그런 글 [출처: 표준국어대사전]

의미로 보아, 주석 처리란 우리가 코드를 적을 때 그 내용을 쉽게 풀이하기 위해서 적어주는 메모와 같다는 것을 알 수 있습니다.

다음 예제를 보겠습니다.

■ 예제 B-3 _ 일부 코드 주석 처리

```
>>> print(5+3)          ❶
8
>>># print(5*3)         ❷

>>> print(5/3)          ❸
1.666667
>>> # print(5%3)        ❹

>>> print(5//3)         ❺
1
```

5줄의 코드 중 ❶, ❸, ❺는 정상적으로 실행된 것에 반해 ❷, ❹는 아무 결과도 나오지 않습니다. 그 이유는 코드의 맨 앞에 붙은 # 때문입니다. #을 적은 줄은 주석 처리가 되며, 다음과 같은 경우에 주로 쓰입니다.

> • 코드에 대한 설명을 덧붙이는 경우
> • 실행되기를 원치 않으며 지우면 안 되는 코드가 있는 경우

주석 처리를 이용하면 코드에 대한 설명을 풍부하게 할 수 있고, 여차하면 다른 형태로 짠 코드나 이전에 짠 코드로 돌리는 것도 가능합니다. (이를테면 실험삼아 실행할 코드가 있거나 한시적으로 쓰이는 코드가 있을 때 유용합니다.)

02 들여쓰기

우리가 일반적으로 아는 들여쓰기는 한글이나 워드 문서, PPT 작업을 할 때 글의 구조를 구분하기 위해서 사용하는 기능입니다. 이와 달리, 프로그래밍에서의 들여쓰기는 가독성을 높일 뿐 아니라 계층을 구분하는 기능을 합니다.

(오른쪽 그림은 들여쓰기로 계층적인 구조를 구분한 코드 예시입니다. 이 코드의 구조는 3장에서 설명드릴 것이니 참조해 주세요.)

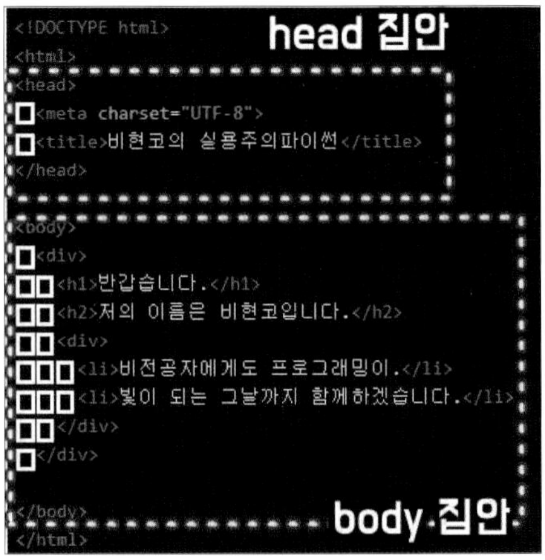

```
<!DOCTYPE html1>
<html>
<head>
    <meta charset="UTF-8">
    <title>비현코의 실용주의파이썬</title>
</head>

<body>
    <div>
        <h1>반갑습니다.</h1>
        <h2>저의 이름은 비현코입니다.</h2>
        <div>
            <li>비전공자에게도 프로그래밍이.</li>
            <li>빛이 되는 그날까지 함께하겠습니다.</li>
        </div>
    </div>
</body>
</html>
```

HTML 코드의 들여쓰기 예시

다음 예제를 접하면서 파이썬의 들여쓰기 기능을 알아보도록 하겠습니다.

먼저 들여쓰기가 없는 상태로 아래의 코드를 실행해 보겠습니다.

■ 예제 B-4 _ 들여쓰기 미적용

```
>>> if 3<7:
>>> print("3 is less than 7")
File "<ipython-input-1-e57c84bbf231>", line 2
print("3 is less than 7")
IndentationError: expected an indented block
```

위와 같이 실행하면 바로 오류가 발생합니다. 하지만 다음 예제와 같이 공백을 4칸 넣고 다시 실행해보면 결과는 정상적으로 나오게 됩니다. (space를 네 번 눌러 공백 4칸을 넣을 수 있습니다.)

■ 예제 B-4 _ 들여쓰기 적용

```
>>> if 3<7:
>>>     print("3 is less than 7")
3 is less than 7
```

아직 들여쓰기를 언제 써야 하는지는 모르겠지만, 파이썬에서는 들여쓰기를 제대로 하지 않으면 코드가 실행되지 않는다는 것을 알게 되셨을 겁니다. 이 절에서는 들여쓰기의 중요성만 인지하고 넘어가 보도록 하겠습니다. (들여쓰기는 추후 if문과 for문에서 좀 더 다뤄볼 것입니다.)

03 입력하기

이번에는 프로그래밍에 우리가 원하는 정보를 입력하는 방법을 안내해드리겠습니다. 입력이 필요한 이유는 간단합니다. 프로그램을 구동했을 때 그때그때 변하는 데이터들을 사람이 직접 입력해줘야 할 때가 있는데, 그 데이터를 매번 프로그래밍 코드에 넣기는 어려우니 입력 기능을 사용합니다.

이번 실습부터는 모인 코드를 한 번에 출력해볼 텐데요. 먼저 코드를 한번 보겠습니다. (다음 쪽 코드 참조)

■ 예제 B-5

```
# 문자열 출력
>>> print("당신의 이름은 무엇입니까? :")
# 입력 값을 my_name 변수에 저장
>>> my_name = input()
# 문자열과 변수 값을 출력
>>> print(my_name + "!!!")


당신의 이름은 무엇입니까? :
```

코드가 조금 복잡해졌지만 그렇다고 겁먹지 마세요. 하나씩 설명해 보겠습니다. 위 코드를 실행하면 우리가 직접 입력할 수 있는 행이 활성화됩니다. 여기에 여러분의 이름을 입력하고 출력하면 다음과 같은 결과가 나옵니다.

■ 예제 B-5

```
# 문자열 출력
>>> print("당신의 이름은 무엇입니까? :")    ❶
# 입력 값을 my_name 변수에 저장
>>> my_name = input()                   ❷
# 문자열과 변수 값을 출력
>>> print(my_name + "!!!")              ❸


당신의 이름은 무엇입니까? : 비현코
비현코!!!
```

이제 코드를 해석해 볼까요?

❶: 우리가 알고 있는 단순 출력문입니다. "당신의 이름은 무엇입니까? :"를 출력합니다.

❷: my_name이라는 변수에 input() 명령어로 우리가 타이핑하는 데이터를 입력합니다.

❸: my_name이라는 변수에 저장된 값이자 우리가 입력한 값이 출력됩니다.

이처럼 input() 명령어를 통해서 우리가 직접 타이핑한 데이터를 입력할 수 있습니다.

> 📓 **Note** _ 변수는 데이터 저장을 위해 사용하는 기능
>
> 변수는 파이썬에서 데이터를 저장하기 위해서 사용하는 기능입니다. 예를 들어 방정식 x+3에서 x에 들어가는 숫자에 따라 결과가 달라지듯이, 파이썬에 변수는 어떤 자료든 집어넣을 수 있습니다. (변수에 대해서는 이후에 좀 더 자세하게 배울 예정입니다.)
>
> 변수를 설정할 때는 연산자 =를 사용합니다. 변수에 값을 대입한다는 의미로 쓰이므로 우리가 아는 수학 기호와는 의미가 다릅니다. (값이 서로 같다는 의미로는 연산자 ==를 사용합니다.)

2.3.3 변수와 자료형 1 - 변수, 기본 자료형

변수란?

앞에서 간단히 다뤘던 변수에 대해 이야기해 보겠습니다. 변수는 숫자, 문자 등의 자료를 담는 공간이라고 생각하시면 됩니다. 파이썬에서 변수의 개념은 매우 중요합니다. 변수는 상수(변하지 않는 수)와 달리 프로그래밍 상황에 따라 지속해서 변하는 데이터를 집어넣고 갱신하는 작업을 계속해야 합니다. 따라서 변수의 기능을 잘 활용할 수 있어야 내가 원하는 프로그램 기능들을 만들 수 있습니다.

■ 예제 C-1-1

```
>>>print("language")          ❶
language
>>>language = "python"        ❷
>>>print(language)            ❸
python
```

❶과 ❸은 단지 큰따옴표가 있고 없고의 차이만 있을 뿐입니다. 하지만 두 코드를 각각 실행해 보면 결과가 다른 것을 알 수 있습니다. 왜 그럴까요?

❶의 "language"는 문자열을 의미하며 쓰인 그대로 출력이 됩니다. 하지만 ❷에서 language라는 변수에 "python"이라는 문자열을 대입했고 문자열이 대입된 'language' 변수를 출력한 것이 바로 ❸입니다. 즉, ❶은 문자열을 그대로 출력한 것이고 ❸은 변수를 출력한 것이기 때문에 결과가 다른 것입니다.

이처럼 우리는 변수를 활용해서 어떤 자료들을 저장할 수 있고, 그 저장된 자료를 변수를 통해서 다룰 수 있다는 것을 배웠습니다. 변수를 처음 접할 땐 어려워도 자주 사용하다 보면 익숙해지게 될 것입니다. 변수의 개념이 여러분의 머릿속에 잘 자리 잡도록 다양한 실습을 병행하며 진행해 보겠습니다.

대문자/소문자 구분

변수가 무엇인지를 알았으니 지금부터는 변수를 사용할 때 주의해야 할 점을 하나 알려드리겠습니다. 아래의 코드를 보겠습니다.

■ 예제 C-1-2

```
>>> Name = "Tom"
>>> nAme = "Paul"
>>> NAME = "Ben"
>>> print(Name)
Tom
```

```
>>> print(nAme)
Paul
>>> print(NAME)
Ben
```

name이라는 변수가 세 개이며, 작은 차이가 있습니다. Name, nAme, NAME 모두 같은 name이라는 변수지만 대문자의 위치가 조금씩 다릅니다. 아래의 결과값을 보면 변수마다 결과값이 다릅니다.

여기서 우리가 알 수 있는 것은 변수를 설정할 때 반드시 대/소문자 구분을 해줘야 한다는 것입니다. 꼭 기억하시길 바랍니다.

기본 자료형

이번에는 기본 자료형을 학습해 보겠습니다. 자료형이란 컴퓨터가 올바른 연산을 할 수 있도록 정리한 자료의 형태라고 생각하시면 됩니다.

> 📄 **Note** _ 자료형이 필요한 이유
>
> 만약 우리가 11을 쓰고 싶다면 어떤 방법을 이용할 수 있을까요? 5와 6을 더해서 11을 만들어서 쓸 수도 있지만, 1 옆에 1을 추가해서 110이라는 문자로 쓸 수 있습니다. 인간은 이것을 쉽게 구분하고 정리하지만 컴퓨터는 그렇게 하지 못합니다. 컴퓨터는 연산을 통해 값을 편집하며, 연산하기 위해서는 자료의 형태를 구분해줘야 합니다.

기본 자료형을 간단히 정리하면 다음과 같습니다.

- **숫자형(number)**: 수학적 연산에 활용하는 자료형. 정수(int), 실수(float), 복소수(complex)
- **문자열(string)**: 문자를 나타내는 자료형. 문자열(str)
- **불린형(boolean)**: 명제를 참(True)/거짓(False)을 구분하는 자료형. 불리언(bool)

예를 들어 어떤 변수의 자료형이 궁금하다면 type() 명령을 이용해 확인할 수 있습니다. 값에 따라 어떤 자료형으로 분류되는지 다음 예제를 통해서 알아보겠습니다.

■ 예제 C-2-1

```
>>> a ='tom'
>>> type(a)
str
>>> b = 1
>>> type(b)   #정수
int
```

이번에는 좀 더 다양한 값을 넣고 각각의 자료형을 확인해 보겠습니다.

■ 예제 C-2-2

```
>>> my_num1 = 10.123   #실수
>>> print(my_num1)
>>> type(my_num1)
10.123
float

>>> my_num2 = 10
>>> print(my_num2)
>>> type(my_num2)
10
int

>>> my_name = "Tom"
>>> print(my_name)
>>> type(my_name)
Tom
str

>>> my_bool = True
>>> print(my_bool)
>>> type(my_bool)
True
bool
```

이제 어떤 자료형들이 있는지 조금 아시겠나요? 자료형 확인은 여기서 마무리하고, 다음 Warning으로 넘어가서 문자열에서 다소 헷갈릴 만한 부분을 알아보겠습니다.

문자열은 말 그대로 문자로 나열된 형태의 데이터로, 쌍따옴표("")또는 홑따옴표('')를 사용해 문자열임을 나타냅니다. 그런데 이 부분에서 꼭 기억해야 할 점이 있습니다. 예제를 통해서 확인해 보겠습니다.

■ 예제 C-2-3

```
>>> print('This is also a name.')
This is also a name.
>>> print('This is also a "name".')
This is also a "name".
>>> print("This is also a 'name'.")
This is also a 'name'.
```

이 예제를 보는 이유를 아시겠나요? 쌍따옴표와 홑따옴표 또한 문자열에 넣어서 사용하고 싶을 때가 있습니다. 홑따옴표를 활용하고 싶다면 전체를 쌍따옴표 묶어주고, 반대의 경우는 홑따옴표로 문자열을 묶어주면 됩니다.

자, 이렇게 변수와 기본 자료형을 공부했습니다. 다음 절에서는 수많은 자료형 속에서 우리가 원하는 데이터를 찾아내는 방법을 알아보겠습니다.

2.3.4 변수와 자료형 2 - 인덱싱, 슬라이싱

인덱싱 그리고 슬라이싱. 단어부터 어렵습니다. '인덱싱은 목록이고 슬라이싱은 뭘 자르는 건가?'라고 생각하실 것 같습니다. 원어로는 이해하기 어려울 것 같으니 우리말로 좀 더 쉽게 표현해 보겠습니다.

인덱싱은 '색인'을 의미하는데 사실 이 표현은 잘 쓰이지 않습니다. 그래서 이 책에서는 인덱싱을 **'원하는 자료에 번호를 매긴다'**라고 정의하겠습니다. **슬라이싱**은 양끝에 작은 따옴표 추가하고 고딕, 볼드 적용을 의미합니다.

그렇다면 자료를 자르거나 번호를 매기는 이유는 무엇일까요? 네, 맞습니다. 자료를 잘라서 구분하면 우리가 찾을 분량이 줄고, 번호를 매겨 놓으면 그 번호로 자료를 찾을 수 있습니다. 결국, 인덱싱과 슬라이싱을 하는 이유는 우리가 자료를 쉽게 구분하고 찾는 데 필요한 기능이기 때문입니다. 예를 한번 들어보겠습니다.

인덱싱 (원하는 자료에 번호를 매긴다)

예를 들어 아래와 같은 문자열이 있습니다.

```
'abcdefghijklmnopqrstuvwxyz'
```

이 문자열에서 a부터 z까지 하나씩 번호를 매겨 보겠습니다. (첫 번째 문자의 순서를 0으로 지정한 점이 특이한데, 보통 프로그래밍 언어는 인덱스를 0부터 시작합니다.)

0	1	2	3	4	5	6	7	8	9	10	11	12
a	b	c	d	e	f	g	h	i	j	k	l	m
13	14	15	16	17	18	19	20	21	22	23	24	25
n	o	p	q	r	s	t	u	v	w	x	y	z

만약 우리가 u를 찾는다면 20이라는 숫자를 알면 바로 발견할 수 있습니다. 하지만 이렇게 보면 '굳이 그렇게까지 해서 문자를 찾아야 해?'라는 의문이 들겠죠? 저도 그랬습니다. 그런데 만약 규칙이 있는 문자 중에서 찾아야 한다면 어떨까요? 그리고 그 문자가 수천, 수만 개의 데이터를 가지고 있다면 이야기가 달라질 것입니다. 예시를 보면서 하나씩 설명하겠습니다.

■ 예제 C-3-1 _ 인덱싱

```
>>> language = "python"
>>> print(language[1])
y
>>> print(language[0])
p
>>> print(language[3])
h
>>> print(language[-3])
h
>>> print(language[-5])
y
```

'python'이라는 문자열의 순서를 나눠보면 아래와 같습니다.

0	1	2	3	4	5
p	y	t	h	o	n

그럼 세 번째 행까지는 이 표로 설명할 수 있습니다. 그런데 -3과 -5는 뭘까요? 바로 문자열의 역순을 의미합니다. 아래의 그림을 참조하시길 바랍니다.

0	1	2	3	4	5
p	y	t	h	o	n
-6	-5	-4	-3	-2	-1

슬라이싱 (자료를 구분하기 위해서 자른다)

이번에는 슬라이싱에 대한 예제를 살펴보겠습니다. 슬라이싱의 기본 구조는 아래와 같습니다.

> **변수[시작 인덱스(포함):끝 인덱스(제외):증가폭]**
>
> (* 마지막은 편의상 증가폭이라 표현했는데 '한 번에 몇 칸씩 변동시킬 것인가'를 의미한다고 보시면 됩니다.)

슬라이싱은 시작 인덱스부터 요소를 포함하되, 끝 인덱스의 요소는 제외합니다. 그리고 증가폭(한 번에 몇 칸씩 변동시킬 것인가)는 요소를 띄엄띄엄 불러오는 기능입니다.

포함과 제외를 이해하기 어렵다면 수학 시간에 배운 '구간'을 떠올려 보세요. 예를 들어 python 문자열을 인덱스 2와 5를 기준으로 슬라이싱한다면, 다음과 같이 표현할 수 있습니다.

2는 포함하고 5는 제외하므로 2, 3, 4에 해당하는 요소인 t, h, o만 남게 됩니다.

글만으로는 이해하기 어려울 테니 슬라이싱 예제를 보겠습니다.

■ 예제 C-3-2_ 슬라이싱

```
>>> language = "python"
>>> print(language[::])        ❶
python
>>> print(language[3:5:])       ❷
ho
>>> print(language[::2])        ❸
pto
>>> print(language[1:4:2])      ❹
yh
>>> print(language[::-1])       ❺
nohtyp
```

❶ 첫 번째 print문을 보면, 모든 것이 비어 있습니다. 이처럼 아무런 값도 없는 경우는 모두 기본값으로 적용함을 의미합니다. 시작 인덱스는 0, 끝 인덱스는 마지막까지 포함하고 한 칸씩 변동합니다. 그래서 python이 그대로 출력됩니다.

❷ 두 번째 print문은 시작 인덱스가 3이고 끝 인덱스는 5입니다. 3에서 시작해서 5 직전에 멈추므로 결과는 ho가 됩니다.

0	1	2	3	4	5
p	y	t	h	o	n

❸ 세 번째 print문은 시작 인덱스가 0이고 끝 인덱스는 마지막까지 모두 포함합니다. 그리고 증가폭은 2입니다. 전체를 포함하되 요소를 2칸씩 띄어서 출력하므로 결과는 pto가 됩니다.

0	1	2	3	4	5
p	y	t	h	o	n

❹ 네 번째 print문은 시작 인덱스는 1, 끝 인덱스는 4, 증가폭은 2입니다. 결과는 yh가 됩니다.

0	1	2	3	4	5
p	y	t	h	o	n

❺ 다섯 번째 print문은 시작, 끝 인덱스는 기본이고 증가폭은 -1입니다. 결과는 nohtyp가 됩니다.

p	y	t	h	o	n
-6	-5	-4	-3	-2	-1

💡 **Tips** _ 인덱싱과 슬라이싱, 실무에선 어떻게 활용할까?

만약 1,000개의 문자가 아닌 1,000개의 웹사이트가 있다고 가정하겠습니다. 이 웹사이트는 우리가 홍보해야 하는 사이트의 주소라고 가정하겠습니다. 그럼 1,000개의 모든 사이트에서 홍보하는 게 아닌 어떤 규칙에 따라서 그 주소를 뽑아야 한다고 가정한다면, 우리는 1,000개에서 우리가 원하는 방식으로 자료를 뽑아내야 합니다. 그때 이 인덱싱과 슬라이싱을 통해서 우리가 원하는 데이터를 뽑아낼 수 있습니다.

인덱싱과 슬라이싱이 지금은 이해가 되지 않을 수 있습니다. 그러므로 빠르게 기본을 배우고 현업 실습에서 해당 내용을 확인해보도록 하겠습니다.

이번에도 실습문제와 해답을 만들어 두었습니다. 꼭 직접 해결하시고 다음 절로 넘어가시길 바랍니다.

2.3.5 자료구조

우리가 프로그래밍을 공부하고 사용하는 결정적 이유를 2가지 고르라면, 저는 데이터 구조와 if/for문을 고를 것입니다. 그만큼 중요한 개념이기 때문입니다. 이 절부터 다음 절(2.3.6)까지는 이 두 가지를 자세히 다룰 것입니다. 그럼 시작해 보겠습니다.

비전공자 관점에서 데이터 관리를 잘 한다고 하는 사람들을 떠올려 봅시다. 어떤 사람이 떠오르나요? 다양하겠지만 회사 조직에 있는 분이라면 이렇게 대답할 가능성이 매우 큽니다.

'엑셀을 잘 다루는 사람'

틀린 말은 아닙니다. 정보의 홍수 속에서 살고 있는 우리는 마음만 먹으면 다양한 정보를 손쉽게 구할 수 있습니다. 하지만! 많은 정보 가운데 의미 있는 방향성을 찾기 위해서는 정보를 잘 저장하고, 관리하고 분류하는 등의 데이터 활용 능력이 매우 중요합니다. 그 역할을 해주는 가장 쉬운 소프트웨어가 엑셀이기 때문에 우리는 그런 경험을 하는 것이죠.

데이터 구조를 잘 활용하면 수백 개의 엑셀을 동시에 사용할 수 있는 효과를 만들 수 있습니다. 아래의 그림을 한번 보겠습니다.

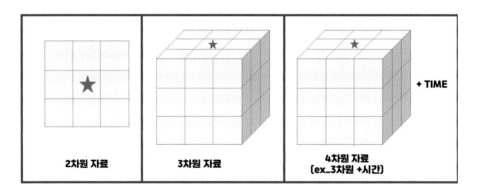

2차원 구조는 x 좌표, y 좌표 정보만 있으면 바로 만들 수 있습니다. 이것을 엑셀의 기본 Sheet라고 가정하겠습니다. 3차원은 기본 Sheet를 여럿 묶은 형태(Sheet 1, 2, 3, 4, 5, …)로 나타낼 수 있습니다. 그리고 4차원은 3차원에 '시간' 개념을 더한 것이니, 3차원 파일의 여러 버전을 가진 형태로 표현할 수 있습니다.

그렇다면 5차원, 6차원 구조를 만들고 싶다면 어떨까요? 엑셀로도 만들 수는 있지만, 공수가 많이 들어가게 될 것입니다. 반면에 프로그램에서의 데이터 구조는 이를 매우 쉽게 하나의 자료형으로 만들 수 있습니다. 어떻게? 복잡한 건 매한가지 아니냐고요? 그렇지 않습니다!

지금부터 우리를 신세계로 이끌어 줄 자료 구조에 관한 이야기를 하겠습니다.

> 이 책에서는 모든 자료 구조를 배우지 않고, 자주 사용하는 자료 구조 3개만 언급합니다. 다른 자료 구조들은 필요할 때 그때그때 공부해서 활용하셔도 충분합니다.

자료구조 1 - 리스트

첫 번째로 공부할 자료구조는 **리스트**입니다. 리스트를 알기 위한 예로, 우리가 자주(?) 가는 도서관에 관한 이야기를 해보겠습니다.

도서관에 가면 책을 찾기 위해서 검색을 합니다. 그럼 책이 있는 위치가 나오는데 보통 큰 도서관은 [3층, 사회, ㄱ, 53432] 이런 식으로 표현합니다. 우리는 도서관의 3층으로 올라가, 사회 서적이 있는 코너에 "ㄱ" 이 있는 책장으로 가서 우리가 원하는 책을 찾게 됩니다. 이렇게 정보를 구조화하면 어떤 책이든 쉽게 찾을 수 있습니다. 리스트는 도서관에서 책을 찾는 구조와 매우 비슷합니다.

리스트는 양쪽에 **대괄호 [ ]**를 씌운 형태로 나타내며 리스트 내 자료들은 ,로 구분합니다. 예를 들어 1,000개의 값을 리스트에 저장한다면, 각 요소에 해당하는 값이 곧 하나의 변수에 저장한 값과 같은 꼴입니다. 즉 1,000개의 변수를 만들어 값을 저장한 것과 같습니다. 리스트의 특징은 **요소의 중복**이 가능하고 **순서**가 있다는 것입니다. 순서가 있다는 건 몇 번째 자료인지를 알 수 있다는 의미입니다. (참고로 순서가 있는 자료형을 시퀀스 자료형이라고도 합니다.)

 Tips _ 대괄호와 소괄호가 언제 쓰이는지 헷갈린다면?

파이썬을 처음 배우다 보면 소괄호 (), 대괄호 [], 중괄호 {}는 쓰이는 때와 활용이 제각각 다릅니다. 자꾸 쓰다 보면 체화되면서 절로 외워지게 되지만, 그전까지는 무얼 사용해야 되는지 계속 헷갈릴 수 있습니다. 그러니 다음 3가지만 기억해 주세요.

1) 대부분의 파이썬 괄호는 소괄호

2) 대괄호를 사용하는 대표 예: 인덱싱/슬라이싱, 리스트 생성, pandas 활용

3) 중괄호를 사용하는 경우: 딕셔너리(dictionary)/포매팅/집합(set)

리스트 기본 지식은 여기까지 다루고, 리스트로 어떤 일을 할 수 있는지 실습을 통해 알아보겠습니다.

리스트의 구조

■ 예제 D-1-1

```
>>> word1 = 'is'
>>> word2 = 'nice'
>>> my_list = ['bhyunco', 'list', word1, word2, 'list']
>>> print(my_list)
['bhyunco', 'list', 'is', 'nice', 'list']
```

첫 번째 실습을 보겠습니다. word1과 word2 변수에 각각 'is' 와 'nice'를 대입하고, my_list 변수에는 요소가 5개가 포함된 리스트를 대입했습니다. 그리고 my_list를 출력한 결과, 5개의 요소가 포함된 리스트가 나왔습니다. 이처럼 리스트의 요소에는 우리가 알고 있는 기본 자료형이 들어갈 수도 있고, 변수가 들어갈 수도 있습니다. 하지만 변수가 들어갔다고 해서 my_list가 변수 값이 바뀔 때마다 변하는 것은 아닙니다. word1의 값이 다른 문자열이나 숫자로 바뀌게 되더라도, my_list를 정의한 시점이 언제인지에 따라 내용은 변할 수도, 변하지 않을 수도 있습니다. 이 점을 주의해 주세요.

리스트의 인덱싱, 슬라이싱

두 번째 실습에서는 리스트의 인덱싱과 슬라이싱을 보여드리겠습니다.

■ 예제 D-1-2_ 리스트의 인덱싱

```
>>> my_list = ['my', 'list', 'is', 'nice', 'list']
#인덱싱
>>> print(my_list[0])
my
>>> print(my_list[1])
list
>>> print(my_list[2])
is
>>> print(my_list[-1])
list
```

먼저 리스트의 인덱싱을 알아봅시다. 인덱싱은 우리가 자료를 구분하기 위해서 자료에 번호를 붙여주는 것이라고 설명해 드렸습니다. 문자열의 인덱싱이 문자마다 번호를 붙여주는 방식이라면, 리스트의 인덱싱은 리스트의 요소마다 번호를 붙인다고 보면 됩니다. 아래의 그림을 참고하면 바로 이해되실 겁니다.

0	1	2	3	4
'my'	'list'	'is'	'nise'	'list'

이제 리스트의 슬라이싱을 알아보겠습니다. 다음은 슬라이싱 첫 번째 예제입니다.

■ 예제 D-1-3_ 리스트의 슬라이싱 1

```
>>> my_list = ['my', 'list', 'is', 'nice', 'list']
>>> print(my_list[0:3:])
['my','list','is']
>>> print(my_list[1:4:])
['list','is','nice']
>>> print(my_list[:4:])
['my','list','is','nice']
>>> print(my_list[2::])
['is', 'nice', 'list']
```

문자열에서 배웠던 슬라이싱과 마찬가지로 **[시작 인덱스 : 끝 인덱스 : 증가폭]**으로 구성되어 있습니다. 각 print문을 실행하면 해당 인덱스에 맞게 변형된 리스트가 출력되는 것을 볼 수 있습니다.

이번에는 증가 폭이 포함된 형태로 실습을 진행해 보겠습니다.

■ 예제 D-1-3_ 리스트의 슬라이싱 2

```
>>> my_list = ['my', 'list', 'is', 'nice', 'list']
>>> print(my_list[::2])
['my','is','list']
>>> print(my_list[::3])
['my','nice']
>>> print(my_list[::1])
['my', 'list', 'is', 'nice', 'list']
>>> print(my_list[::-1])
['list', 'nice', 'is', 'list', 'my']
```

리스트 자료형도 문자열과 같이 인덱싱/슬라이싱/증가폭 활용이 가능합니다. 그 이유는 리스트가 '순서'가 있는 자료형이기 때문입니다.

> 📄 **Note** _ 순서가 있는 자료형(시퀀스 자료형)
>
> 순서가 있는 자료형(시퀀스 자료형)은 값이 연속적으로 이어진 자료형을 의미하는데, 종류로는 list, tuple, range, 문자열 등이 있습니다. 이들은 모두 '순서'가 있다는 공통점을 가졌기 때문에 자료형의 맨 뒤에 [시작 인덱스:끝 인덱스:증가폭]을 넣어서 활용할 수 있습니다.
>
> > 참고로 이번 장에서는 tuple을 제외하고는 모두 간단히 배워볼 예정입니다. 다음에 배우게 될 range에서나 혹은 독학하실 때 배우게 될 시퀀스 자료형이 있다면, 모두 이런 방식으로 활용할 수 있다는 점을 꼭 기억해주시길 바랍니다.

리스트 요소 추가

다음 실습은 리스트에 요소를 추가하는 방법을 알아보겠습니다.

■ 예제 D-2-1_ 리스트 요소를 추가하는 명령어 1, append

```
>>> motorcycles = ['kia', 'ssangyong', 'hyundai']
>>> print(motorcycles)
['kia', 'ssangyong', 'hyundai']
>>> motorcycles.append('ducati')
>>> print(motorcycles)
['kia', 'ssangyong', 'hyundai', 'ducati']
```

motorcycles 변수에 ['kia', 'ssangyong', 'hyundai']를 할당한 후, 'ducati'라는 문자열을 추가하려고 합니다. 요소를 추가하는 방식은 여러 가지가 있는데, 첫 번째 방법은 .append 명령어를 이용하는 것입니다. .append 명령어는 리스트의 맨 마지막에 요소를 추가할 때 사용합니다. 위 예제에서도 볼 수 있듯이 **.append(추가하고 싶은 요소)**를 이용해 'ducati'를 추가하였습니다.

■ 예제 D-2-2_ 리스트 요소를 추가하는 명령어 2, insert

```
>>> motorcycles = ['honda', 'kia', 'suzuki']
>>> motorcycles.insert(0, 'ducati')
>>> print(motorcycles)
['ducati', 'honda', 'kia', 'suzuki']
>>> motorcycles.insert(2, 'bmw')
>>> print(motorcycles)
['ducati', 'honda', 'bmw', 'kia', 'suzuki']
```

이번에는 .insert 명령어로 리스트의 중간에 문자열을 추가해 보겠습니다. .insert 명령어는 우리가 원하는 위치에 요소를 추가할 때 사용합니다. **.insert(요소를 추가하고 싶은 위치의 인덱스, 추가하고 싶은 요소)** 형태로 명령어를 적어주면 됩니다.

예제를 보면 아시겠지만 .insert 이 명령어로 내가 원하는 인덱스에 요소를 추가하면, 기존 요소들은 뒤로 한 칸씩 밀리게 됩니다.

리스트에 요소를 추가하는 방법을 배웠으니, 이번에는 요소를 삭제하는 방법도 배워 보겠습니다.

리스트 요소 삭제

■ 예제 D-2-3_ 리스트 요소를 삭제하는 명령어, del

```
>>> motorcycles = ['honda','yamaha','suzuki']
>>> print(motorcycles)
['honda', 'yamaha', 'suzuki']
>>> del motorcycles[0]
>>> print(motorcycles)
['yamaha', 'suzuki']
```

리스트의 요소를 삭제할 때는 **del** 명령어를 사용합니다. 삭제를 원하는 요소의 인덱스를 확인한 다음, 위 예제처럼 del 명령어를 적으면 됩니다. 다음 예제를 보겠습니다.

리스트 요소 개수 확인

■ 예제 D-2-4 _ 리스트 요소를 세는 명령어, len

```
>>> cars = ['bmw', 'audi', 'toyota', 'hyundai']
>>> print(len(cars))
4
```

리스트의 요소 개수를 셀 때는 **len(리스트)** 명령어를 사용합니다. 그런데 리스트의 요소 개수를 왜 알아야 할까요?

예제에서는 리스트의 길이가 4라는 게 눈에 딱 보입니다(리스트의 요소 개수를 리스트의 길이라고도 합니다). 하지만 자료가 방대해질수록 육안으로 확인하는 데 한계가 있습니다. 그리고 리스트는 자료의 추가/삭제가 자유롭게 진행되면서 프로그램이 진행되는데 그때마다 리스트 속에 있는 요소의 개수를 아는 것은 매우 중요합니다. 지금은 답답하고 감이 오지 않으시겠지만 나중에 현업 실습에서 어떻게 활용되는지 보고 나면 알게 되실 겁니다. 조금만 기다려 주세요.

> 🔋 **Tips** _ 인덱싱, 슬라이싱을 활용한 리스트의 요소 변경
> 인덱싱, 슬라이싱을 활용하여 요소에 새로운 값을 대입하는 방법으로 리스트의 요소를 변경할 수 있습니다.
>
> ```
> >>>> my_list = [1, 2, 3, 4, 5]
> # 인덱싱을 활용한 리스트의 요소 변경
> >>> my_list[1] = 10
> >>> print(my_list)
> [1, 10, 3, 4, 5]
>
> # 슬라이싱을 활용한 리스트의 요소 변경
> >>> my_list[2:] = [20, 30]
> >>> print(my_list)
> [1, 10, 20, 30]
> ```

자료구조 2 - 딕셔너리

두 번째로 공부할 자료구조는 딕셔너리입니다. 딕셔너리는 이름 그대로 사전(dictionary)과 비슷한 구조를 가졌습니다. 하나의 단어가 가진 다양한 의미를 풀어 담아내는 사전처럼, 딕셔너리는 하나의 단어에 대응되는 다양한 자료를 저장할 수 있습니다. 다양한 자료를 저장할 수 있다는 점에서 앞에서 배운 리스트와 비교해볼 수 있는데요. 리스트는 각 요소의 의미를 알기 어렵고, 기록하자니 번거롭습니다. 반면에 딕셔너리는 요소마다 이름을 붙일 수 있습니다.

딕셔너리 구조의 이해

딕셔너리는 **중괄호 { }**를 씌운 형태로 나타내며 중괄호 안에 요소를 ,(쉼표)로 구분합니다. 여기까지는 리스트와 비슷한데, 딕셔너리는 요소를 표현하는 방식이 조금 다릅니다. 딱 2가지만 기억해 주세요.

- key 값 (사전에서 '사과'라는 단어와 같은 위치)
- value 값 (사전에서 '사과에 대한 설명'과 같은 위치)

apple — key 값
1. 사과 ((과일 중에 가장 전형적인 것)), 사과나무(= ~ tree) 2. 사과 비슷한 과실 — value 값
발음   미국·영국 [æpl] ◁) ◁)   미국식 [æpl] ◁) ◁)   영국식 ◁) ◁)

딕셔너리는 이 두 가지로 구성됩니다. 우선 이 정도만 알고 다음 예제로 넘어가겠습니다. 딕셔너리의 구조를 직접 살펴보고 자료를 어떻게 출력하는지 확인해 보겠습니다.

■ 예제 D-3-1

```
>>> alien = {'color': 'green','points': 5}  ❶
>>> print(alien['color'])  ❷
green
>>> print (alien['points'])  ❸
5
```

중괄호 안의 콜론(:)을 기준으로 왼쪽은 key 값, 오른쪽은 value 값입니다. ❶ 따라서 위 예제에서 key 값은 'color'와 'points'이고, value 값은 'green'과 5입니다. 딕셔너리는 요소마다 key 값과 value 값이 쌍을 이루듯 있습니다(이 모습이 마치 사전과 닮았다고 해서 딕셔너리라는 이름을 붙인 겁니다).

딕셔너리의 key는 고유한 값을 가지며, 각 key 값과 value 값이 1:1로 대응됩니다. 이러한 특징을 이용해 key 값으로 해당 value 값을 찾을 수 있습니다. 딕셔너리의 각 value 값을 출력하고 싶다면, ❷와 ❸처럼 딕셔너리 변수에 대괄호를 달고 key 값을 넣어주면 됩니다.

> **Note** _ 딕셔너리의 구조 및 특징 정리
>
> key
> **{'color':'green', 'points':5}**
> value
>
> - 딕셔너리는 중괄호를 사용
> - 딕셔너리의 요소는 ,(쉼표)로 구분하고 key와 value는 :(콜론)으로 연결
> - key는 고유한 값을 가지므로 수정 불가

딕셔너리 요소 추가

■ 예제 D-3-2_ 딕셔너리 요소 추가

```
>>>> alien = {}  ❶
>>> print(type(alien))  ❷
<class 'dict'>

#딕셔너리에 요소를 추가하는 방법
```

```
>>> alien['color'] = 'green'      ③
>>> alien['points'] = 5           ④
>>> print(alien)
{'color': 'green', 'points': 5}

>>> alien['x_position'] = 0
>>> alien['y_position'] = 25
>>> print(alien)                  ⑤
{'color': 'green', 'points': 5, 'x_position': 0, 'y_position': 25}
```

이번에는 만들어진 딕셔너리에 새 요소를 추가해 보겠습니다. ❶ alien이라는 변수에 비어 있는 딕셔너리를 만든 후, ❷ alien의 자료구조를 검사해 보니 'dict'라고 나옵니다. 정상적으로 딕셔너리 구조가 만들어진 것입니다.

❸ alien 딕셔너리 변수의 key 값으로 'color'를 설정하고, 그에 대응되는 value 값으로 'points'를 대입하고 실행합니다. ❹도 같은 원리로 작업합니다. 그 후 ❺ alien을 출력하면 {'color': 'green', 'points': 5}가 결과로 나옵니다.

이처럼 key 값에 대응되는 value 값을 함께 설정해서 명령을 실행해주면, 딕셔너리의 요소가 추가됩니다.

딕셔너리 value 요소 수정

리스트는 인덱싱이나 슬라이싱을 활용해 새로운 값을 대입하는 방법으로 요소를 변경했지만, 딕셔너리는 그럴 필요 없이 요소를 바로 수정할 수 있습니다. 단, key 값은 말고 value 값만 바꿀 수 있습니다. 아래 예제를 통해 value 값을 수정하는 방법을 알아보겠습니다.

■ 예제 D-3-3_ 딕셔너리 요소 수정

```
>>> alien = {'color': 'green'}
>>> print("The alien is "+ alien['color'] + ".")
The alien is green.

>>> alien['color'] = 'yellow'
>>> print("The alien is " + alien['color'] + ".")
The alien is yellow.
```

딕셔너리의 value 값을 수정하는 방법은 간단합니다. 딕셔너리 요소를 추가하는 방식과 똑같이 명령을 실행시키되, 바꾸고 싶은 value 값을 넣어주면 됩니다. 그럼 기존에 있던 value 값이 새로운 값으로 교체됩니다.

딕셔너리 요소 삭제

■ 예제 D-3-4_ 딕셔너리 요소 삭제

```
>>> alien = {'color': 'green', 'points': 5 }
>>> print(alien)
{'color': 'green', 'points': 5}


>>> del alien['points']
>>> print(alien)
{'color': 'green'}
```

이번에는 딕셔너리 요소를 삭제해 보겠습니다. 리스트의 요소 삭제 시 썼던 del 명령어로 딕셔너리 요소도 삭제할 수 있습니다. 특이한 점은 del 명령어로 key 값을 지우면 value 값도 삭제된다는 것입니다. 딕셔너리는 key 값과 value 값은 항상 붙어 다니기 때문에 어느 한 가지 값만 존재할 수 없습니다.

딕셔너리 key, value, item 추출법

■ 예제 D-3-5 _ 딕셔너리 요소 추출

```
>>> alien = {'color': 'green', 'points': 5 }
>>> alien_keys = list(alien.keys())       ①
>>> print(alien_keys)
['color', 'points']


>>> alien_values = list(alien.values())   ②
>>> print(alien_values)
['green', 5]


>>> alien_items = list (alien.items())    ③
>>> print(alien_items)
[('color', 'green'), ('points', 5)]
```

긴 코드이지만 알고 보면 어렵지 않습니다. ❶ alien.keys( )로 key 값을, ❷ alien.values( )로 value 값을, ❸ alien.items( )로 key 값과 value 값을 모두 불러온 것입니다. 위 세 가지 요소 추출 방법은 딕셔너리 자료를 활용할 때 매우 유용합니다. 필요한 요소에 따라 명령어를 사용해 딕셔너리를 자유자재로 다룰 수 있기 때문입니다.

딕셔너리 value 값의 특징

지금까지 딕셔너리의 구조와 요소, 요소 추출 방법을 알아보았습니다. 그런데 학습하다 보면 이런 의문이 드실 수 있을 것 같습니다. 'key 값과 value 값을 쓰는 것은 좋은데, 굳이 이걸 써야 하는 이유가 사전 형 태의 구조 때문만은 아니겠지?' 물론 그분만은 아닙니다. 다음 예제를 보면서 딕셔너리의 요소의 특징을 알아보겠습니다.

■ 예제 D-3-6_ 딕셔너리 value 값의 특징

```
>>> my_dict1 = {
        'key_1': 'first_value',
        'key_2': 2 ,
        'key_3': 3.14 ,
        'key_4': True,
        'key_5': [4 , 2 , 1 ],
        'key_6': {'inner_key': 6 }
    }
>>> print(my_dict1)
{'key_1': 'first_value', 'key_2': 2, 'key_3': 3.14, 'key_4': True, 'key_5': [4, 2, 1],
'key_6': {'inner_key': 6}}
```

예제를 보시면 value 값을 다양한 자료구조로 표현 가능함을 알 수 있습니다. 즉 문자열(str), 정수(int), 실 수(float), 불린형(bool), 리스트(list), 딕셔너리(dict) 등 복잡하고 많은 자료를 간단히 하나의 딕셔너리 구조 에 담을 수 있다는 의미입니다.

이제 '그래서 value 값을 어떻게 활용해야 하는 거지?'라는 의문이 드실 것 같습니다. 이 의문은 다음 예제 를 만나보면 어느 정도 해소되리라 생각합니다. 조금만 참고 나머지도 배워 보겠습니다.

이번에는 key 값이 될 수 있는 데이터 종류를 알아보겠습니다. 우선 다음 예제를 보겠습니다.

■ 예제 D-3-7_ 딕셔너리 key 값의 특징

```
>>> my_dict2 = {
    4 : 'four',
    1.5 : 'one point five',
    'string_key': 'string_value',
    True: 'True',
    [1, 2, 3] : 'True',
    {10: 'ten'} : 'a dictionary'
    }
>>> print(my_dict2)
-----------------------------------------------------------------
Type Error Traceback (most recent call last)
<ipython-input-35-d506ac7e2bdf> in <module>
----> 1 my_dict2 = {
2 4: 'four',
3 1.5: 'one point five',
4 'string_key': 'string_value',
5 True: 'True',

Type Error: unhashable type: 'list'
```

위의 코드를 바로 실행시키면 오류가 발생합니다. 왜 그럴까요?

```
Type Error: unhashable type: 'list'
```

6번째 줄에서 발생한 이 오류는, 리스트(list)는 딕셔너리의 key 값이 될 수 없음을 의미합니다. 만약 이 줄을 지우고 코드를 다시 실행한다면 어떨까요? 마찬가지로 7번째 줄의 딕셔너리(dict)도 딕셔너리의 key 값이 될 수 없기 때문에 오류가 발생합니다. **정리하자면 변하지 않는 값인 정수(int), 실수(float), 문자열(str), 불린형(bool), 튜플(tuple), frozenset 등만 들어올 수 있습니다.**

그래서 정상적인 딕셔너리를 만들어 내려면 아래와 같이 코드를 써야 합니다.

■ 예제 D-3-7

```
>>> my_dict2 = {
    4: 'four',
    1.5: 'one point five',
```

```
            'string_key': 'string_value',
            True: 'True',
        }
>>> print(my_dict2)
{4: 'four', 1.5: 'one point five', 'string_key': 'string_value', True: 'True'}
```

결국 우리가 기억해야 할 것은, key 값으로는 변하지 않는 값(불변객체)만 쓸 수 있는 것입니다. 일단 이 사실만 기억해 주세요. 그럼 실습문제 직접 풀어보는 것 잊지 마시고 다음으로 넘어가겠습니다.

자료구조 3 - range

이름에서 유추할 수 있듯이, range는 범위를 표현하는 시퀀스 자료형(순서가 있는 자료형)으로, 기본 구조는 다음과 같습니다.

```
range(시작 숫자, 종료 숫자, 간격)
```

다음 예제로 넘어가서 range가 어떻게 쓰이는지 알아보겠습니다.

■ 예제 D-4-1

```
>>> my_range = range(5)
>>> print(my_range)
range(0,5)
>>> print(list(my_range))
[0, 1, 2, 3, 4]
```

range(5)는 0 이상 5 미만의 정수들로 구성되며, 이를 리스트화한다면 [0, 1, 2, 3, 4]로 표현할 수 있습니다. (range(0, 5)는 range(5)와 같은 의미입니다.)

■ 예제 D-4-2

```
>>> my_range = range(2, 5)
>>> print(list(my_range))
[2, 3, 4]
```

이번에는 2 이상 5 미만의 정수들을 나열한 것입니다. 이를 리스트화한다면 [2, 3, 4]로 표현할 수 있습니다.

■ 예제 D-4-3

```
>>> my_range = range(1, 7, 2)
>>> print(list(my_range))
[1,3,5]
```

앞의 예제는 시작과 종료 숫자, 간격까지 모두 설정한 경우입니다. 1 이상 7 미만 범위에 해당하며, 시작 숫자인 1부터 시작해 2씩 커지는 정수로 구성됩니다.

📇 **Note** _ 인덱싱, 슬라이싱과 닮은 range의 구조

'범위'에는 처음과 끝이 있기 때문에 결국 range도 순서가 있는 자료형(시퀀스 자료형)입니다. 그런데 여기서 '순서가 있다'는 표현을 보니 무언가 떠오르지 않나요? range의 구조는 인덱싱과 슬라이싱을 닮았습니다. 앞서 배운 리스트 또한 순서가 있는 자료형이라 했고, 순서를 가졌기 때문에 인덱싱과 슬라이싱을 활용할 수 있는 것입니다.

오른쪽은 앞서 본 예제에서 사용한 range의 요소를 정리한 것입니다. 인덱싱, 슬라이싱과 연관을 지어 생각해 보면 구조를 직관적으로 이해하실 수 있을 겁니다. range는 다음 절(2.3.6)에 배울 for문과 자주 연동하여 쓰이니 잘 기억해 두시길 바랍니다.

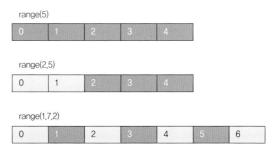

2.3.6 조건문/반복문

파이썬을 구동시키기 위한 최소한의 지식, 그 마지막은 바로 if문과 for문입니다.

앞 절(2.3.5)에서, 우리가 프로그래밍을 해야 하는 결정적 이유를 2가지 고른다면 하나는 데이터 구조, 나머지 하나는 이 if문과 for문이라고 언급했습니다. 그만큼 if문과 for문은 프로그램을 구동하기 위한 가장 중요한 기능이 있습니다. 그것은 바로 인간의 의사결정(if)과 반복 행동(for)을 구현해 내는 것입니다.

그럼 if문부터 알아보겠습니다.

if문

현업에서 엑셀을 자주 활용하는 분이 있다면, if문의 위력에 대해서 잘 알고 계실 것입니다. 다양한 자료들의 크기나 개수를 비교해서 어떤 결과값을 낼 수 있도록 하는 큰 힘을 가지고 있습니다.

if문의 기본 구조는 아래와 같습니다. (들여쓰기 잊지 마세요!)

```
if (조건 A):
    (조건 A가 True일 때 해당 코드가 실행됩니다.)
elif (조건 B):
    (조건 A가 False일 때 조건 B가 True라면 해당 코드가 실행됩니다.)
else:
    (조건 A와 B 모두 False이면 해당 코드가 실행됩니다.)
```

if, elif, else와 같이 :(콜론)을 쓴 줄의 다음 줄에는 들여쓰기(빈칸 4칸) 적용을 잊지 마세요!

참고로 3장부터는 들여쓰기 표시를 따로 하지 않으니 이번 챕터에서 꼭 들여쓰기 규칙을 숙지하세요.

if문을 이용해 자동화의 가장 기초적인 원리인 **의사결정**을 할 수 있습니다. 예제를 보면서 설명하겠습니다.

■ 예제 E-1 _ if

```
>>> a = 34
>>> b = 33
>>> if a>b:          ①
>>>     print("a is greater than b")     ②
>>> elif a<b:
>>>     print("a is less than b")
>>> else:
>>>     print("a is not greater than b and not less than b")
a is greater than b
```

a는 34, b는 33이므로 ❶ a가 b보다 크다는 조건(if a>b)을 충족합니다. 따라서 ❷ print("a is greater than b")가 실행됩니다.

다른 결과도 확인하기 위해, a와 b의 값을 서로 바꿔서 다시 실행해 보겠습니다.

■ 예제 E-1 _ elif

```
>>> a = 33
>>> b = 34
>>> if a>b:          ①
>>>     print("a is greater than b")
>>> elif a<b:        ②
>>>     print("a is less than b")
>>> else:
>>>     print("a is not greater than b and not less than b")
a is less than b
```

이번에는 a가 b보다 작으므로 ❶ 조건 if a>b가 성립되지 않습니다(False). 이처럼 첫 조건에 만족하지 않으면 바로 다른 경우를 찾습니다. 그럼 다음 조건인 ❷ elif a<b을 보겠습니다. a는 33, b는 34이므로 이 조건은 당연히 성립됩니다. 따라서 "a is less than b"가 출력됩니다.

🗒 **Note** _ elif란?

elif는 else if(그렇지 않으면)를 줄여쓴 표현으로, if문의 조건이 거짓일 때 실행되는 조건문이라고 이해하시면 됩니다. (다른 언어에서는 보통 else if로 표현합니다.)

```
>>> a = 33
>>> b = 33
>>> if a>b:        ①
>>> ····print("a is greater than b")
>>> elif a<b:      ②
>>> ····print("a is less than b")
>>> else:
>>> ····print("a is not greater than b and not less than b")   ③
a is not greater than b and not less than b
```

이 예제는 ❶ if문과 ❷ elif문의 조건이 모두 거짓인 경우입니다. 이때는 else문으로 넘어가서 ❸을 실행합니다.

> 📖 **Note** _ if문의 대장은 if
>
> if문의 대장은 if입니다. elif나 else는 if문이 있어야 뒤따라서 나올 수 있습니다.

if문 학습은 여기까지입니다. 그렇게나 중요하다고 강조해서 어려울 줄 알았는데, 생각보다 쉽다고 느끼셨을 겁니다. 하지만 이 구문이 하는 역할은 상상을 뛰어넘습니다. 추후 현업적용 실습에서 증명해 보겠습니다.

for문

for문은 특정 조건을 만족할 때까지 반복 작업을 수행합니다.

> 📖 **Note** _ for문을 쓰는 이유
>
> 자동화의 핵심 요소인 의사결정과 반복 행동을 구현할 목적으로 if문과 for문을 사용한다고 앞서 언급했습니다. 하지만 이 정보만으로는 for문의 쓰임을 제대로 알기 어려우실 겁니다. 그래서 간단한 예를 들어 for문을 왜 쓰는지 알려드리려 합니다.
>
> '비현코'라는 단어를 100번 출력한다고 가정하고 for문을 쓴 경우와 쓰지 않은 경우의 차이를 보겠습니다.

■ for문을 쓰지 않을 경우

```
#100번 반복하기
>>> print("비현코")
>>> print("비현코")
>>> print("비현코")
...(중략)
>>> print("비현코")
>>> print("비현코")
비현코      #1번째
비현코
...(중략)
비현코
비현코      #100번째
```

■ for문을 쓴 경우

```
>>> for a in range(100):
>>> ····print("비현코")
비현코      #1번째
비현코
...(중략)
비현코
비현코      #100번째
```

for문의 기본 구조를 아직 배우지 않아서 코드의 의미는 잘 모르지만, 그래도 오른쪽 코드가 간결하다는 것은 알 수 있습니다. 간단한 조건만으로도 두 코드의 줄 수가 확연히 차이나는데, 만약 이보다 더 복잡한 조건을 가지고 반복 작업을 한다면 어떨까요? for문을 쓴 경우가 훨씬 효율적일 것입니다. 이제 왜 for문을 쓰는지 이해되시나요?

for문의 기본 구조는 아래와 같습니다.

```
for (변수) in (자료구조):
    반복할 코드
```

for문은 자료구조에 든 요소를 순서대로 하나씩 뽑아서 'for문의 변수'에 대입합니다. 그리고 그 상태에서 반복할 코드를 실행시킵니다. 이 과정은 자료구조의 요소를 모두 쓸 때까지 반복됩니다. 글만으로는 이해하기 쉽지 않으니 예제를 통해서 배워 보겠습니다.

■ 예제 E-2

```
>>> numbers = [0, 1, 2, 3, 4]
>>> for a in numbers:
>>>     print(a)
0
1
2
3
4
```

numbers라는 리스트에는 요소가 5개(0, 1, 2, 3, 4) 있습니다. 변수 a에 리스트의 요소를 하나씩 대입하고 print(a) 코드를 실행합니다. 처음에는 0, 그 다음은 1, ... 이렇게 요소가 하나씩 순서대로 출력되어서 총 5개의 숫자를 확인할 수 있습니다.

아직은 for문의 사용법이 조금 헷갈릴 수 있습니다. 좀 더 익숙해질 수 있도록 다음 예제를 보겠습니다.

■ 예제 E-3

```
>>> for a in range(10):
>>>     print(a)
0
1
...(중략)
8
9
```

range(10)은 리스트로 따진다면 [0, 1, 2, 3, 4, 5, 6, 7, 8, 9]를 의미합니다. 위 코드의 동작 원리를 설명하자면, 처음은 a라는 변수에 range(10)의 첫 번째 요소인 0을 대입하고 print(a) 코드를 실행시킵니다. 다음은 1, 그 다음은 2를 대입하는 방식으로 9까지 반복합니다. range(10)의 마지막 요소인 9까지 출력되고 나면 for문은 종료됩니다.

정리하자면 for문은 정해진 데이터를 순서대로 하나씩 꺼내서, 변수에 대입하는 것을 반복한다는 단순한 규칙을 가졌습니다. 이것만 이해해도 for문을 충분히 활용할 수 있습니다. 그럼 계속해서 예제를 살펴보겠습니다.

for문 안에서의 변수 값의 변화

이번 예제에서는 for문의 실행 과정 중 for문의 변수(변수 a)에 발생하는 변화를 한 번 살펴보겠습니다.

■ 예제 E-4

```
>>> fruits = ['lemon', 'kiwi', 'orange']    ①
>>> for a in fruits:    ②
>>> ····print("I like " + a + ".")    ③
I like lemon.
I like kiwi.
I like orange.
>>> print("I ate " + a + "today.")    ④
I ate orange today.
```

① fruits라는 변수에 3개의 요소가 들어 있는 리스트를 대입하고 ② for문을 실행합니다.

처음은 fruits의 첫 번째 요소인 'lemon'이 a에 대입되고 ③ print문이 실행됩니다. (실행 결과: I like lemon)

다음에는 두 번째 요소인 'kiwi'가 a에 대입되고 print문이 실행됩니다. (실행 결과: I like kiwi)

마지막으로 세 번째 요소인 'orange'가 a에 대입되고 print문이 실행됩니다. (실행 결과: I like orange)

리스트의 마지막 요소까지 사용했으니 for문이 종료되고, 변수 a는 'orange'라는 문자열을 가진 상태로 유지됩니다. 이 사실은 ④ 두 번째 print문이 실행되고 나면 알 수 있습니다. (실행 결과: I ate orange today)

참고로 for문의 변수 이름으로 꼭 a를 고집할 필요는 없습니다. 다른 단어나 문자를 써도 무방합니다(예: i, j, k 등). 어떤 조합이든 for문을 직관적으로 이해할 수 있도록 적절한 이름을 지어 주는 것이 좋습니다.

for문 응용

우리가 하는 업무들을 떠올려 보면, 보통 반복적인 행동을 통해서 자료를 저장하는 일이 많습니다. for문의 활용은 이럴 때 빛을 발합니다. 다음 예제를 통해 for문의 활용법을 몇 가지 배워 보겠습니다.

첫 번째 예제는 for문을 이용해 리스트의 요소를 연속적으로 추가하고 자료를 저장하는 내용입니다. 하나씩 설명해 드리겠습니다.

■ 예제 E-5_ 리스트의 요소 연속 추가

```
>>> squares = []        ①
>>> for a in range(5):   ②
>>>     b = a * 2        ③
>>>     squares.append(b)    ④
>>> print(squares)
[0,2,4,6,8]
```

❶ squares라는 비어 있는 리스트를 생성하고 ❷ for문을 통해 자료를 하나씩 저장해 보겠습니다.

먼저 range(5)는 [0, 1, 2, 3, 4]를 의미합니다. for문이 시작되면 range(5)의 첫 번째 요소인 0이 변수 a에 대입됩니다.

❸ 새로운 변수 b에 a*2의 값을 대입합니다. 처음에는 range(5)의 첫 번째 요소를 기반으로 반복문이 실행되므로 b에는 0이 대입됩니다(b = 0*2). ❹ 앞서 만든 리스트 squares에 변수 b의 값을 요소로 추가합니다. 그리고 다시 for문의 반복 코드(3, 4행)를 실행합니다.

반복문이 두 번째로 실행되면 a 값은 0이 아닌 1이 되고 b 값은 2가 됩니다. 그리고 b값이 리스트 squares의 다음 요소로 추가됩니다. 그렇다면 다음 반복문을 실행할 때 두 변수의 값과 리스트의 구성은 어떻게 변할까요?

```
-1번째 반복문: a=0, b=0     → 0이 리스트의 첫 번째 요소로 추가됨: [0]
-2번째 반복문: a=1, b=2     → 0이 리스트의 두 번째 요소로 추가됨: [0, 2]
-3번째 반복문: a=2, b=4     → 0이 리스트의 세 번째 요소로 추가됨: [0, 2, 4]
-4번째 반복문: a=3, b=6     → 0이 리스트의 네 번째 요소로 추가됨: [0, 2, 4, 6]
-5번째 반복문: a=4, b=8     → 0이 리스트의 다섯 번째 요소로 추가됨: [0, 2, 4, 6, 8]
```

그렇게 변수에 값이 하나씩 대입되어 리스트 squares에 요소가 하나씩 생겨나고, 최종적으로 5개의 요소가 들어간 리스트가 됩니다.

딕셔너리 또한 for문을 활용할 일이 많습니다. 어떻게 쓰이는지 다음 예제를 통해 알아보겠습니다. for문을 이용해 딕셔너리를 연속으로 출력해 보겠습니다.

■ 예제 E-6_ 딕셔너리의 key 값 연속 출력

```
>>> my_dict = {
>>>       "a" : "apple",
>>>       "b" : "banana",
>>>       "g" : "grape",
>>>       "k" : "kiwi",
>>>       "o" : "orange"
>>> }
>>> for a in my_dict:
>>>    ••••print(a)
a
b
g
k
o
```

단순히 딕셔너리 my_dict를 반복문에 넣고 for문을 실행하니 딕셔너리(dict)의 key 값만 출력되었습니다. 이는 for문이 실행되는 동안 변수 a에 대입되는 자료는 딕셔너리의 key 값이라는 것을 의미합니다.

만약 key 값이 아닌 value 값을 얻고 싶으면 어떻게 해야 할까요? 아래 예제를 보겠습니다.

■ 예제 E-6_ 딕셔너리의 value 값 연속 출력

```
>>> my_dict = {
>>>       "a" : "apple",
>>>       "b" : "banana",
>>>       "g" : "grape",
>>>       "k" : "kiwi",
>>>       "o" : "orange"
>>> }
>>> for a in my_dict.values():
>>>    ••••print(a)
apple
banana
grape
kiwi
orange
```

예제를 보고 눈치채셨겠지만 딕셔너리의 요소를 추출하는 방법을 이용하면 됩니다. 그렇다면 key 값과 value 값을 함께 얻고 싶다면 어떻게 할지 감이 오시나요? 아래 예제를 보겠습니다.

■ 예제 E-6_ 딕셔너리의 key 값과 value 값 연속 출력

```
>>> my_dict = {
>>>        "a" : "apple",
>>>        "b" : "banana",
>>>        "g" : "grape",
>>>        "k" : "kiwi",
>>>        "o" : "orange"
>>> }
>>> for a in my_dict.items():
>>> ····print(a)
('a', 'apple')
('b', 'banana')
('g', 'grape')
('k', 'kiwi')
('o', 'orange')
```

이중 for문

for문을 응용해서 리스트(list), range, 딕셔너리(dict)의 자료를 반복해서 가져오고 출력, 연산하는 방법을 배웠습니다. 그런데 for문의 활용법은 이것이 다가 아닙니다. for문은 다중(2중, 3중 등)으로 겹쳐서도 사용할 수 있습니다. '왜 이렇게 복잡한 걸 배우는 거지?'라고 생각하실 듯해, 간단한 예시를 들어 보겠습니다.

> 비현코 대리는 시장조사를 하기 위해서, 모바일게임 커뮤니티 20곳의 게시판에 각각 올라온 최신 게시물 100개를 가져와야 한다. for문을 이용해 게시판 하나에 올라온 게시물 100개를 가져올 수 있는데, 20곳의 게시판을 하나하나 찾아가서 코드를 실행시키려니 매우 시간이 오래 걸린다. 이럴 때는 어떻게 해야 할까?

위와 같은 상황에서 for문을 여러 겹으로 사용할 수 있다면 20곳의 게시판에 각각 들어가서 100개의 게시물을 가져올 수 있습니다. (물론 아직 게시판의 글을 가져오는 방법을 배우지는 않았지만, for문을 사용해서 이런 문제도 해결 가능합니다.) 이처럼 복합적으로 반복이 일어나는 경우를 손쉽게 해결하려면, 다중 for문도 사용할 줄 알아야 합니다.

처음부터 너무 복잡한 구조를 만나면 어려울 수 있으니, 이번 예제에서는 다중 for문의 기초가 되는 이중 for문의 구조를 살펴보겠습니다. 조금 헷갈리겠지만 지금까지 우리가 배운 for문의 동작 방식을 떠올리면 충분히 이해할 수 있으니, 차분히 코드를 연습하며 이중 for문을 익혀 보세요.

■ 예제 E-7

```
>>> for i in range(2):          #i: 0, 1
>>>     for j in range(3):      #j: 0, 1, 2
>>>         print(i, j)
0 0
0 1
0 2
1 0
1 1
1 2
```

위 코드를 실행하면 먼저 첫 번째 for문의 변수 i에 0이 대입된 후, 두 번째 for문으로 넘어가게 됩니다. 두 번째 for문의 변수 j에 0, 1, 2가 순서대로 대입되며 print문이 실행되기를 반복합니다. 그렇게 해서 두 번째 for문이 종료되면 첫 번째 for문으로 되돌아갑니다. (변수 i에 대입할 요소가 아직 남았기 때문입니다.) 이제 첫 번째 for문의 변수 i에 1이 대입되고 두 번째 for문을 다시 반복합니다. 변수 j에 range(3)의 마지막 요소까지 사용해 출력을 마쳤으면 모든 for문이 종료됩니다.

 Tips _ for문 안에 들어가는 변수명은 뭘로 지정할까?

이중 for문 예제에 갑자기 i와 j가 나타나서 놀라셨나요? 앞에서도 말씀드렸지만 for문 안에 들어가는 변수명은 하나의 문자(예: a, b)로 쓰든 문자열(예: num, my_list)로 쓰든 큰 문제가 없습니다. 많은 사람이 파이썬 코드에 i를 사용하는 점을 고려해(i가 index의 약자라서). i와 j로 바꾸어서 실습을 진행했습니다.

while문(무한 반복문)

while문은 독특한 특징을 가진 반복문입니다. 그 특징은 **일정 조건이 성립될 때까지** 반복문 내 코드를 무한으로 실행하는 것입니다. for문과 if문의 특징을 합친 것이라고 생각해도 크게 다르지 않을 것입니다.

while문의 기본 사용법은 아래와 같습니다.

```
while(조건 - 이 조건이 유지되는 동안은 무한으로 반복):
    반복할 코드
    while문을 종료시키기 위한 장치(변화식)
```

생각보다 간단하죠? 그럼 예제를 통해서 while문을 배워 보겠습니다.

■ 예제 E-8

```
>>> number = 1
>>> while number < 10:
```

```
>>>     print(number)
>>>     number = number + 1
1
2
..중략..
8
9
```

변수 number에 1을 대입하고, while문을 실행합니다. while문이 끝나는 시점은 **number<10**이 성립되지 않을 때까지입니다.

while문 마지막 줄의 **number = number + 1**은 while문을 종료시키기 위한 장치입니다. 반복문이 한 번 실행될 때마다 number에 새로운 값이 대입되고, 다음 차례가 오면 그 값이 출력됩니다. 이 동작을 반복하여 number가 10이 되는 순간 while문은 종료됩니다.

반복문 제어(continue, break)

반복해서 실행하는데 갑자기 반복문을 정지해야 하거나 코드 실행을 잠시 보류해야 하는 상황들이 발생할 수 있습니다. 이때 사용할 수 있는 반복문 제어 명령어들을 알아보겠습니다.

> 🗒 **Note** _ 반복문에서의 루프의 의미
>
> 반복문을 이야기할 때 종종 '루프'라는 개념이 등장하는데, 여기서 말하는 루프(Loop)는 반복문이 여러 번 돌아갈 때 그중 한 번 돌아가는 사이클을 의미합니다. 예를 들어 **for a in range(100):**이 있다면 100번의 루프가 진행됩니다.

먼저, 반복문을 강제 종료하는 명령어 break를 알아보겠습니다.

■ 예제 E-9_ 반복문 제어 1, break문

```
>>> i = 1
>>> while i < 6 :
>>>     print(i)        ①
>>>     i = i + 1       ②
>>>     if i == 3:      ③
>>>         break       ④
>>>     print("!")      ⑤
1
!
2
```

첫 번째 루프: while문이 최초로 실행될 때는 ❶ 1이 출력됩니다. 그 후 ❷ i 값은 i=i+1을 통해서 2로 변경됩니다. 그리고 ❸ if문을 만나는데, 이는 i가 3과 똑같아야 반복을 멈춥니다. 아직은 i가 2이기 때문에 반복문이 멈추지 않고 실행됩니다. 그래서 ❺ "!"가 출력됩니다.

두 번째 루프: 다시 while문의 처음으로 돌아와서 ❶부터 진행합니다. 그런데 문제가 생깁니다. ❷ i가 3이 되어서 if문의 조건에 만족하지 않습니다. ❹ 이때 if문에서 break 명령어가 실행되며 반복문이 종료됩니다.

이처럼 break문이 한 번 실행되면 반복문은 강제로 종료됩니다. 한편 반복문을 종료하지 않고 다음 루프로 넘기는 명령어 continue도 있습니다. 아래 예제를 보겠습니다.

■ 예제 E-9_ 반복문 제어 2, continue문

```
>>> i = 1
>>> while i < 6:
>>>     print(i)
>>>     i = i + 1
>>>     if i == 3:
>>>         continue
>>>     print("!")
1
!
2
3
!
4
!
5
!
```

break문과의 차이점이 보이시나요? break는 반복문을 완전히 정지시키지만, continue는 해당 루프만 정지시키고 다음 루프로 넘어가는 것을 알 수 있습니다.

2.3.7 함수

우리가 자주 사용하는 기능을 단축키로 만들고 활용하듯이, 어떤 코드의 기능을 반복적으로 사용하고자 할 때, 해당 코드를 단축해서 하나의 키워드로 만들어 쓸 수 있습니다. 프로그래밍에서는 이 기능을 함수라고 정의합니다. 앞으로 실습에서 함수를 자주 사용하게 될 것입니다. 일단 이번 절에서는 기본 개념만 가볍게 짚고 넘어가겠습니다.

함수의 기본 구조를 보겠습니다.

```
def 함수 이름(매개변수):
    실행시키고 싶은 코드
return 출력되는 값
```

■ 예제 E-10 _ 함수

```
>>> def function(a):
>>> ····a = a + 3
>>> ····return a+3
>>> function(5)
11
```

💡 **Tips** _ 함수만큼 자주 쓰이는 구문 - 변수치환, 예외처리

1. 문자열 안에 변수 치환

문자열을 출력할 때 변수를 넣어서 활용할 수 있습니다. 이 방식은 파일을 저장하거나 열람할 때도 쓸 수 있고, 정말 많은 곳에서 활용되는 문법입니다. 꼭 기억하시길 바랍니다.

```
>>> abc = '비현코'
>>> efg = f'{abc}의 파이썬 강의는 실용적이다.'
>>> print(efg)
비현코의 파이썬 강의는 실용적이다.
```

2. try-except 구문(예외처리)

다음 코드를 실행시키면 1을 0으로 나누는 방식 때문에 코드 계산의 에러가 발생합니다.

```
>>> abc = 1 / 0
Traceback (most recent call last):
ZeroDivisionError: division by zero
```

하지만 아래와 같이 예외처리 구문을 활용하면 이런 오류가 발생하지 않도록 코드 설계를 할 수 있습니다.

```
>>> try:
>>> ····abc = 1 / 0
>>> except:
>>> ····print("오류발생")
오류발생
```

긴 코드를 작성했는데 알 수 없는 오류가 발생하거나 오류가 예상된다면 손을 댈 엄두가 나지 않습니다. 이럴 때 try-except 구문을 활용하면 매우 도움이 됩니다.

2.3.8 라이브러리, 패키지, 모듈, 클래스, 함수

라이브러리, 패키지, 모듈, 클래스, 함수. 이는 앞으로 여러분이 접하시게 될 단어들로, 각각 다른 용어 같지만 본질은 같습니다. 매번 코드를 써서 기능을 구현할 수 없으므로 쉽게 누군가 만들어 놓은 **코드 묶음**이라고 생각하시면 됩니다. (코드 묶음에 대한 자세한 설명은 p.132 참조)

이들의 관계를 도식화하면 아래와 같습니다.

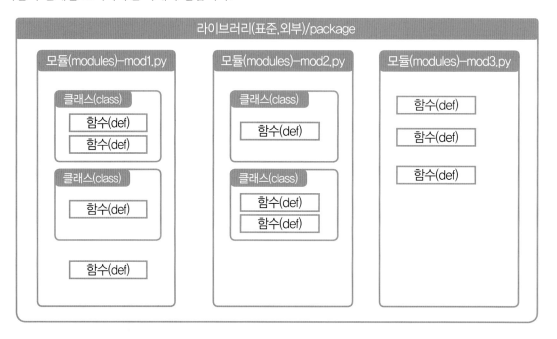

개인의 자동화에서는 이 '코드 묶음'을 만들어서 사용해야 할 일이 그다지 많지 않습니다. 그래서 이 책에서는 잘 쓰이진 않겠지만 활용할 일이 있을 땐 '함수' 정도만 사용할 예정입니다.

> 💡 **Tips** _ 라이브러리 및 기타 용어의 차이를 자세히 알고 싶다면?
> 위에 소개한 용어에 대해 자세한 정보를 원하신다면 python 공식 문서나 구글링을 통해서 학습해 보시길 권장드립니다.

2.3.9 절대경로/상대경로

우리가 엑셀로 업무를 보는 과정을 잠시 떠올려 보겠습니다. 먼저 엑셀 파일이 저장된 곳을 찾아서 파일을 엽니다. 데이터 입력, 합산 등 편집 작업을 합니다. 할 일을 마쳤으면 파일을 저장한 후 종료합니다. 이처럼 문서 작업을 하려면 일단 해당 파일을 열어야 합니다. 즉, 파일의 위치(경로)를 알아야 작업을 시작할 수 있는 것이죠. 마찬가지로 위 과정을 자동화 프로그램으로 수행하려면 PC가 해당 파일의 위치를 찾아야 합니다.

우리가 어떤 장소를 찾아갈 때 주소를 참조하듯이, PC는 실행할 파일을 찾을 때 경로를 참조합니다. 경로라니 왠지 어려운 개념일 것 같지만, 형태를 알고 보면 익숙합니다. PC에서 아무 폴더나 열어 보시면 창 상단 혹은 좌측에 다음과 같은 방식으로 폴더의 위치를 나타냅니다.

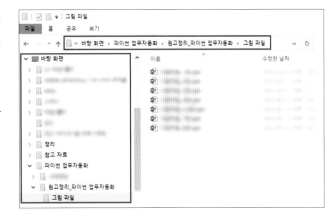

폴더 창 상단의 주소 영역을 더블 클릭하면 다음과 같이 상세한 경로가 나옵니다.

> **C:\Users\pc\Desktop\파이썬 업무자동화\원고정리_파이썬 업무자동화\그림 파일**

이처럼 \(윈도우에 해당. ₩로도 표현함) 혹은 /(Mac에 해당)를 이용해 파일의 위치를 찾기 위한 여정을 모두 적은 경로를 **절대경로**라고 합니다. 절대경로는 기준점이 고정되어 있기 때문에, 여러분이 작업하는 파일의 위치가 어디든 절대경로를 따라가면 찾고자 하는 파일을 발견할 수 있습니다.

반면에 여러분이 작업하는 파일의 위치를 기준으로 결정되는 경로를 **상대경로**라고 합니다.

오른쪽과 같은 경로가 있고, 파이썬 폴더에서 작업을 하다 '인터넷 비즈니스'로 이동해야 한다고 가정하겠습니다. '내 PC' 폴더를 기준으로 한다면 바탕 화면 > 작업 폴더 > 기획안 > 인터넷 비즈니스 순으로 이동하게 됩니다. 한편, 현재 위치를 기준으로 한다면 '파이썬'에서 상위 폴더로 두 단계 올라간 후 인터넷 비즈니스로 내려오면 됩니다. 두 경우를 비교하면 후자가 동선이 훨씬 간단하고 효율적입니다.

```
내 PC
└ 바탕 화면
    └ 작업 폴더
        └ 기획안
            ├ 프로그래밍
            │   └ 파이썬
            └ 인터넷 비즈니스
```

내용을 정리해 보겠습니다. 자동화 프로그램으로 파일을 다루는 작업을 하려면 파일의 위치를 알아야 하는데, 이 위치를 절대경로나 상대경로로 표현할 수 있습니다. 절대경로는 기준점이 고정된 점, 상대경로는 현재 경로를 기준으로 하며 상위/하위 관계로 위치를 표현하는 점이 특징입니다.

그럼 Jupyter Notebook으로 절대경로와 상대경로를 설정하는 예를 보여드리겠습니다. 엑셀 파일을 생성한 후, 상대경로 또는 절대경로를 이용해 파일을 현재 경로(실행 중인 코드가 저장된 위치)로 저장해 보겠습니다. (예시에 쓰인 openpyxl 라이브러리는 차후에 소개하겠습니다.)

```
# 엑셀
!pip install openpyxl==3.0.10
import openpyxl
# 엑셀 파일 생성(기본 시트 동시 생성)
wb = openpyxl.Workbook()
# 엑셀 파일 저장
wb.save('EXCEL_SAMPLE_상대경로.xlsx')
# 엑셀 파일 종료(종료를 해야 데이터가 쌓이지 않음)
wb.close()
```

위의 코드를 실행하면 'EXCEL_SAMPLE_상대경로.xlsx'라는 파일이 현재 경로에 생성됩니다. 이처럼 어떤 파일을 저장할 때 따로 어디 경로에 저장하라는 지시가 없으면, 현재 경로에 파일을 바로 저장합니다.

이번에는 절대경로로 엑셀 파일을 저장해 보겠습니다. 먼저 아래의 명령어를 사용하면 현재 경로를 확인할 수 있습니다.

```
#현재 절대경로
import os
os.getcwd()
```

```
In [2]:  #현재 절대 경로
         import os
         os.getcwd()

Out[2]:  'D:          ₩₩실습자료₩₩chapter2'
```

그럼 이 경로를 이용해 엑셀 파일을 저장해 보겠습니다.

■ 절대경로를 이용해 엑셀 파일을 현재 경로로 저장

```
absolute_address = os.getcwd()
wb = openpyxl.Workbook()
#엑셀 파일 저장
wb.save(f'{absolute_address}/EXCEL_SAMPLE_절대경로.xlsx')
#엑셀 파일 종료(종료를 해야 데이터가 쌓이지 않음)
wb.close()
```

위 코드를 실행하면 'EXCEL_SAMPLE_절대경로.xlsx'라는 엑셀 파일이 현재 경로에 생성됩니다.

지금까지 파일을 열어서 불러오고 저장할 때 사용하는 절대경로/상대경로를 알아보았습니다. 이를 이용해 파일의 위치를 자유자재로 다룰 수 있으면 업무 자동화에 한 걸음 더 다가간 것이라고 할 수 있습니다. 고생 많으셨습니다.

이번 절에서는 **최소한**이라는 말이 무색하게 꽤 많은 내용을 배웠습니다. 어떠셨나요? 파이썬을 배우려고 고군분투했던 경험이 있던 분들은 매우 쉽고 빠른 시간이었을 것이고, 처음 배우시는 분들은 그래도 시간이 조금은 걸렸을 것입니다.

이제 본격적으로 현업에 적용하는 파이썬 코딩을 배우게 될 텐데, 도중에 오류를 만나거나 배우지 않은 지식을 접할 수 있습니다. 그때 여러분은 어떤 감정이 들게 될까요? 매우 당황스러울 것입니다. 하지만 지금까지 배운 '약식' 파이썬 기본 지식을 가지고도 많은 것을 이해할 수 있을 것입니다. 그러니 여러 문제를 만났을 때 해결할 수 있다는 자신감만 있으면 검색이든 유추든 해결이 가능할 것입니다. 이 점을 꼭 기억해주시길 바랍니다.

우리는 앞 챕터에서 인터넷이 자동으로 열리고 제어해보는 코드를 경험하였습니다. 다만 아무런 원리 설명 없이 '인터넷은 이렇게 열면 됩니다'라고 단순히 정리하기에는 무언가 찜찜한 부분이 있습니다. 그렇다고 그 원리를 깊게 알자니 너무 많은 시간이 소요됩니다. 그럼 파이썬 공부를 어떻게 해야 할까요?

우리가 파이썬을 배우는 목적이 무엇인지 상기해 보겠습니다. 많은 비전공자가 파이썬을 공부하다 포기하는 가장 큰 이유는 배운 것을 내 삶에 바로 적용할 수가 없기 때문입니다. 우리가 파이썬을 배우는 목적은 공부가 아닌 **활용**이며, 이를 위해 필수 기본 문법을 공부하였습니다. 하지만 이것만으로는 부족합니다.

앞으로 파이썬을 활용하면서 수많은 다양한 지식을 접하게 될 것입니다. 이 책에서 다루는 파이썬 지식은 그중 극히 일부(이지만 매우 중요한 내용)입니다. 저는 지금도 파이썬 공부를 틈틈이 하고 있습니다. 새로운 분야에 저의 프로그래밍을 적용하기 위해 그때그때 필요한 것을 배웁니다.

여러분이 만나게 될 다양한 문제에 대해 깊게 이해하시는 것은 물론 중요합니다. 하지만 그 내용을 이해하지 못하거나 원리를 모르더라도 우선 사용할 수 있으면 됩니다. 제 경험에 의하면, 당장은 이해하지 못했던 원리들이 실무에 활용하면서 이해가 되는 경우가 더 많았습니다.

모든 것을 이해하려고 너무 많은 시간을 쓰지 말고 **넓고 얕게, 게릴라식으로 학습**하는 것이 중요하다는 것을 꼭 기억해 주시길 바랍니다.

2.4 IT 개발자들은 모르는 비전공자 직장인의 진짜 업무

지금의 일을 하기 전까지 저는 비개발자로서 다양한 현업 경험을 11년간 해왔습니다. 그중 5년 (2018~2022)은 기업교육(HRD) 담당자로 일을 했습니다. 당시 국내 기업교육에서 많이 떠오른 단어 중 하나는 바로 Digital Transformation(이하 DT)이었습니다.

이때 저는 회사에서 연구직 직원을 대상으로 진행한 DT 교육을 전사로 펼치는 작업을 처음 맡게 되었습니다. 코딩의 코 자도 모르던 제가 갑자기 회사의 중요한 교육을 맡게 되어서 DT가 무엇인지 알아야 했고, 알아보던 중 **파이썬**이라는 단어를 접하게 되었습니다.

파이썬을 처음 접하고 비개발자 직장인으로 가장 먼저 든 의문은 이것이었습니다. '어디에 사용하지?'

매우 매력적인 일들을 해낼 수 있다는 것은 알겠는데, 그걸 내 업무에 활용하기까지는 오랜 시간이 걸린다고 느껴졌습니다.

'그렇다면 어떤 방법으로 파이썬을 학습해야 하지?' 고민을 거듭하다 찾아낸 해답은 바로 **파이썬 업무 자동화**였습니다. 일반적으로 파이썬 업무 자동화라고 하면 어떤 업무를 하는지보다 어떤 기술을 사용하는지에 집중합니다. 그것이 훨씬 흥미롭고 이해하기 쉽기 때문입니다.

파이썬 기술 기반학습

Selenium – 인터넷제어 라이브러리
Pandas – 데이터처리 라이브러리
PIL – 이미지처리 라이브러리
Python-pptx – PPT제어 라이브러리
Numpy – 행렬계산 라이브러리
Python-docs-워드제어 라이브러리
SMTPLIB-이메일 라이브러리
...

VS

파이썬 업무기반학습

인터넷제어/정보획득 업무
데이터관리편집 업무
개인화된자료제작 업무
커뮤니케이션(이메일/문자) 업무
단순반복 업무
협업관련 업무

어느 학습 방향이 비전공자가 파이썬을 이해하기 쉬울까요?

그러나 이 책은 **업무 기반의 학습**을 지향합니다. 학습에 대한 흥미도 중요하지만 결국 우리에게 가장 필요한 것은 바로 **적용**입니다. 업무에 파이썬을 적용하려면 우리의 일반적인 업무가 어떤 식으로 구성되어 있는지 한 번 자세히 들여다볼 필요가 있습니다.

2.4.1 파이썬 코딩으로 해결할 수 있는 업무의 유형별 활용 기술

앞서 언급했듯이 이 책은 우리가 일반적으로 경험할 수 있는 다양한 업무 유형에 먼저 집중할 것입니다. 각각의 업무 유형에 파이썬이 어떤 역할을 할 수 있는지를 정의하고, 업무 활용에 필요한 파이썬 라이브러리 기술을 설명드리겠습니다.

유형 1. 인터넷 활용 [selenium] 인트라넷 제어, 크롤링	유형 2. 데이터 처리 [pandas] 다량의 데이터 취합, 반복적인 데이터 처리 작업 등	유형 3. 개인화된 자료 (MS office/이미지/영상 등) [openpyxl, python-pptx, python-docs, PIL, moivepy] 개인화된 맞춤제작(상장, 수료증, 제안서 등)
유형 4. 커뮤니케이션 (메일/문자/메신저) [SMTPLIB, TWILIO, win32com.client] 개인화된 내용의 다수와의 의사소통 기능	유형 5. 단순 반복 업무 (마우스/키보드/화면 제어) [pyautogui, win32com.client] HRDNET GUI 컨트롤 등	유형 6. 협업 활용 (프로그램 배포 /공유문서 활용) [pyinstaller, gspread] 실시간 설문 결과 공유, 공동운영 데이터 자동화

업무 유형 1 - 인터넷 자동화

활용 기술 ▶ request & bs4 & selenium 라이브러리 + 외부 API 활용

우리는 인터넷을 통해서 많은 작업을 합니다. 아침에 출근해서 인트라넷이나 브라우저에 접속해 로그인하고 메일 확인, 업무 관리, 자료조사 등을 합니다. 이런 업무 유형에 따른 자동화는 크게 2가지로 나뉘게 됩니다.

- **인터넷 제어**: 인터넷에 활동하는 동작(클릭, 이미지 찾기, 타이핑)등을 자동화합니다.
- **인터넷 정보 획득**: 인터넷에 보이는 많은 정보를 내 컴퓨터로 저장합니다.

업무 유형 2 - 데이터 편집 자동화

활용 기술 ▶ pandas, openpyxl, os 라이브러리

엑셀을 쓰지 않고 업무를 하는 분들은 거의 없을 것 같습니다. 그만큼 우리 사회에서는 데이터가 많든 적

든 편하게 편집하고 저장하는 기능이 매우 중요합니다.

- **데이터 관리**: 내가 만든 데이터나 타인이 만든 데이터를 언제든지 원하는 형태로 불러올 수 있도록 자동화합니다.
- **데이터 편집**: 엑셀의 행/열을 바꾸거나 약간의 편집을 통해서 다양한 엑셀 데이터를 합치거나 하는 작업을 자동화합니다.

업무 유형 3 – 개인화된 자료

활용 기술 ▶ python-pptx, openpyxl, python-docs, PIL, moviepy 라이브러리 등

사진, PPT, WORD 등 다양한 자료를 제작해야 하는 경우가 있습니다. 가령 다수에게 임명장을 주거나, 매주 입사하는 직원에게 명함을 만들어서 제공할 때 필요합니다. 이런 업무는 동일한 자료에서 일부 내용의 변경을 반복하는 경우가 많습니다. 단순한 작업이지만 시간이 오래 걸리기 때문에 다음 기술을 다루어 신속하게 해결해 볼 것입니다.

- PPT
- EXCEL
- WORD
- 사진

업무 유형 4 – 커뮤니케이션

활용 기술 ▶ smtplib, win32com 라이브러리 + 외부 API 활용

업무에 반드시 필요한 또 다른 영역 중 하나가 바로 의사소통입니다. 단순 대화를 통한 의사소통뿐만 아니라 메일로 어떤 내용을 전달하거나 다른 사람이 보낸 메일을 확인하고 저장하는 것, 수신인의 정보(이름/직급/이메일 등)만 일부 변경하여 단체 문자를 발송하는 것도 자동화할 수 있습니다.

- 메일
- 문자

업무 유형 5 – 물리적인 자동화(단순 반복 업무)

활용 기술 ▶ pyautogui, win32com, winsound 라이브러리 등

앞에서 다룬 기술들로도 해결이 어려운 경우가 있습니다. 엑셀 매크로처럼 미세한 마우스 조정이나 키보드 제어가 필요한 업무가 이 유형에 해당합니다. 여기에 필요한 라이브러리까지 다룰 줄 안다면 소위 모든 업무를 자동화할 수 있다고 말할 수 있습니다.

- 마우스 제어
- 키보드 제어
- 화면 제어

업무 유형 6 - 협업 및 기타

활용 기술 ▶ pyinstaller, google spreadsheet 등

업무 유형 1~5는 나를 위한 업무 자동화였다면 **업무 유형 6**은 팀, 우리를 위한 업무 자동화입니다. 협업에 유용한 라이브러리와 서비스들을 보여드릴 예정입니다. 무궁무진한 업무 자동화 방법을 배우면서 새로운 인사이트를 얻을 수 있을 것입니다.

자신의 업무에 활용 가능한 기술이 무엇인지 알고, 업무 위주로 기술을 학습하는 것이 빠른 업무 적용의 핵심입니다. 소개드린 업무 유형을 참조하여 여러분에게 필요한 기술을 하나씩 습득해 가시길 바랍니다.

이번 장의 마지막으로, 파이썬을 활용해 순차적으로 업무 자동화를 적용하는 사례를 하나 보여드리겠습니다.

실무 예시 - 보고서 자동 작성

직무를 막론하고, 보고서 작성 업무는 빠질 수 없는 일입니다. 비중이 크든 작든 이 업무를 다들 경험해 보셨으리라 생각합니다. 우리는 비정기적으로 보고서를 올리기도 하지만, 경우에 따라서는 월/주 단위 혹은 매일매일 보고서를 올려야 하는 상황에 놓이기도 합니다.

기업교육을 담당할 적, 제가 맡은 업무 중에는 임직원을 대상으로 교육한 후 교육결과 설문에 따라 교육 결과 보고서를 적어야 하는 일이 많았습니다. 만약 이 업무에 파이썬을 활용한다면 어떤 결과를 만들어 낼 수 있을까요?

먼저 업무 플로우를 4단계로 나누어 보면 아래와 같습니다.

업무 플로우

교육진행 → 설문진행 → 설문데이터 다운로드 → 데이터분석후 결과보고서 작성

이제 단계별로 자동화가 가능한 영역을 정리하고, 자동화로 어떤 결과를 만들어 내는지 보겠습니다.

1단계인 교육 진행은 아무래도 파이썬으로 해결할 수는 없습니다. 사람이 해야 하는 일이지요. 하지만 2단계인 설문 진행은 파이썬으로 해결할 수 있습니다. 파이썬으로 지정된 시간에 문자를 보내는 일이 가능하기 때문입니다.

3단계 설문 데이터 다운로드는 어떨까요? 이는 크롤링을 이용해 해결할 수 있습니다.

마지막 4단계도 정례화된 결과 보고서라면 파이썬의 데이터 처리와 시각화를 이용해 기본적인 결과들은 모두 만들 수 있습니다.

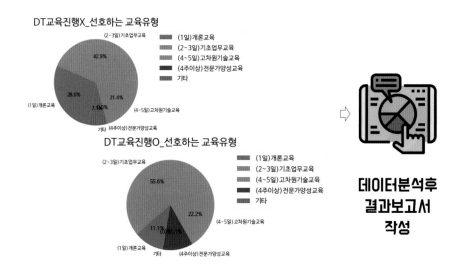

이처럼 하나씩 업무 플로우에 들어가는 시간을 아끼는 작업을 할 수 있습니다. 다음 장부터 이 업무 유형을 하나씩 정복해 보겠습니다.

📓 **Note** _ 코드 묶음

다음 장부터는 지금까지 배운 파이썬을 독립적으로 활용하는 것이 아닌, 다른 누군가가 만들어 둔 코드 묶음을 활용할 예정입니다. 여기서 코드 묶음이라는 내용이 조금 와닿지 않을 수 있습니다. 직장인의 언어로 다시 설명해 보겠습니다. 아래의 그림을 보겠습니다.

A	1	2	3	4
B	3	5	7	9
더하기	4	7	10	13
빼기	-2	-3	-4	-5
곱하기	3	10	21	36
나누기	0.33	0.40	0.43	0.44

파이썬　　　　라이브러리(코드묶음)

우리가 지금까지 배운 파이썬 기본 문법이 계산기 사용법을 배운 것과 같다면, 지금부터 배우게 될 라이브러리(코드 묶음)는 엑셀과도 같습니다. 2+5를 계산기를 활용해서 계산할 수 있지만 더 다양한 계산을 하기 위해서는 엑셀이 필요합니다. 엑셀에는 연산 기능이 있고 하나하나 셀 간의 사칙연산이 가능하도록 MS사에서 우리가 사용하기 편하도록 만들어 두었습니다.

앞으로 활용하게 될 라이브러리도 마찬가지입니다. 파이썬으로 모든 코드를 만들어서 사용하는 것이 아닌, 누군가가 혹은 기업들이 만들어 놓은 파이썬 코드 묶음을 잘 활용해서 다양한 역할을 해낼 수 있도록 발전시키도록 하겠습니다.

## Chapter 03

[업무 유형 1]

인터넷 자동화
(인터넷 제어 & 정보 획득)

▶▶ Contents

3.0 챕터를 시작하기 전에

가장 먼저 다뤄 볼 업무 유형은 인터넷을 통한 자동화입니다. 이 유형에서 다룰 기술은 난이도만 따져보면 어려운 편이니 사실상 책 후반부에 다루는 게 적절합니다. 하지만 우리의 일상과 회사 업무 등 인터넷을 활용하지 않고 하는 일이 얼마나 될까요? 지금 책을 쓰는 이 순간도 저는 공유 문서를 활용해서 인터넷이 연결된 상태로 작업을 하고 있습니다.

제가 처음부터 말씀드렸던 '기술보다는 활용이 우선'이라는 말 기억하시나요? 이 관점에서 보면 학습 효능감을 가장 극대화할 수 있는 주제는 바로 **인터넷 자동화**입니다. 또한 인터넷은 모든 업무 자동화를 묶는 핵심 기반입니다. 우리가 학습을 포기하지 않고 앞으로 나아가려면 반드시 필요하죠. 그렇기에 조금 어렵더라도 이 주제를 가장 먼저 다뤄볼 것입니다.

자, 그럼 회사 인트라넷부터 침대에 누워서 휴대폰으로 하는 모든 행동을 이제 파이썬으로 자동화해 볼까요?

3.1 매일 아침 회의 자료 때문에 1시간 일찍 출근하기 싫어

여러분의 출근 시간은 몇 시인가요? 자율근무제를 적극적으로 시행하는 회사라면 근무 시간이 다양하겠지만 일반적으로 9 to 6 근무를 하는 곳이 많을 것입니다. 여러분은 혹시 잔업 때문에 정시 출근 시간보다 더 빨리 출근한 경험한 적 있나요? 이에 관련한 제 경험을 들려 드리겠습니다(약간의 각색을 넣어...).

> 필자가 속한 부서는 매일 판매실적을 점검하고 관리해야 했습니다. 정시 출근 시간은 9시지만 임원/팀장 회의는 항상 8시 30분에 진행되었습니다. 8시 30분 회의에 들어가는 자료 준비를 필자가 맡았는데 이게 여간 번거로운 일이 아니었습니다. 먼저, 7시 30분에 회사에 도착해서 인트라넷에 접속하고 전날 실적을 모두 내려받습니다. 어려운 일은 아니지만 20분 정도 소요됩니다. 그 다음 내려받은 자료 시트를 취합하여 필자가 만들어 놓은 서식에 하나하나 옮겨 담는 작업을 합니다(누가 봐도 예뻐야 하니까요). 디자인 작업만 해도 20분 정도 걸립니다. 이렇게 만들어진 자료를 각 임원/팀장들에게 메일로 전송합니다(이건 10분도 안 걸리죠).
>
> 이렇게 회의 자료를 8시 20분에 보내면 임원/팀장들은 이 내용을 가지고 회의를 진행합니다. 자, 그럼 자료 전달을 마쳤으니 8시 20분부터 9시까지 필자는 쉴까요? 그러면 좋겠지만 회사는 직원이 노는 걸 놔두지 않습니다. 그냥 화장실 가서 오늘 주식, 코인 뭐 살지 어느 정도 보다가 상사의 부름에 8시 30분부터 업무에 임하게 되죠.

이야기에 공감하는 분도 계실 테고 '요즘 그런 회사가 어디 있어~'라는 생각을 한 분도 계실 겁니다. 그런데 지인들과 근무 환경에 관해 이야기해 보니 필자가 다니는 회사는 평범한 수준이었습니다. 그렇다면 이보다 더 심한 곳도 있겠죠!

자, 그런데 말입니다. 위 업무를 만약 파이썬으로 수행한다면 얼마나 걸릴까요? 결론부터 말씀드리자면, 1분이면 가능합니다(사실 출근하지 않고도 자동으로 수행할 수 있지만 지금은 그 수준을 이해하기 어려우니 다루지 않겠습니다). 그럼 필자는 8시 15분쯤에 출근해도 큰 문제가 없고, 매일 아침 많은 시간을 확보할 수 있게 된 것입니다.

결국 우리는 이런 상황에서 근무 시간을 줄일 수 있는 기술을 배워야 합니다. 원래 50분 걸리는 작업을 어떻게 1분만에 끝낼 수 있을까요? 바로 앞으로 배우게 될 Selenium을 이용하면 가능합니다. Selenium으로 인터넷에서 가져오는 정보를 활용하거나 사내 인트라넷을 제어하는 동작을 설계할 수 있습니다.

이번 장에서 배울 기술로 여러분의 출근은 여유롭게, 퇴근은 신속하게 할 수 있도록 해 드리겠습니다.

3.2 인터넷 기본 동작 원리 및 Selenium 기본 문법

인터넷의 기본 개념과 더불어 인터넷을 자유자재로 다룰 수 있는 Selenium의 기본 문법을 공부해 보겠습니다.

3.2.1 인터넷의 기본 동작 원리

먼저, 인터넷의 기본 동작 원리를 짚고 가보겠습니다. (모든 원리를 정확히 파악하려면 많은 시간이 걸리니 간단히 알려드리겠습니다.) 아래 그림을 살펴보겠습니다.

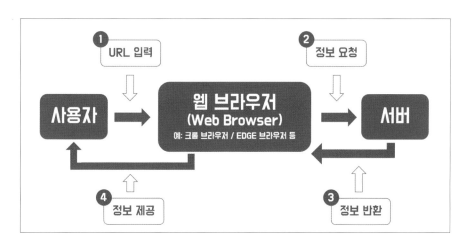

그림의 내용을 정리해 보면 다음과 같습니다.

❶ 사용자가 웹 브라우저를 열고 주소 창에 URL을 입력합니다.

❷ 웹 브라우저가 해당 URL을 확인하고 URL에 맞는 정보를 서버에 요청합니다.

❸ 서버는 해당 URL에 맞는 정보를 웹 브라우저에 보냅니다.

❹ 전송된 정보가 웹 브라우저로 반환되고, 시각화된 정보를 제공해 우리가 볼 수 있게 됩니다.

그렇다면 우리가 인터넷 사이트를 보고, 원하는 정보를 가져오려면 어떻게 할까요? 그 방법은 2가지 있습니다.

1. **API 활용**: 서버에 정보를 바로 요청해서 반환받는 방법
2. **Selenium 라이브러리 활용**: 웹 브라우저 화면에 나오는 정보를 그대로 가져오는 방법

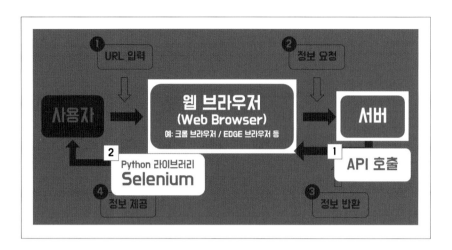

1은 정보를 빠르게 확보할 수는 있지만, 서버에 어떤 정보를 공식적으로 제공해 주는 곳에서만 정보를 가져올 수 있으며 해당 문법을 이해하고 요청하는 것이 조금 어려울 수 있습니다. 비전공자 입장에서는 이 방법을 이용하기 조금 어렵습니다(물론 필요하다면 공부해서 가져오는 방법도 있습니다. 차후 다른 기능을 활용하는 장에서 이 방법을 써 볼 예정입니다). 따라서 우리는 2를 이용해 볼 것입니다.

3.2.2 Selenium 기본 문법 맛보기

이제 우리가 습득하기 상대적으로 쉬운 인터넷 자동화의 기본 기술 Selenium 라이브러리를 다뤄볼 것입니다. 우리가 원하는 결과를 만들어 내는 데 필요한 기본 사용법을 먼저 익혀보도록 하겠습니다.

> **Tips** _ 라이브러리/패키지/모듈은 '코드 묶음'
> 앞서 2.3.8에서 언급했듯이 라이브러리/패키지/모듈은 명칭은 각각 다르나, 공통적으로 **코드를 하나로 묶어 놓았다**는 의미를 가집니다. 그래서 이 책에서는 라이브러리/패키지/모듈/코드 묶음이라는 단어가 혼용될 수도 있는데요. 헷갈려 하지 말고 지금은 모두 **코드 묶음**이라 생각하고 학습하셔도 괜찮습니다.

> ▶ 실습 파일 경로: chapter3/selenium.ipynb

이 실습에는 강의자료를 활용할 것입니다. Jupyter Notebook을 실행한 후 위 경로를 참조하여 해당 .ipynb 파일을 열어 주세요. 준비가 끝났다면 다음 Step을 따라 실습을 시작해 보겠습니다.

실습에 필요한 라이브러리(코드 묶음) 설치

가장 먼저 할 작업은 사전 준비로, 실습에 필요한 라이브러리들을 설치하거나 가져오는 것입니다. 그럼 Selenium 라이브러리 설치부터 시작해 보겠습니다.

01 Selenium 라이브러리 설치

Jupyter Notebook에서 열린 파일에서 아래의 코드를 실행합니다.

> ▪ 인터넷을 구동시키는 라이브러리 설치

```
!pip install selenium == 4.1.5
import selenium
selenium.__version__        __는 _(언더바, 밑줄)을 2개 입력한 것입니다.

(output)
'4.1.5'
```

Selenium에는 다양한 문법이 있지만 우리는 꼭 필요한 기능만 먼저 빠르게 배우도록 하겠습니다.

위 코드는 Selenium 4.1.5 버전을 설치하고, 설치된 패키지를 Jupyter Notebook에서 사용하겠다는 의미입니다. 코드를 실행하면 마지막 줄에 Selenium 버전이 출력됩니다. 참고로 Selenium 라이브러리는 다양한 버전이 있는데, 이 책의 모든 실습은 4.1.5 버전을 활용합니다.

 Tips _ 이 책에서 Selenium 4.1.5 버전을 사용하는 이유

Selenium 최신 버전에서는 없어진 문법임에도, 아직 인터넷에는 이 문법을 이용한 코드가 많이 남아 있습니다. 그렇다 보니 자연스럽게 ChatGPT도 과거의 문법을 기반으로 코드를 생성해주게 되죠.

그래서 ChatGPT로 코드를 생성했을 때 ChatGPT가 자주 사용하는 문법(예: driver.find_element_by)을 오류 없이 구동시키고자 Selenium 4.1.5 버전을 사용합니다.

 Tips _ Selenium 라이브러리의 활용

Selenium(셀레늄)은 사실 파이썬 전용 라이브러리가 아니라, 웹 애플리케이션 자동화 및 테스트 수행을 돕는 프레임워크입니다. 다양한 프로그래밍 언어(파이썬, 자바, C#, PHP, 루비(Ruby) 등)를 지원하며, 테스트 도메인 특화 언어인 Selenese를 제공합니다.

우리는 인터넷 제어를 목적으로 Selenium을 활용하며, webdriver라는 라이브러리를 함께 이용할 것입니다. 이 두 가지를 가지고 브라우저나 인트라넷을 제어할 수 있는 환경을 갖추고, 파이썬 코딩으로 인터넷을 구동시키는 작업을 할 것입니다.

특히 회사에서 업무에 활용할 수 있는 브라우저가 제한적인 회사도 있는데, 대부분의 유명한 브라우저를 컨트롤할 수 있게 라이브러리가 지원하기 때문에 업무에 활용하기 매우 용이합니다.

≡ **Docs** _ Selenium 라이브러리 공식 문서

참고로 Selenium 라이브러리의 공식 문서는 다음 링크에서 확인할 수 있습니다.

[링크] https://www.selenium.dev/documentation/

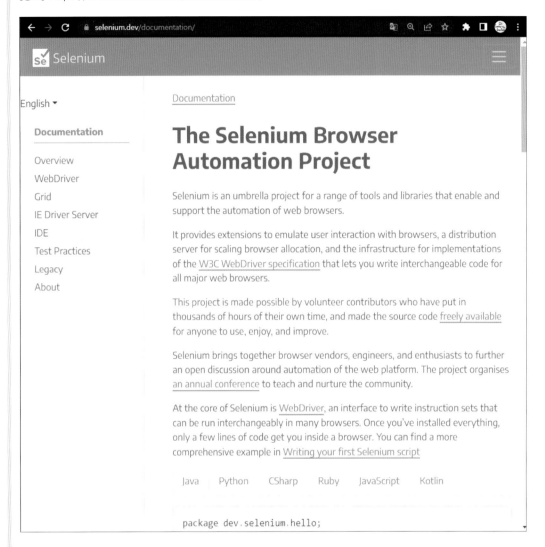

Selenium 4는 버전 3과 비교해 상당 부분이 개선되었지만, 일부 문법이 빠졌기도 합니다. 다음 쪽에 소개한 것은 Selenium 이 버전 4로 업데이트되면서 개선된 기능을 정리한 문서 링크입니다. 당장은 몰라도 괜찮지만 추후 자동화를 구축하면서 이를 참조해 새로운 기능을 적용하면 생산성을 크게 높이는 데 도움이 될 것입니다.

[Selnium 4 업데이트 내역 링크]

[링크] https://www.selenium.dev/documentation/webdriver/getting_started/upgrade_to_selenium_4/

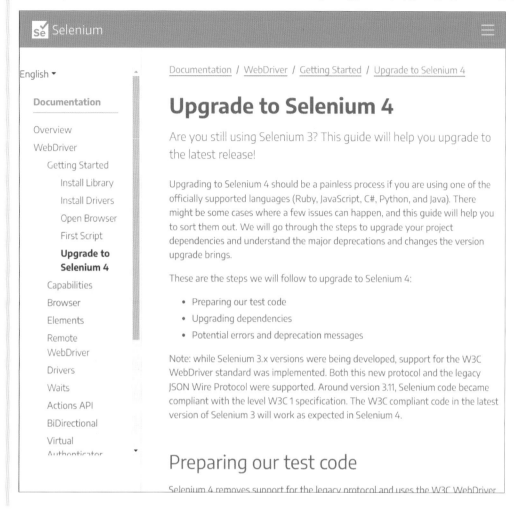

02 Word Cloud 라이브러리 설치

두 번째로 설치할 코드 묶음은 Word Cloud(워드클라우드)로, 이를 활용해 텍스트 정보를 요약하는 데 사용할 수 있습니다. 지금은 우선 설치만 하고 자세한 사용법은 **Step 4**에서 안내해 드리겠습니다.

Jupyter Notebook에서 다음 코드를 실행해 wordcloud를 설치합니다.

```
!pip install wordcloud == 1.8.1
import wordcloud
wordcloud .__version__

1.8.1
```

혹시 Jupyter Notebook에서 Word Cloud 설치를 시도하다 오류가 났다면 다음 Warning을 참조해 주세요.

! Warning _ Jupyter Notebook에서 Word Cloud 설치 실패한 경우

앞의 코드를 Jupyter Notebook에서 실행했을 때 오류가 발생할 수도 있습니다. 그럴 때는 Jupyter Notebook을 종료한 후 아래의 단계를 추가적으로 진행하고 다시 실행해 주시면 됩니다.

01 윈도우 키 누르기

02 Anaconda Prompt 검색 후 클릭

윈도우 검색 창에 **anaconda prompt**를 검색한 후 **Anaconda Prompt (anaconda3)**을 클릭합니다.

03 Anaconda Prompt에서 다음 명령어들을 순차적으로 실행

다음 명령어를 입력해 기존에 설치된 wordcloud를 삭제합니다.

```
pip uninstall wordcloud
```

```
■ Anaconda Prompt (anaconda3)
(base) C:\Users\WASUS>pip uninstall wordcloud_
```

참고로 명령어 입력 후 엔터를 눌렀을 때 다음과 같이 실행 여부를 묻는 문구가 나올 수 있습니다. 실행하려면 y를 입력하고 엔터를 누르면 됩니다.

```
Proceed (Y/n)? y
```

다음 명령어로 wordcloud를 다시 설치합니다.

```
conda install -c conda-forge wordcloud=1.8.1
```

Anaconda Prompt (anaconda3)

```
(base) C:\Users\ASUS>conda install -c conda-forge wordcloud=1.8.1
```

03 WebDriver 라이브러리 가져오기

세 번째로 필요한 것은 WebDriver 라이브러리로, 인터넷 브라우저를 구동시키는 역할을 합니다. Jupyter Notebook에서 다음 코드를 실행합니다.

```python
#PC 버전
!pip install selenium webdriver_manager
from selenium import webdriver
from selenium.webdriver.chrome.service import Service
from webdriver_manager.chrome import ChromeDriverManager
from selenium.webdriver.common.by import By
service = Service(executable_path = ChromeDriverManager().install()) #크롬 드라이버 설치
options = webdriver.ChromeOptions()
options.add_argument('--no-sandbox')
```

Selenium 패키지에서 WebDriver 라이브러리를 가져오고, 그밖에 필요한 것들을 불러오는 코드입니다. 즉, 파이썬으로 브라우저를 구동시키기 위한 작업이라고 이해하시면 됩니다. (이 작업을 해야 웹사이트에 접속하거나 무언가를 클릭하는 등의 행동이 가능해집니다.)

위 코드는 앞으로 이 책 전반에 걸쳐서 자주 다룰 것입니다. 지금은 이해하기 어려워서 간단히 설명드리지만, 나중에 좀 더 상세하게 다룰 것입니다. 그땐 이 코드를 눈여겨보시길 바랍니다.

또한 위 코드는 특히 우리가 해야 할 다양한 역할(크롬 드라이버 다운로드 & 경로 설정 등)을 한번에 해결해 줄 수 있습니다. 하지만 크롬 버전 업데이트 등으로 변화가 생기면 여러 가지 이유로 위 코드를 사용할 때 오류가 일어날 수 있습니다. 그래서 이와 관련한 문제가 생겼을 때 해결할 수 있는 방법을 영상으로 담았습니다. 필요할 때 아래 링크를 참조해주세요.

[참고 영상] https://youtu.be/FlKy-vTSMb8

 Tips _ Selenium 버전과 WebDriver

혹시 2장에서 크롬을 기본 브라우저로 설정한 후 크롬 웹 드라이버(ChromeDriver)를 설치한 것 기억하시나요? 우리가 2장에서 설치한 ChromeDriver가 방금 학습한 WebDriver 라이브러리에 해당합니다. Selenium 3 버전에서는 인터넷 제어를 위해서 ChromeDriver를 수동으로 설치해야 했지만(크롬 브라우저를 사용할 경우), 4 버전부터는 그럴 필요가 없어졌습니다. Selenium이 우리가 사용하는 OS와 브라우저를 감지하고 그에 맞는 WebDriver를 자동으로 설치하기 때문입니다.

함께 만들어 볼 프로그램 One Code 체험

Selenium의 기본을 배우기 전에 잠시 완성된 코드를 체험해 보겠습니다. 완성된 코드를 구동해 보고 '이렇게 파일들이 만들어지는구나' 하고 느끼시면 됩니다.

실행할 코드는 다음과 같은 순서로 구성되어 있습니다.

1. 인터넷에 있는 특정 단어(아래 코드에서는 '반도체')와 관련된 기사의 제목을 가져온다.
2. 가져온 기사를 엑셀 한 시트로 만든다.
3. 가져온 기사 제목을 모아서 워드클라우드로 제작한다.
4. 제작된 이미지를 원하는 곳으로 전송한다.

제가 공유한 강의자료에서 해당 파일을 불러온 후 전체 코드를 한 번에 실행해 주세요.

```python
# 0. 코드 실행을 기다리는 기능
import time
st = 5 # 5초를 기다린다
# 1-1. 인터넷을 연다.
from selenium import webdriver
# PC 버전
driver = webdriver.Chrome(service = service)
# 아래 주석은 colab 버전
# driver = webdriver.Chrome('chromedriver', options=options)
time.sleep(st)
# 1-2. 네이버에 접속한다.
driver.get("https://www.naver.com")
time.sleep(st)
# 1-3. 원하는 키워드를 검색한다.
greenbox = driver.find_element (By.XPATH,
"/html/body/div[2]/div[2]/div[1]/div/div[3]/form/fieldset/div/input")
greenbox.send_keys("반도체")
driver.find_element(By.CLASS_NAME, "ico_search_submit".click)
time.sleep(st)
# 1-4. 반도체 검색 후 뉴스 링크를 바로 접속한다. (+최신순)
driver.get("https://search.naver.com/search.naver?where=news&s m=tab_jum&query=%E
B%B0 %98%EB %8F%84%EC%B2%B4")
time.sleep(st)
# 1-5. 뉴스 탭에 나오는 기사들을 최신순으로 배열하여 리스트 변수에 담는다.
first_sel = driver.find_element(By.CLASS_NAME,"list_news")
second_sel = first_sel.find_elements(By.TAG_NAME,"li")
```

```
news_title_lists = []
for a in second_sel:
    news_title_lists.append(a.text.replace("\n",""))
print("-------------------------------추출한 텍스트는? -------------------------------")
print(news_title_lists)
time.sleep(st)
# 2-1. 1단계에서 만들어진 리스트 변수를 엑셀로 변환한다.
import pandas as pd # pandas 라이브러리를 가져온다.
df = pd.DataFrame(news_title_lists) # news_title_lists에 있는 데이터를 pandas 데이터프레임으로 저장한다.
df.to_excel('bhyunco_test.xlsx')
time.sleep(st)
# 3-1. 1단계에서 만들어진 리스트 변수의 본문들을 합쳐서 워드클라우드로 만드는 라이브러리를 만든다.
from wordcloud import WordCloud, STOPWORDS
stopwords = set(STOPWORDS) # 불(Bool) 용어 지정(조사 등)
wc = WordCloud(font_path = "BMJUA_ttf.ttf", stopwords = stopwords) # wc 변수에 wordcloud 객체 지정
# wc = WordCloud(font_path="NanumBarunGothic", stopwords=stopwords)
# wc 변수에 wordcloud 객체 지정(colab용)
wc.generate(str(news_title_lists))
wc.to_file('wordcloud_bm.png')
```

코드를 실행하면 인터넷이 자동으로 열린 후 단어를 자동 검색하여 그 결과를 텍스트 데이터로 가져옵니다. 그리고 이를 바탕으로 워드클라우드와 엑셀을 한 번에 만들어 냅니다. (현재 .ipynb 파일이 있는 폴더에 새로운 파일이 생성되어 있음을 알 수 있습니다.)

어떻게 단시간에 가공된 파일이 뚝딱 만들어지는 건지, 그리고 Selenium으로 어떤 업무까지 해낼 수 있는지 궁금하지 않나요? 다음 Step부터는 그 궁금증을 하나씩 풀어드리겠습니다.

STEP 3 **인터넷으로 해결할 수 있는 업무 알아보기**

인터넷으로 해결할 수 있는 업무는 크게 2가지로 구분할 수 있습니다.

1. 인터넷 제어
2. 인터넷의 정보를 획득

1은 단순 클릭이나 타이핑 등의 작업으로 인터넷 브라우저를 제어하는 방식으로, 우리의 모든 인터넷 활동에서 사용됩니다. 우리가 매일 반복적으로 하는 작업들이 해당되는데, 예를 들면 회사 이메일 정리, 단순 클릭을 통한 근태 등록, 판매실적 보고서 다운로드 등이 있습니다. 특히 업무를 하는 직장인이라면 사내 인트라넷을 활용하는 경우가 많을 것입니다.

회사의 인트라넷

2는 말 그대로 인터넷에 있는 여러 정보를 획득하는 것입니다. 특히 판매 데이터나 시황 분석, 타사 서비스를 활용할 때 등 데이터에 기반한 사고가 필요할 때는 정보 획득이 매우 중요합니다.

Selenium을 활용하면 인터넷에서 필요한 정보를 그대로 긁어와서 텍스트를 추출할 수 있습니다. 그리고 각 공식 웹사이트에서 제공하는 API를 활용할 경우에는 대량의 데이터를 한 번에 가져오는 작업도 가능합니다.

> 생각해 보면 인터넷 없이는 살 수 없을 정도로, 우리 삶에는 인터넷에 기반한 일들이 많습니다. 그만큼 업무 자동화에서 Selenium 라이브러리는 필수불가결한 기술입니다. 다음 Step에서는 본격적으로 Selenium의 기본 지식을 다룰 것입니다. 분량이 길고 새로운 내용 투성이라 힘들겠지만, 정말 중요하니 힘을 내서 따라와 주세요.

STEP 4 Selenium 기본

본격적으로 Selenium 라이브러리를 설치하고 기본 문법을 다뤄 보겠습니다.

> **❗ Warning** _ 이 책은 Selenium 4.1.5 버전으로 실습을 진행합니다
> 보통 파이썬 라이브러리는 버전의 설정 없이 설치 실행하면 최신 버전이 설치되는데, 그러면 제가 공유한 코드(강의 자료)가 작동하지 않을 수 있습니다. 따라서 이 책에서는 Selenium 4.1.5 버전에 맞춰 실습을 진행하겠습니다.

01 Selenium 설치 및 라이브러리 가져오기

Selenium 4.1.5 버전 설치를 위한 명령어를 실행합니다.

```
# selenium 라이브러리를 인터넷에서 가져오기
# !pip install selenium # Selenium 최신 버전 설치 명령어
!pip install selenium == 4.1.5  # Selenium 4.1.5 버전 설치
```

02 웹 브라우저 드라이버 설치

설치된 Selenium 라이브러리를 정상적으로 작동시키기 위한 추가 코드를 실행합니다(이를 실행하려면 크롬 브라우저가 기본 브라우저로 설정되어 있어야 합니다).

지금 수준에서 내용을 정확히 이해하는 것은 어려우므로, 의미만 간략히 이해하고 넘어가겠습니다.

```
# 크롬드라이버 자동 설치 (selenium 4.0 버전 이후)
!pip install selenium webdriver_manager        ❶
# pc 버전
import selenium        ❷
from selenium import webdriver
from selenium.webdriver.chrome.service import Service      ❸
from webdriver_manager.chrome import ChromeDriverManager
service = Service(executable_path = ChromeDriverManager().install()) # 크롬드라이버 설치
```

❶은 webdriver_manager라는 코드 묶음을 설치하는 것입니다. ❷는 Selenium 라이브러리를 해당 Jupyter Notebook에서 사용할 수 있도록 가져오는 역할을 합니다. ❸은 웹 브라우저를 Selenium으로 잘 열 수 있도록 돕는 기본 옵션이라고 생각하시면 됩니다.

03 인터넷 열기

이제 준비는 끝났습니다. 다음 코드를 실행해 바로 인터넷 브라우저를 열어보겠습니다.

```
# pc 버전
driver = webdriver.Chrome(service = service) # 드라이브 열기
driver.get("https://www.naver.com")
```

위 코드를 실행하면, 웹 브라우저가 열리고 네이버로의 접속이 가능해집니다.

웹사이트 오픈

축하드립니다. 처음으로 컴퓨터로 원하는 웹사이트를 오픈하셨습니다. 이제 우리가 원하는 자동화의 첫 시작을 해내신 것입니다.

04 HTML 코드 받아오기

오픈된 웹사이트에서 HTML 코드를 받아 오겠습니다. HTML이 뭔지 몰라도 괜찮으니 일단 실행해 보겠습니다.

```
# 네이버의 메인 제목 텍스트 가져오기 (따라서 쳐 보기)

driver.page_source
```

수많은 HTML 코드

수많은 외계어(?)가 쏟아져 나온 것이 보이시나요? 우리가 배운 파이썬 코드와 다르다는 건 알겠지만 도대체 이 코드는 무엇일까요? 여기서 잠깐 알아 둘 것이 있으니 간단히 다루고 넘어가 보겠습니다.

HTML 코드 구조와 요소(Element)

파이썬을 이제 시작하려는데 생뚱맞게 HTML 코드를 만나니 조금 당황스러우시죠? 파이썬 하나만 해도 배울 것이 많은데, 또 다른 언어를 학습한다는 부담에 그런 마음이 드시는 것도 당연할 것 같습니다.

하지만 이 내용을 꼭 다뤄야 하는 이유가 있습니다. 우리가 파이썬을 사용해서 확장성이 높은 프로그램으로 발전시키려면 인터넷을 제어할 줄 알아야 하기 때문입니다. 인터넷에 있는 정보는 HTML 코드로 구성되는데, 이를 약간만 이해할 수 있어도 우리가 원하는 자료를 쉽게 가져올 수 있습니다.

좀 더 구체적으로 설명하자면 이렇습니다. 우리가 보는 인터넷은 크게 다음 2가지로 구성되어 있습니다.

(1) 우리가 보는 화면
(2) 우리가 보는 화면을 만들어주는 서버

보통 우리가 인터넷에서 원하는 데이터를 가져오는 일은 (2)에서가 아니라 **(1) 우리가 보는 화면**에서 수행합니다. 그리고 **우리가 보는 화면**은 HTML이라는 언어 (그리고 CSS, 자바스크립트 등의 언어)로 구성되어 있죠. 다시 말해, HTML 코드의 구조와 요소를 알면 우리가 원하는 정보가 어디 있는지 일일히 찾을 필요 없이 효율적으로 가져올 수 있습니다. 이제 HTML을 배워야 하는 이유를 아시겠나요?

> 📄 **Note** _ 마크업 언어 HTML
>
> HTML은 하이퍼텍스트 마크업 언어(HyperText Markup Language)의 준말로, 웹사이트 구조를 표현하기 위한 언어입니다. 태그(Tag)라는 것을 이용해 제목, 단락, 목록 등 문서의 구조나 링크, 인용과 같은 요소를 표현해 달라고 컴퓨터에 요청할 수 있죠. [출처: 위키백과(https://ko.wikipedia.org/wiki/HTML)]
>
> 엄밀히 따지자면 HTML은 프로그래밍 언어가 아니라 마크업(Markup) 언어입니다. 언어 형태로 컴퓨터에 명령할 뿐, 프로그램을 만들어 낼 수는 없기 때문입니다.
>
> ————————
>
> 마크업 언어: 태그 등을 이용하여 문서나 데이터 구조를 명기하는 언어의 일종[출처: 위키백과(https://ko.wikipedia.org/wiki/마크업_언어)]

HTML 코드의 구조 알아보기

다음 링크에 접속해 보시면 아래와 같은 화면을 볼 수 있습니다.

[링크] https://codepen.io/bhyunco/pen/VwpXYvP

상단은 웹사이트 화면을 구성하는 언어로 코딩한 것이고, 하단은 그 코드를 실행한 결과를 보여주는 화면입니다. 여기서 좌측 상단에 보이는 HTML 코드에 집중해 보겠습니다.

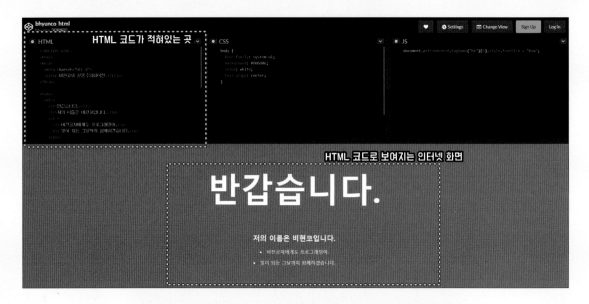

```
<!DOCTYPE html>
<html>
<head>
  <meta charset="UTF-8">
  <title>비현코의 실용주의파이썬</title>
</head>

<body>
  <div>
    <h1>반갑습니다.</h1>
    <h2>저의 이름은 비현코입니다.</h2>
    <div>
      <li>비전공자에게도 프로그래밍이.</li>
      <li>빛이 되는 그날까지 함께하겠습니다.</li>
    </div>
  </div>

</body>
</html>
```

어렵게 생각할 필요 없이, HTML 코드의 구조는 딱 2가지만 아시면 됩니다.

1. 요소 안에 요소가 있다.
2. 그들 간의 계층이 나누어져 있다.

이해를 돕기 위해, 위 코드의 구조를 혈연관계로 빗대어 설명하겠습니다.

[1대 – 증조할아버지] html, head, body는 형제 사이

[2대 – 할아버지] meta, title은 head 집안의 형제이며 div는 body 집안의 외동아들

[3대 – 아버지] h1, h2, div는 div의 아들

[4대 – 아들] li, li는 div의 아들

HTML 코드는 계층적인 구조를 가진다는 것이 무슨 의미인지 이해되셨나요? 이 점을 알고 계셔야 앞으로 만날 실습을 좀 더 잘 이해할 수 있습니다. 이제 이론을 알았으니 실제 우리가 사용하는 인터넷에서 이 구조가 어떻게 되어 있는지 한 번 확인해 보겠습니다.

먼저 구글 검색에서 '비현코'를 검색해 주세요. 그러면 여러 검색 결과가 나오는데, F12 키를 누릅니다. 브라우저 우측에 (혹은 새로운 창이 열리며) 개발자 도구(DevTools)가 활성화될 것입니다. 여기서 상단의 **Elements** 탭을 클릭하면 HTML 코드가 잔뜩 나온 화면을 볼 수 있습니다.

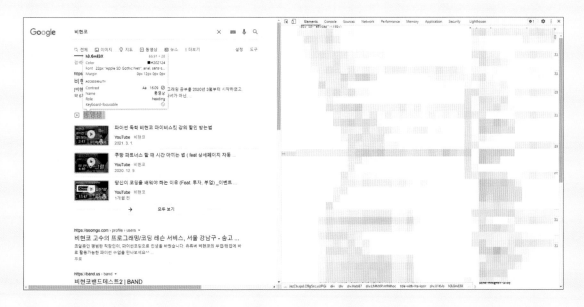

오른쪽 그림과 같이 **화살표 아이콘**을 클릭하고,
마우스 커서를 브라우저 화면에 가져다 대보세요.

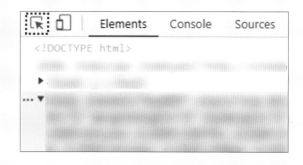

그러면 마우스 커서가 있는 곳과 그에 해당하는 코드에 파란 음영으로 표시될 것입니다. 이렇게 파란 음영
이 표시되는 것 하나하나가 **요소**(Element)입니다. 요소는 **우리가 인터넷 화면에서 확인할 수 있는 HTML
코드의 기본 단위**라고 생각하시면 됩니다.

이 방법으로 요소마다 대응되는 코드 값을 알 수 있습니다.

이로써 우리가 인터넷을 볼 수 있게 만드는 HTML 코드 구조는 계층으로 나누어진다는 것을 확인하였습니다. 앞으로 자동화를 구현함에 있어 HTML 코드 구조는 이 정도로 알아두면 충분합니다.

요소 찾기

우리가 인터넷에서 원하는 정보를 가져오려면 해당 요소를 찾아야 합니다. 따라서 지금부터는 요소를 찾는 방법을 알아보겠습니다.

```
# class, tag, id, xpath 등을 통한 찾기
driver.get("https://www.google.com//?hl=")
```

먼저 위 코드를 실행해 구글에 접속합니다. 해당 사이트에서 F12를 누릅니다.

그러면 개발자 도구에 무수한 HTML 코드가 보입니다. 요소를 찾는 방법은 다양한데, 여기서는 속성을 이용해서 찾는 방법을 이용할 것입니다.

💡 **Tips** _ 속성을 이용한 요소 찾기

HTML 코드의 요소에는 여러 속성이 들어 있습니다. 요소에 속성을 설정함으로써 추가적인 정보(id, 요소의 위치, 스타일 등)를 제공할 수 있는데, 이를 달리 말하면 속성은 각 요소를 구분할 수 있는 포인트가 됩니다. 여기서 배울 것은 속성을 요소를 찾는 지표로 삼아서 요소를 찾아내는 방법이라고 이해하시면 되겠습니다.

(이 책에서는 요소를 찾을 목적으로 속성을 이용할 것이기 때문에, HTML의 요소와 속성에 대한 깊은 설명은 하지 않습니다. 나중에 웹 개발을 공부하며 필요할 때 따로 공부해 보시길 권장합니다.)

요소를 쉽게 찾기 위한 속성을 몇 가지 알아보겠습니다.

■ 요소 찾기 1 - ID

첫 번째 속성은 ID입니다. 일반적으로 ID는 특정 요소(페이지의 상단 메뉴/로고/하단 정보 등)에 고유성을 부여할 때 활용합니다. 이 속성은 여러 요소에 중복해서 사용하지 않기 때문에, 요소를 찾기에 좋습니다. F12를 누르면 나오는 창에서 Ctrl + F를 눌러서 'id=' 값을 찾아봅니다.

만약 ID를 찾기 어렵다면, 아래의 코드를 먼저 실행해 보세요.

```
# 요소 찾기 1순위 - id
id_sel   driver.find_element(By.ID, 'gb')
print(id_sel.text) # print는 출력의 의미

────────────────────────────────────────

Gmail이미지
로그인
```

쉽게 ID 값을 찾고 원하는 텍스트를 출력해 보았습니다. 하지만 만약 ID 값을 찾지 못했다면 어떻게 해야 할까요?

■ 요소 찾기 2 - CLASS

두 번째 속성은 CLASS입니다.

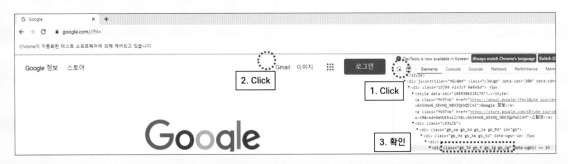

```
# 요소 찾기 2순위 - class, tag 등
class_sel = driver.find_element(By.CLASS_NAME, "gb_7d.gb_f.gb_lg.gb_cg")
print(class_sel.text)

Gmail이미지
```

CLASS를 사용할 때 꼭 기억해야 할 것이 있습니다. 클래스 내 단어와 단어 사이 공백이 있다면, 이 공백은 .(온점)으로 연결해야 한다는 것입니다.

CLASS는 HTML 코드에서 다양한 곳에 사용되어 그 수가 많지만, 몇 가지 위치만 잘 찾을 수 있다면 원하는 요소를 쉽게 찾을 수 있습니다. 보통 웹사이트의 구조가 좀 바뀌어도 계속 유지되는 경우가 많습니다.

이처럼 항상 원하는 대로 요소를 찾을 수 있으면 좋겠지만, 여러 가지 이유로 실행이 잘 안 될 수도 있습니다. 이럴 때 최후의 보루로써 사용하는 방법이 있습니다.

■ 요소 찾기 3 - XPath

마지막은 XPath를 사용하는 것입니다. 다만 이 방법은 웹사이트의 구조가 변경되면 실효성이 떨어지기 때문에 가능하면 사용하지 않는 것이 좋습니다. 참고 삼아 보여드리기만 하겠습니다.

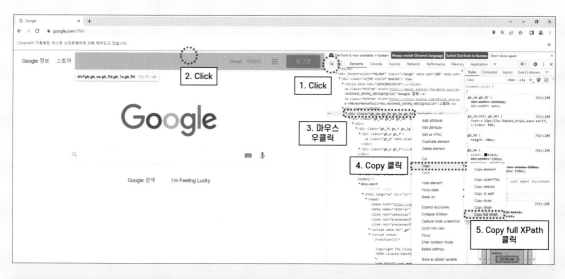

```
# 요소 찾기 3순위(최후의 보루) - XPath
xpath_sel = driver.find_element(By.XPATH, "/html/body/div[1]/div[1]/div/div/div")
print(xpath_sel.text)

Gmail이미지
로그인
```

XPath를 사용해서 요소의 위치를 찾으면 거의 대부분은 일치합니다. 이유는 XPath가 요소의 위치를 정확히 찍어준다고 보시면 됩니다.

XPath(XML Path Language)는 W3C의 표준으로 확장 생성 언어 문서의 구조를 통해 경로 위에 지정한 구문을 사용하여 항목을 배치하고 처리하는 방법을 기술하는 언어이다. XML 표현보다 더 쉽고 약어로 되어 있으며, XSL 변환(XSLT)과 XML 지시자 언어(XPointer)에 쓰이는 언어이다. XPath는 XML 문서의 노드를 정의하기 위하여 경로식을 사용하며, 수학 함수와 기타 확장 가능한 표현들이 있다.

[출처: 위키백과(https://ko.wikipedia.org/wiki/XPath)]

이렇게 HTML 코드의 구조와 요소를 알고 요소를 찾는 방법을 간단히 배웠습니다. 이제 본론으로 돌아가서, Selenium에서는 어떤 방법으로 요소를 가져오는지 알아보겠습니다.

05 요소 가져오기

Selenium은 webdriver에서 제공하는 locator를 이용해 요소를 찾아냅니다. (앞서 우리가 요소를 찾는 수단으로써 속성을 이용했듯이 말이죠. 쉽게 말해 locator는 요소를 식별하는 수단이라고 보시면 됩니다.)

locator의 종류는 다양한데 그중 자주 사용되는 것들은 Selenium 공식문서에 정리되어 있습니다. 다음 링크를 통해 확인해 보겠습니다.

[링크] https://www.selenium.dev/documentation/webdriver/elements/locators/

Locator	Description
class name	Locates elements whose class name contains the search value (compound class names are not permitted)
css selector	Locates elements matching a CSS selector
id	Locates elements whose ID attribute matches the search value
name	Locates elements whose NAME attribute matches the search value
link text	Locates anchor elements whose visible text matches the search value
partial link text	Locates anchor elements whose visible text contains the search value. If multiple elements are matching, only the first one will be selected
tag name	Locates elements whose tag name matches the search value
xpath	Locates elements matching an XPath expression

이해를 돕기 위해 설명을 몇 가지 해석해 보겠습니다.

- class name: 클래스명에 검색 값이 포함된 요소를 찾는다
- id: ID 속성이 검색 값과 일치하는 요소를 찾는다
- tag name: 태그명이 검색 값과 일치하는 요소를 찾는다
- xpath: XPath 식이 일치하는 요소를 찾는다

위 내용을 문법에 적용한다면 아래와 같이 사용할 수 있습니다.

■ 요소 데이터 한 개 가져오기 (가장 먼저 나오는 요소 선택)

```
#1. class_name
driver.find_element(By.CLASS_NAME, "클래스 이름")

#2. id
driver.find_element(By.ID, "id")

#3. tag_name
driver.find_element(By.TAG_NAME, "태그 이름")

#4. xpath
driver.find_element(By.XPATH, "xpath 식")
```

위 문법들은 요소 데이터를 하나 가져올 때 쓰이며, 다음과 같은 규칙을 가집니다.

```
driver.find_element(By.locator, "검색 값")
```

> ❗ **Warning** _ 요소를 하나 가져오는 것은 가장 먼저 나오는 요소를 가져오는 것과 같은 의미

요소 데이터를 하나 가져올 때 주의할 점을 한 번 알아보겠습니다. 아래의 코드를 보겠습니다.

```
# div 태그 가져오기
div_sel = driver.find_element(By.TAG_NAME, 'div')
div_sel.get_attribute('innerHTML')
```

div_sel이라는 변수에 tag_name이 'div'라는 요소를 가져오라는 의미인데, 코드를 실행해 보면 상당히 많은 줄의 HTML 코드가 출력됩니다. 'div'는 HTML 코드에서 영역을 구분하는 데 매우 자주 사용되는 태그인데, 위의 코드는 'div'를 모두 가져오라는 의미가 아닙니다. 모든 'div' 코드 중 맨 처음 나온 div 코드를 가져오라는 것입니다. 다시 말해 최상위 'div' 코드를 가져온다는 것입니다.

특정한 경우에는 이 방법으로 1개의 div 코드만을 찾는 것이 도움이 될 수 있겠죠. 하지만 우리가 여러 조건을 가진 div 코드를 찾고자 할 땐 이 방법은 거의 도움이 되지 않을뿐더러 모든 HTML 코드를 맨눈으로 보기 어렵습니다. 그렇기 때문에 여러 개의 조건이 같은 코드를 가져올 수 있는 기능이 필요합니다.

앞서 설명한 문법에서 내용을 아주 약간만 변경하면 요소를 여러 개 가져올 수 있습니다.

■ 요소 데이터 여러 개 가져오기

```
#1. class_name
driver.find_elements(By.CLASS_NAME, "클래스 이름")

#2. id
driver.find_elements(By.ID, "id")

#3. tag_name
driver.find_elements(By.TAG_NAME, "태그 이름")

#4. xpath
driver.find_elements(By.XPATH, "xpath 식")
```

다음 코드를 실행해 'div' 요소를 모두 찾아보겠습니다.

```
# div 태그 모두 가져오기
div_sels = driver.find_elements(By.TAG_NAME, 'div')
print(len(div_sels))
div_sels[2].get_attribute('innerHTML')
```

tag_name이 'div'인 요소를 모두 찾아 변수 div_sel에 저장하는 코드입니다. 여기서 두 번째 줄을 보시면 눈치채셨겠지만, 이번에는 'div'로 시작하는 요소들이 차곡차곡 모여서 리스트(List) 형태로 저장됩니다.

그렇다면 이 중에서 우리가 원하는 위치의 요소를 출력하려면 어떻게 해야 할까요? 리스트의 인덱싱을 이용하면 됩니다. 세 번째 줄의 코드를 보면 div_sels 변수에 [2]를 붙였습니다. 이는 리스트의 3번째 요소라는 것이고, 정리하자면 HTML 코드 중에서 3번째 'div' 요소를 가져오라는 의미가 됩니다. (참고로 get_attribute는 요소를 출력할 때 쓰는 명령어인데, 나중에 배울 것입니다.)

06 동작 넣기

요소를 찾아서 가져왔으니 이제 동작을 넣어 보겠습니다. (여기서 동작이라 함은 우리가 컴퓨터를 사용하면서 하는 작업(클릭, 타이핑, 정보 획득 등)을 의미합니다.)

■ 변수에 요소 데이터 넣기

첫 번째로 배울 동작은 변수에 요소 데이터를 넣는 작업입니다. 그 예로 구글 검색창에 '비현코'라는 단어를 넣어서 검색하는 동작을 구현해 보겠습니다. (왠지 데이터라고 하니 거창한 표현처럼 보일 수 있지만 우리가 검색창에 타이핑하는 것 또한 데이터를 넣는 작업입니다.)

작은 동작이라 할지라도 늘 순서를 정하고 코드를 짜면 도움이 됩니다. 이 동작은 다음과 같은 순서로 나누어 진행하겠습니다.

> (1) 검색어를 입력하는 위치를 확인한다.
> (2) 해당 위치를 나타내는 코드를 확인하여 변수에 담는다.
> (3) 해당 변수에 원하는 데이터를 집어넣는다.

그럼 위 순서에 따라 하나씩 진행해 보겠습니다.

(1) 검색어를 입력하는 위치를 확인한다

XPath는 가능하면 쓰지 않기로 했지만, 이번에는 검색어를 입력할 위치를 넣기 위해 간단히 사용해 보겠습니다.

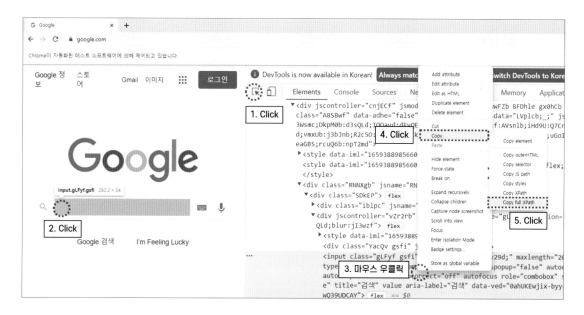

(2) 해당 위치를 나타내는 코드를 확인하여 변수에 담는다

```python
from selenium import webdriver
from selenium.webdriver.common.keys import Keys
driver = webdriver.Chrome(service = service) # 드라이브 열기
# 구글 접속
driver.get('https://www.google.com/?hl=')
# 요소 만들기
input_sel = driver.find_element(By.XPATH,
"/html/body/div[1]/div[3]/form/div[1]/div[1]/div[1]/div/div[2]/input")
```

> 이렇게 복사해서 붙인 XPath는 웹사이트 구조가 바뀔 때마다 달라질 수 있습니다.

(3) 해당 변수에 원하는 데이터를 집어넣는다

이제 input_sel이라는 변수에 검색창의 위치가 담겼습니다. 이 요소에 '비현코'라는 단어를 넣어 보겠습니다.

```
input_sel.send_keys("비현코\n")
```

 Tips _ ₩n은 Enter을 한 번 누르는 것과 같은 기능을 합니다

위 코드의 마지막 줄에 쓰인 \n은 행을 바꿔주는 문자로, 여기서는 비현코라는 단어를 쓰고 바로 엔터를 누르는 역할을 한 것입니다. 앞으로도 \n은 자주 활용될 수 있으니 꼭 기억해 두시기 바랍니다.

코드를 실행하면 다음과 같이 검색 결과가 나옵니다.

■ 요소 클릭

이번에는 원하는 요소를 클릭하는 작업을 해 보겠습니다. 다시 원래 검색창이 뜰 수 있도록 사이트에 접속합니다.

```
# 요소를 클릭하는 방법 1 - selenium에서 click() 메서드 사용
driver.get('https://www.google.com/?hl=')
```

i'm feeling lucky 버튼의 요소를 확인해 보겠습니다.

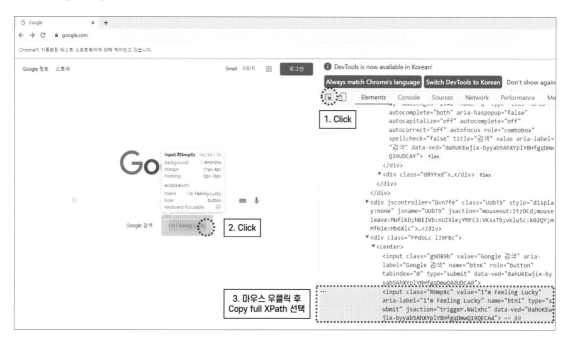

앞서 검색어 위치를 가져온 것처럼 full_xpath를 가져온 후, 해당 변수에 클릭 동작을 구현하는 메서드 .click()를 더해 줍니다.

> 복사해서 붙인 XPath는 웹사이트 구조가 바뀔 때마다 달라질 수 있습니다.

```
click_sel = driver.find_element(By.XPATH,
"/html/body/div[1]/div[3]/form/div[1]/div[1]/div[3]/center/input[2]")
click_sel.click()
```

이 코드에서 중요한 것은 바로 메서드입니다. 사용법은 간단해도 매우 중요한 기능입니다. 자동화 프로그램을 만들 때 이를 활용하면 여러분에게 많은 해결책을 제시해 줄 것입니다.

> 📓 **Note** _ 메서드(Method)
>
> 메서드는 쉽게 말하자면 특정 동작을 수행하기 위해 호출하는 내장 명령어입니다.
>
> 요소에 데이터를 넣거나 요소를 클릭하는 작업은 직접 코드를 짜내기 복잡하고 어렵지만 send_keys( )나 click( ) 메서드를 사용함으로써 간단히 구현해 낼 수 있습니다.

아래는 코드를 실행한 결과 화면입니다.

💡 **Tips** _ 요소에 클릭이 잘 안 될 때 대처 방법

클릭 동작이 쉽게 구현되면 자동화 프로그램을 제작할 때 스트레스를 줄일 수 있습니다. 하지만 코드를 짜다 보면 해당 코드가
동작이 되지 않는 경우가 있습니다. 이럴 때 해결하는 방법을 두 가지 알려드리겠습니다.

[방법 1] 해당 요소에 엔터 키를 입력한다

앞서 보여드린 send_keys( ) 메서드를 활용하여 엔터 키를 입력하는 방법이 있습니다. 그 예로 브라우저 우측 상단의 **Google
정보** 요소를 클릭해 보겠습니다.

개발자 도구에서 요소의 클래스명을 확인한 후, 해당 이름을 아래와 같은 코드로 작성합니다.

```
# 요소를 클릭하는 방법 2 - 키보드 엔터
driver.get('https://www.google.com/?hl=')
from selenium.webdriver.common.keys import Keys
# [참고] https://www.selenium.dev/documentation/webdriver/keyboard/#sendkeys
click_sel = driver.find_element(By.CLASS_NAME, "MV3Tnb")
click_sel.send_keys(Keys.ENTER)
```

[방법 2] 자바스크립트 문법을 활용한다

갑자기 자바스크립트라니 당황스러우셨을 겁니다. 하지만 앞서도 말씀드렸듯이 우리가 파이썬을 배우는 과정에서 이런저런 다른 지식을 습득해야 할 때가 있습니다. 그 문법이나 원리를 100% 이해하고 사용할 수는 없지만, 해당 코드를 통해서 클릭이 된다는 점을 기억해 주시면 됩니다.

```
# 요소를 클릭하는 방법 3 - 자바스크립트를 이용
driver.get('https://www.google.com/?hl=')
element = driver.find_element(By.CLASS_NAME, "MV3Tnb")
# element.click()
# element.send_keys(Keys.ENTER)
driver.execute_script("arguments[0].click();", element)
```

■ 요소 출력

인터넷 검색창에 타이핑도 했고, 로고에 클릭도 해봤으니 이제부터 우리의 궁극적인 목적인 정보 획득을 해보도록 하겠습니다.

정보 획득이라는 표현이 어렵게 느껴지실지 모르겠으나 그럴 필요 없습니다. 앞서 HTML 코드 구조와 요소를 학습하면서, 우리는 간단하게나마 인터넷 화면에 보이는 글씨를 출력해 보았습니다. 이 작업 또한 정보 획득입니다.

사실 HTML 코드를 가져오는 작업부터는 Selenium 문법보다는 문자열을 다루는 역할이 더 중요합니다. 이에 대해서는 추후 실습을 하면서 하나씩 알아보겠습니다.

가장 기초적인 요소 출력 작업으로, TEXT를 가져오는 방법과 HTML 코드 전부를 가져오는 방법을 알아보겠습니다. 먼저 아래와 같이 요소를 가져옵니다.

요소의 클래스명을 가져올 때는 반드시 공백을 .(온점)으로 바꿔서 넣어줘야 합니다. 이 점을 잊지 마시고, 아래처럼 코드를 가져오고 출력해 봅니다.

이처럼 텍스트를 가져오려면 해당 요소에 .text를 붙여서 출력하고, HTML 코드를 모두 가져오고 싶다면 .get_attribute('innerHTML')를 활용하면 됩니다.

이 외에도 해당 요소의 일부분을 가져올 수 있는 방법도 여럿 있는데, 이 방법을 찾는 건 여러분의 몫으로 두겠습니다. 우선은 제가 알려드린 문법에 익숙해지시길 바랍니다.

■ 연속 동작

마지막으로 익혀볼 것은 연속 동작입니다. 요소 출력까지 배웠으면 다 배운 것 같은데 왜 연속 동작을 익히는 건지 의문을 가지실 것 같습니다. 왜 연속 동작이 필요한지 그 중요성을 먼저 짚고 가보겠습니다.

보통 인터넷에서 어떤 정보를 가져오거나 인터넷을 제어하는 과정에는 루틴(routine)이 있습니다. 가령 다음과 같은 경우를 들 수 있죠.

인터넷을 제어해서 어떤 동작을 자동화시키거나 반복적으로 특정 정보를 확보하려면 해당 루틴을 코드로 만들고 반복할 수 있게 해야 합니다. 그런데 이런 의문이 생길 수 있습니다.

'코드를 순서대로 짜고 동작하게 만들면 되는 것 아닌가?'

그럴 듯 하지만 이 방식으로 접근할 경우 문제가 있습니다. 이론적으로는 코드가 지체 없이 실행되는 것처럼 보이지만, 실제로는 그렇지 않습니다. 우리가 사용하는 인터넷 환경은 위치/장소/시간마다 조금씩 속도가 다릅니다. 그래서 코드를 반복적으로 구동할 때는, 코드 실행을 기다리는 시간을 어느 정도 넣어 주어야 합니다. 그렇지 않으면 A 사이트에 도착하기도 전에 검색어를 입력하게 될 수도 있고, 검색어를 입력하고 검색을 누른 다음 뉴스 탭이 나오지도 않았는데 뉴스 탭을 클릭할 수도 있습니다. 그런 요인들 때문에 코드는 중간에 오류가 생겨서 멈출 수도 있습니다. 이를 해결하기 위해서는 연속 동작을 이해해야 합니다.

먼저 웹사이트 구동에 소요되는 시간을 측정하기 위한 코드를 작성 후 실행해 보겠습니다.

```
# 기다림 없이 진행
import time
import math
start = time.time()
driver = webdriver.Chrome(service = service)
driver.get('https://www.google.com/?hl=')
element = driver.find_element(By.CLASS_NAME, 'RNmpXc')
driver.execute_script("arguments[0].click();", element)
end = time.time()
print(f"{end-start:.5f} sec")

1.59124 sec
```

코드를 실행하면 start 변수에는 시작하는 시간, end 변수에는 끝나는 시간이 기록됩니다. 자연스럽게 중간의 코드가 진행되면서 시작과 끝의 시간 차이를 출력하여 코드의 진행 시간을 확인할 수 있습니다.

이제 코드의 수행을 기다리는 시간을 넣어 봅시다. 다음 두 가지 방법을 소개하고, 각 방법을 사용한 결과를 비교해 보겠습니다.

첫 번째 방법은 코드와 코드 사이에 시간을 기다려주는 time.sleep()이라는 메서드를 이용하는 것입니다. 코드가 진행되고 그 사이의 시간을 쉬어주는 방식입니다. 이 방식은 Selenium만 이용하는 코드보단 다양한 연관성 있는 코드를 활용할 때 유용합니다.

```python
#시간 기다리기 (지정 시간)
import time
import math
start = time.time()
driver.get('https://www.google.com/?hl=')
print('5초 뒤 시작')
time.sleep(5)
print('시작')
element = driver.find_element(By.CLASS_NAME,'RNmpXc')
driver.execute_script("arguments[0].click();", element)
end = time.time()
print(f"{end start:.5f} sec")
```
```
5초 뒤 시작
시작
7.32441 sec
```

생각보다 오래 걸렸지만 5초라는 시간을 쉬었다고 생각하면, 실제로 이 코드의 실행 속도는 기다림 없이 진행한 경우와 크게 차이가 없습니다. time.sleep() 메서드는 앞으로 매우 많이 사용할 것이니 꼭 기억해 주세요.

두 번째 방법은 Selenium 기능을 활용하는 것입니다. 웹사이트의 동작과 동작 사이에 최대로 기다릴 수 있는 시간을 설정하는 방식입니다.

```python
# 시간 기다리기 (로딩이 끝날 때까지 기다리기)
import time
import math
start = time.time()
driver.implicitly_wait(time_to_wait = 5)
```

```
print('5초까지 기다릴 수 있음')
driver.get('https://www.google.com/?hl=')
print('시작')
element = driver.find_element(By.CLASS_NAME, 'RNmpXc')
driver.execute_script("arguments[0].click();", element)
end = time.time()
print(f"{end start:.5f} sec")
```
```
1.65049 sec
```

driver.implicitly_wait(time_to_wait = **기다릴 수 있는 시간**)을 통해서 사이트의 접속, 해당 요소가 나올 때까지 기다리는 시간을 설정할 수 있습니다. Selenium 동작마다 시간을 기다려 줄 수 있기 때문에 매우 간편하게 동작과 동작 사이에 시간을 기다려 줄 수 있습니다. 단순 인터넷 자동화만 활용할 때는 위 기능이 time.sleep()보다 훨씬 효율적입니다.

지금까지 Selenium 라이브러리를 이용한 가장 기초적인 인터넷 제어 및 정보 획득을 학습해 보았습니다. 이로써 여러분은 파이썬으로 인터넷을 자유자재로 다룰 수 있게 되었습니다. 축하드립니다. 다만 이 지식만으로는 여러분 스스로 원하는 정보를 획득하거나 회사 인트라넷을 제어해 보면서 실력을 키워 나가시긴 어려울 것입니다. 그래서 다음 절(3.3)에는 인터넷 자동화를 이용한 현업 문제 해결 능력을 키우는 데 도움이 되는 실습을 준비했습니다. 앞에서 One Code로 경험했던 코드를 하나씩 분석하면서 실무에 적용해 보겠습니다.

3.3 인터넷 자동화 현업 실습

실습에 들어가기 앞서 간단한 상황 설정을 통해서 우리가 해결해야 할 업무 상황을 알아보겠습니다. 아래 상황 예시를 먼저 살펴볼까요?

(회사에서의 상황 예시)

고만해 팀장: 비 대리, 요즘 세상이 너무 자주 바뀌어서 트렌드 따라가기가 너무 어려워… 최근 **반도체**에 대한 기사들을 좀 요약해줄 수 있겠나?

비현코 대리: 네. ^^ 저 일 잘 하는 거 아시잖아요? 내일까지 정리해서 드릴게요!

(잠시 후)

비현코 대리: 자, 일단 인터넷에 있는 기사들을 모두 가져와서 제목/본문별로 저장하고 워드클라우드로 저장해서 만들어 드려야지! 디자인 작업도 하고. ^^

---작업 진행 중--- (기사 100건을 정리하는 중. 1시간에 10건씩 정리, 총 2일 정도 소요)

비현코 대리: 팀장님, 완료했습니다. 최근 뉴스 100개를 정리하고 자주 쓰인 단어를 정리해서 워드클라우드로 정리했고, 기사도 순서대로 엑셀로 정리했으니 보시면 될 듯합니다!

고만해 팀장: 오... 역시 비 대리. 잠시만 기다려 봐!

(팀장이 임원에게 보고를 한다. 임원이 크게 칭찬하는 모습이 보인다.)

비현코 대리: (헐… 불안불안한데…?)

고만해 팀장: 비 대리! 상무님이 이런 좋은 자료는 트렌드 파악을 위해서 매일 아침 팀장/임원 회의 때 쓰고 싶다고 하시네! 앞으로 매일 아침마다 자료 부탁해! ^^

비현코 대리: 아… 네… 알겠습니다. (뭐, 어떻게든 되겠지…)

(며칠 뒤)

고만해 팀장: 자료를 처음 만들 때는 10시간씩 걸렸는데, 이제는 좀 익숙해져서 걸리는 시간이 많이 줄어드니 다행이다. 인터넷 기사를 체크해서 엑셀로 만들고 워드클라우드 작업을 하니까, 이제는 1시간이면 충분히 만드네!

앞으로 우리가 앞으로 우리가 현업 문제를 해결할 때는, 해결 절차를 어느 정도 설계한 후 코드 개발에 들어가는 것이 좋습니다. 그 예로, 앞서 본 상황에서 문제 해결을 어떻게 해내는지 보여드리겠습니다.

먼저, 문제 해결을 어떻게 할지 설계하는 작업부터 시작해 보겠습니다.

> **비현코의 코드 설계 노트** ✏️
>
> 1. 인터넷에 있는 특정 단어('반도체')와 관련된 기사의 제목을 가져온다.
> 2. 가져온 기사를 엑셀 한 시트로 만든다.
> 3. 가져온 기사 제목을 모아서 워드클라우드로 제작한다.

자, 그럼 코드 설계를 마쳤으니 비현코 대리가 처한 상황을 같이 해결해 보겠습니다.

> **❗ Warning _ 모든 코딩 과정을 이해하고 따라하려 애쓰지 마세요!**
>
> 코딩 과정을 시작하기 전에 노파심에 말씀드립니다. 지금은 모든 코딩 과정을 이해하고 따라오려면 벅차서 학습 시간이 많이 걸릴 수 있습니다. 많은 비전공자 분들이 그런 시간을 견디지 못하고 코딩의 문턱을 넘지 못합니다.
>
> 각자의 학습 스타일에 따라 다르겠지만, 이해하기보다는 '아~ 이렇게 쓰는구나!'라고 생각하고 넘어가야 하는 부분도 있습니다. 당장은 모르더라도 시간이 지나면 '아~ 그때 비현코 작가가 이야기했던 말이 이것이었구나' 하고 깨닫는 날들이 분명히 올 것입니다. 마치 우리가 엑셀의 vlookup, if 등의 함수를 쓸 때 동작 원리를 하나하나 이해해서라기보다는 자주 쓰다 보니 외워지는 것처럼 말이죠!

STEP 1 인터넷에 있는 특정 단어와 관련된 기사 100건 가져온다 (직접 코딩)

아래는 Chapter 3에서 본 Selenium을 인터넷에서 가져와서 설치하는 코드입니다. 코드를 직접 입력한 후 실행합니다. (참고로 이 책에서는 Selenium 4.1.5 버전을 사용합니다.)

01 인터넷 열기

Jupyter Notebook에서 아래 코드를 실행합니다. (Jupyter Notebook 실행 방법은 p.58 혹은 p.69를 참조)

```
# 1-1. 인터넷을 연다
# 인터넷 제어를 위한 Selenium 라이브러리(4.1.5 버전) 설치
!pip install selenium == 4.1.5

import selenium
```

> 📓 **Note _ !의 역할**
>
> Jupyter Notebook에서 !는 컴퓨터에 직접 명령을 내리는 작업을 하기 위한 표시입니다.

그 다음 인터넷에 접속합니다.

```python
# 실습에 필요한 라이브러리 가져오기(추후 설명 예정)
# PC 버전
!pip install selenium webdriver_Manager
from selenium import webdriver
from selenium.webdriver.chrome.service import Service
from webdriver_manager.chrome import ChromeDriverManager
from selenium.webdriver.common.by import By
service = Service(executable_path = ChromeDriverManager().install()) # 크롬드라이버 설치
options = webdriver.ChromeOptions()
options.add_argument('--no-sandbox')
driver = webdriver.Chrome(service = service) # 드라이브 열기
```

여기서 인터넷 접속에 대한 코드가 조금 길어 보일 수 있습니다. 간단히 설명하자면, 마지막 줄의 코드 driver = webdriver.Chrome(service =service)는 웹 브라우저를 여는 코드이고 이외의 코드는 인터넷을 구동시키기 위한 기본 코드입니다. 일단 여기까지만 생각하고 넘어가 주시길 바랍니다. (넓고 얕은 게릴라식 학습법을 기억하세요!)

02 웹사이트 접속 후 뉴스 기사 검색

다음은 웹사이트에 접속하는 코드입니다.

```python
# 1-2. 네이버에 접속한다.
driver.get("https://www.naver.com")
```

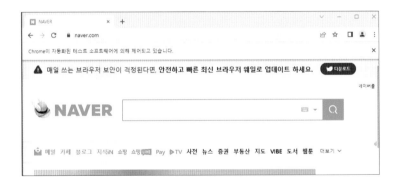

웹사이트 접속 후 검색어를 입력하려면 검색창의 위치를 찾아야 합니다. F12를 눌러 개발자 도구를 열고 해당 요소에 관한 HTML 코드를 찾아냅니다.

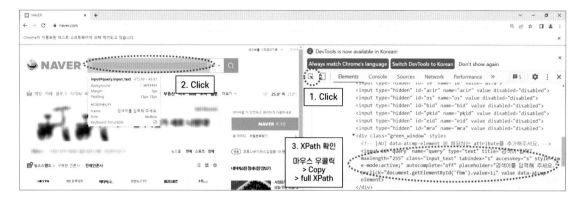

검색창의 위치를 찾았다면, 해당 요소를 변수에 넣고 '반도체'라는 키워드를 입력합니다.

```
# 1-3. 검색창에 '반도체'를 입력해 검색한다
greenbox = driver.find_element(By.XPATH,
"/html/body/div[2]/div[2]/div[1]/div/div[3]/form/fieldset/div/input")
greenbox.send_keys("반도체")
```

검색어 입력 후 검색 버튼을 클릭해야 검색 동작을 하겠죠? 검색 버튼의 위치도 찾아냅니다.

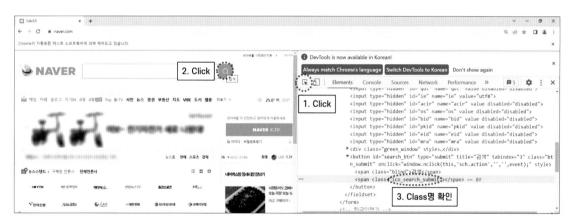

검색 버튼 위치를 찾았으면 클래스명을 잘 보고 똑같이 적어서 코드를 만들어 주세요. .click() 메서드를 활용해서 클릭해 보겠습니다.

```
driver.find_element(By.CLASS_NAME, "ico_search_submit").click()
```

그럼 검색된 결과값이 열리게 됩니다.

이제 뉴스 탭을 찾아서 클릭하면 뉴스 기사까지 찾는 Flow가 완성됩니다. 이대로면 끝난 것 같지만, 우리는 최신 트렌드를 확인하여 시황 보고서를 만들어야 하므로 최신 뉴스를 봐야 합니다.

03 URL을 활용해 뉴스 기사 검색

이쯤에서 '생각보다 자동화 설정 하는데 원시적인 반복 작업이 많이 들어가는 걸?'이라는 생각이 드는 분도 있을 것 같습니다. 파이썬 업무 자동화의 주 목적은 시간을 아끼는 것입니다. 그렇다면 시간을 아끼는 데 초점을 맞춰야겠죠? 지금부터는 앞의 작업을 한 번에 해결할 수 있는 방법을 알려드리겠습니다. 이 방법의 비밀은 바로 URL입니다. 아래의 그림을 잠깐 보겠습니다.

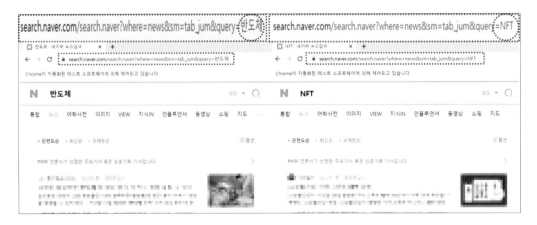

반도체 관련 기사를 보기 위한 경로와 NFT 관련 기사를 보기 위한 경로의 URL인데, 구조가 매우 흡사해 보입니다. URL 마지막이 '반도체' 혹은 'NFT'로, 단어 차이만 있을 뿐 그 외는 모두 같지요.

그렇다면 '반도체'를 검색하는 경로를 직접 타이핑하지 않고 복사 후 붙여넣는 방식으로 코드를 작성해 볼수 있습니다. URL을 복사하여 코드를 완성하겠습니다.

```
# 1-4. 뉴스 탭을 클릭한다(+ 최신순으로 검색)
# 유튜브의 뉴스 탭만 클릭하고 싶으면?
driver.get("https://search.naver.com/search.naver?where=news&sm=tab_jum&query=반도체")
driver.get("https://search.naver.com/search.naver?where=news&sm=tab_jum&query=%E
B%B0%98%EB%8F%84%EC%B2%B4")
```

📓 **Note** _ 컴퓨터가 사람의 문자를 인식하기 위한 과정, 인코딩(encoding)

- 복사(Ctrl + C)한 URL:

```
https://search.naver.com/search.naver?where=news&sm=tab_jum&query=반도체
```

- 붙여넣기(Ctrl + V) 한 URL:

```
https://search.naver.com/search.naver?where=news&sm=tab_jum&query=%E
B%B0%98%EB%8F%84%EC%B2%B4
```

우리가 복사한 것은 분명 '반도체'라는 한글인데, 붙여 넣은 결과는 영숫자 조합으로 나타납니다. 그 이유는 컴퓨터가 한글을 바로 인식하지 못하기 때문입니다. 0과 1 밖에 모르는 컴퓨터가 사람의 문자 정보를를 인지하려면, 사람의 문자 정보를 컴퓨터의 신호로 변환하는 과정을 거쳐야 합니다(이 과정을 인코딩(encoding)이라고 합니다). 최초에는 각 문자에 대응하는 숫자 코드를 할당해서 하나의 문자 집합을 만들었고, 이것이 세계로 확산되면서는 모든 문자를 다룰 수 있는 표준이 생겼습니다. 결국 위의 영숫자 조합은 이 표준에 따라 컴퓨터가 인식할 수 있도록 변환된 것입니다.(한글의 전산화에 대해서 조금 더 알고 싶다면 구글에 ASCII, EUC-KR, CP949를 검색해서 한글을 컴퓨터가 이해하기 위해 만들어진 여러 역사를 살펴보시길 바랍니다).

이렇게 우리는 따로 뉴스 탭을 클릭하지 않고 URL만으로 접속할 수 있습니다. 이제 검색된 내용의 뉴스를 가져와 보겠습니다.

04 검색 결과 가져오기

이제 정보를 가져오는 마지막 단계입니다. 일단 검색으로 출력된 자료들을 가져와야 합니다. 앞에서 배운 대로 F12를 누르고 요소 찾기 아이콘을 눌러 활성화합니다. 이 상태에서 첫 번째 클래스에 마우스를 클릭을 따로 하지 말고 올려만 보겠습니다. 그리고 두 번째 클래스에도 마우스를 올려보도록 하겠습니다. 세 번째와 네 번째도 계속 확인해 보겠습니다. 뭔가 발견한 게 있나요?

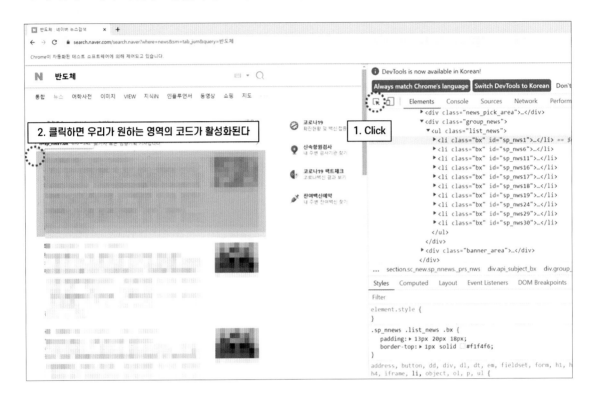

아래의 그림과 같이 기사 하나마다 대응되는 HTML 코드가 있고, 이 코드는 〈li〉〈/li〉 태그로 구성되어 있습니다. 우리는 클래스를 모두 가져와야 하므로 〈li〉〈/li〉 태그로 구성된 요소를 모두 가져와야 합니다.

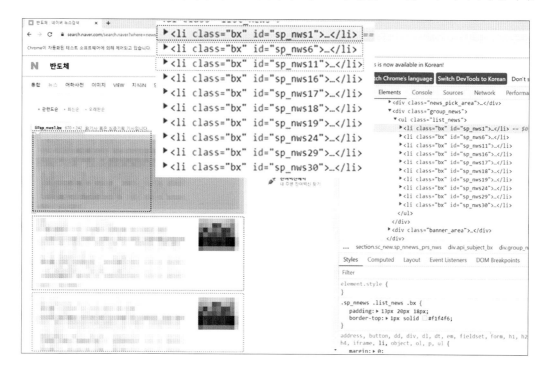

그런데 여기서 의문점이 하나 생깁니다. 우리가 보고 있는 〈li〉 태그는 과연 여기에만 존재할까요? 여기에만 존재할지 아닐지 잘 모르겠다면 코드를 확실하게 설정하는 게 좋습니다. 그래서 기사들이 모여 있는 〈li〉 태그의 상위 요소인 'list_news' 클래스를 모두 가져오겠습니다.

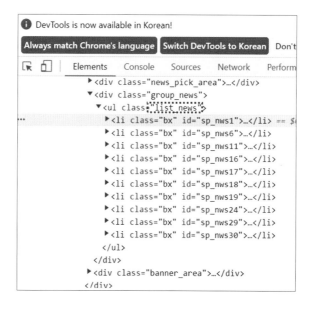

가져온 요소들을 하나씩 리스트에 저장합니다. 다음 코드를 보면서 상세하게 안내하겠습니다.

```
# 1-5. 뉴스 탭에 나오는 기사들을 최신순으로 배열하여 리스트 변수에 담는다.
type(driver.find_elements(By.CLASS_NAME, "list_news"))
first_sel = driver.find_element(By.CLASS_NAME, "list_news")      ①
second_sel = first_sel.find_elements(By.TAG_NAME, "li")      ②
news_title_lists = []
for a in second_sel:                                             ③
    news_title_lists.append(a.text.replace("\n",""))
news_title_lists
```

〈li〉 태그가 포함된 요소부터 먼저 가져오게 되면 'list_news' 클래스 외에 필요 없는 요소까지 모두 가져오는 상황이 발생합니다. 그래서 클래스명이 'list_news'인 요소를 가져오는 것부터 시작합니다.

❶ 클래스명이 'list_news'인 요소(element)를 모두 가져와서 변수 first_sel에 저장합니다.

```
first_sel = driver.find_element(By.CLASS_NAME, "list_news")
```

❷ first_sel에 담긴 요소 중 〈li〉 태그가 포함된 요소를 모두 가져와서 변수 second_sel에 저장합니다. 그러면 'second_sel' 변수에 다양한 정보가 저장됩니다(여기서 말하는 정보는 '데이터 구조'를 의미합니다).

```
second_sel = first_sel.find_elements(By.TAG_NAME, "li")
```

type(second_sel)이라는 명령어를 실행해 보면 'second_sel' 변수는 리스트로 구성되어 있음을 알 수 있습니다.

```
In [38]:  type(second_sel)
Out[38]:  list
```

❸ 이제 가져온 'second_sel'을 하나씩 꺼내서 'news_title_lists'라는 비어 있는 리스트 변수에 기사 내용을 하나씩 저장합니다.

```
news_title_lists = []
for a in second_sel:
    news_title_lists.append(a.text.replace("\n",""))
news_title_lists
```

드디어 for문을 실전에 적용할 때가 왔습니다! 나온 김에 for문의 역할을 짧게 되짚은 다음, ❸ 코드의 for 문을 점검하고 가겠습니다.

for문은 반복문의 한 종류로, 우리가 원하는 데이터를 하나씩 순서대로 가져오는 역할을 합니다. 그럼 여기서 반복해야 할 코드인 news_title_lists.append(a.text.split("\n"))는 어디서 나온 것일까요? 이를 이해하려면 코드를 하나씩 뜯어볼 필요가 있습니다.

second_sel은 여러 기사를 담은 요소들이 모인 리스트입니다. 이 중 요소 1개만 뽑아서 이 구성이 어떠한지 알아보겠습니다.

```
In [39]: second_sel[0]

Out[39]: <selenium.webdriver.remote.webelement.WebElement (session="12521207b8e5c11a58e49bb8
         1df1fa44", element="5e8b4a80-7eef-4e09-845d-248cb6224b19")>
```

위와 같이 리스트의 첫 번째 요소를 불러오면 매우 복잡한 형태로 되어 있습니다. 하지만 결국은 HTML 구조로 되어 있을 것입니다. 이 요소의 HTML 구조를 한 번 알아보겠습니다.

```
In [40]: second_sel[0].get_attribute('innerHTML')

Out[40]: ' <div class="news_wrap api_ani_send"> <div class="news_area"> <div class="news_inf
         o"> <div class="api_save_group _keep_wrap"> <a href="#" role="button" class="btn_sa
         ve _keep_trigger" data-url="http://www.newsis.com/view/?id=NISX20220803_0001966162&
         amp;cID=10800&amp;pID=10800" onclick="tCR(￦'a=nws+h.kep&amp;r=1&amp;i=88000127_0000
         000000000011342473&amp;u=javascript￦'); return false;" aria-pressed="false"><i cl
         ass="spnew ico_save">문서 저장하기</i></a> <div class="api_ly_save _keep_save_laye
```

단순히 하나의 요소인데도 매우 길고 긴 HTML 구조를 가집니다(여기서 get_attribute('innerHTML') 은 해당 요소의 HTML을 모두 가져오게 만듭니다). 여기서 .text라는 메서드를 사용하면 해당 요소에 있는 모든 text를 손쉽게 가져올 수 있습니다. 한번 이 메서드를 실행해 보겠습니다.

```
In [41]: second_sel[0].text

Out[41]: '문서 저장하기￦n뉴시스언론사 선정8시간 전네이버뉴스￦n▓▓▓ ▓▓▓ " ▓▓▓ AI반도
         체 단지 등 현안 힘써달라"￦n(AI) 반도체 특화단지 구축 기반 조성 등 주요 현안에 집권
         ▓▓▓ ▓▓▓는 간담회에서 ▲국가지원형 복합
         쇼핑몰 유치 ▲인공지능 2.0 특화단지 조성 ▲상생형 지역일자리...￦n전남일보1시간 전
         ￦n"AI반도체 집적단지 조성 등 힘 모으자"￦n헤럴드경제4시간 전네이버뉴스￦n▓▓▓
         ▓▓▓ ▓▓▓ AI반도체 단지 등 현안 힘써달라" '
```

텍스트가 추출되긴 했지만 글 중간에 특수 문자들이 덕지덕지 붙은 모습입니다. 위 문자열에서 우리가 원하는 부분만 추출하려면 어떻게 해야 할까요? 이럴 때 쓰는 명령어가 바로 파이썬이 기본 제공하는 메서드인 .split입니다.

.split은 문자열에서 우리가 원하는 문자(혹은 문자열)을 기준으로 문자열을 나누고, 그 결과를 리스트로 반환합니다. 아래는 .split 메서드의 사용 방법입니다.

> 문자열.split("분할하고 싶은 문자의 기준")

예를 들어 abcabcdabcabcd라는 문자를 c로 나누고 싶다면 아래와 같이 작성 후 실행하면 됩니다.

```
text = 'abcabcdabcabcd'
text.split("c")

['ab', 'ab', 'dab', 'ab', 'd']
```

우리가 원하는 텍스트를 가져오기 위한 최선의 분할 방법은 제목 바로 앞에서 문자열을 한 번 자르고, 그 상태에서 제목의 마지막 부분을 나눠주는 것입니다. 아래 그림을 보면 공통으로 보이는 문자열(\n)이 있습니다.

```
In [41]: second_sel[0].text
Out[41]: '문서 저장하기₩n뉴시스언론사 선정8시간 전네이버뉴스₩n         ▒▒ ▒▒ ▒▒ AI반도
         체 단지 등 현안 힘써달라"₩n(AI) 반도체 특화단지 구축 기반 조성 등 주요 현안에 집권
         ▒▒▒ ▒▒ 간담회에서 ▲국가지원형 복합
         쇼핑몰 유치 ▲인공지능 2.0 특화단지 조성 ▲상생형 지역일자리...₩n전남일보1시간 전
         ₩n"AI반도체 집적단지 조성 등 힘 모으자"₩n헤럴드경제4시간 전네이버뉴스₩n▒▒ ▒▒▒
         ▒ ▒▒▒▒ AI반도체 단지 등 현안 힘써달라" '
```

그럼 이 문자열을 기준으로 텍스트 분할을 해보겠습니다.

```
In [42]: second_sel[0].text.split('₩n')
Out[42]: ['문서 저장하기',
         '뉴시스언론사 선정8시간 전네이버뉴스',
         '▒▒▒▒ ▒▒▒▒ AI반도체 단지 등 현안 힘써달라"',
         '(AI) 반도체 특화단지 구축 기반 조성 등 주요 현안에 집권 ▒▒▒ ▒▒ ▒▒▒▒ 요
         청했다. ▒▒▒ ▒▒▒ 간담회에서 ▲국가지원형 복합쇼핑몰 유치 ▲인공지능 2.0
         특화단지 조성 ▲상생형 지역일자리...',
         '전남일보1시간 전',
         '"AI반도체 집적단지 조성 등 힘 모으자"',
         '헤럴드경제4시간 전네이버뉴스',
         '▒▒▒▒ ▒▒▒ ▒▒▒ AI반도체 단지 등 현안 힘써달라" ']
```

텍스트가 깔끔해진 것이 보이시나요? 이로써 우리는 아래와 같은 리스트를 만들었습니다.

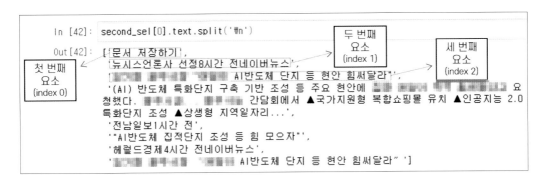

이제 위 리스트에서 인덱스를 이용해 원하는 요소를 가져올 수 있게 되었습니다. 그럼 원래 코드로 돌아와서 모든 요소의 텍스트를 뽑아 보겠습니다.

```
In [43]:  #1-5. 뉴스탭에 나오는 기사들을 최신순으로 배열하여 리스트 변수에 담는다.
          type(driver.find_elements(By.CLASS_NAME,"list_news"))
          first_sel = driver.find_element(By.CLASS_NAME,"list_news")
          second_sel = first_sel.find_elements(By.TAG_NAME,"li")
          news_title_lists = []
          for a in second_sel:
              news_title_lists.append(a.text.replace("\n",""))
          news_title_lists

Out[43]:  ['문서 저장하기뉴시스언론사 선정8시간 전네이버뉴스████ ████ '██████ "AI반도체
          단지 등 현안 힘써달라"(AI) 반도체 특화단지 구축 기반 조성 등 주요 현안에 집권 여당
          이 적극 힘써달라고 요청했다. ████, ████ 간담회에서 ▲국가지원형 복합쇼핑
          몰 유치 ▲인공지능 2.0 특화단지 조성 ▲상생형 지역일자리...전남일보1시간 전"AI반도
          체 집적단지 조성 등 힘 모으자"헤럴드경제4시간 전네이버뉴스████ ████ ██████
          AI반도체 단지 등 현안 힘써달라" ',
           '전남일보1시간 전"AI반도체 집적단지 조성 등 힘 모으자"',
           '헤럴드경제4시간 전네이버뉴스████ ████  "여당이 AI반도체 단지 등 현안 힘써달
          라" ',
```

news_title_lists라는 비어 있는 리스트 변수를 만들고, 우리가 뽑아낸 텍스트를 리스트의 요소로 하나씩 추가했습니다. 이렇게 텍스트가 든 리스트가 만들어졌습니다.

가져온 기사를 엑셀 한 시트로 만든다 (직접 코딩)

Step 1에서 가져온 데이터를 가공하여 엑셀로 저장할 차례입니다. 이번 Step에서는 새로운 파이썬 라이브러리를 만나볼 텐데요. 바로 **pandas** 라이브러리입니다.

> 📋 **Note** _ pandas 라이브러리
>
> pandas는 파이썬 사용자들이 데이터 처리를 쉽게 할 수 있도록 도와주는 라이브러리(코드 묶음)입니다. 데이터를 관리하고 정리할 때 활발히 쓰이며 이외에도 정말 다양한 기능들이 있습니다. pandas가 제공하는 기능의 종류와 사용법을 알고 싶다면 다음 링크를 참조하시길 바랍니다. (참고로 4장에서 pandas 라이브러리를 좀 더 깊게 다룰 예정입니다.)
>
> **[링크]** https://pandas.pydata.org/docs/

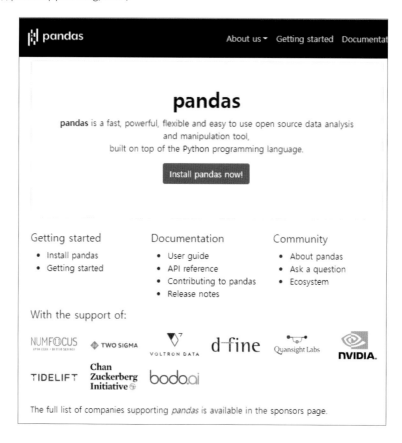

우리가 만든 리스트를 pandas 라이브러리에서 활용 가능한 데이터 구조로 변경한 후, 이 구조를 엑셀 파일로 저장해 볼 것입니다. 어떤 데이터 구조로 만들어지는 건지 궁금하실 법해 이번 실습의 결과를 미리 보여드리겠습니다.

pandas 라이브러리를 활용해 다음과 같이 엑셀 파일을 생성할 것입니다.

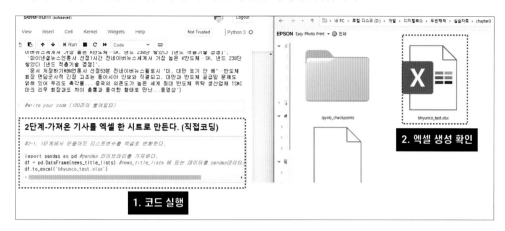

생성된 엑셀 파일을 열면 우리가 가져온 유튜브 관련 기사들이 순서대로 정리된 모습을 볼 수 있습니다. 리스트 구조가 표 형태로 가공되어 훨씬 보기 편해졌습니다.

	0
0	문서 저장하기뉴시스언론사 선정8시간 전네이버뉴스
1	전남일보1시간 전"AI반도체 집적단지 조성 등 힘 모으자"
2	헤럴드경제4시간 전네이버뉴스 AI반도
3	문서 저장하기이데일리언론사 선정3시간 전네이버뉴스삼성 '효율
4	뉴시스6시간 전네이버뉴스반도체 혹한기' 대비...삼성·SK하이닉스
5	문서 저장하기아이뉴스24언론사 선정7시간 전네이버뉴스文 제작
6	국제신문언론사 선정6시간 전네이버뉴스'수도권 반도체 중심' 국
7	연합뉴스8시간 전네이버뉴스'반도체 특별법' 내일 시행...특화단지
8	한겨레8시간 전네이버뉴스'반도체 특별법' 4일 시행...9~10월 국
9	파이낸셜뉴스8시간 전네이버뉴스국가첨단전략산업법 시행..반도
10	문서 저장하기파이낸셜뉴스2시간 전네이버뉴스
11	뉴시스3시간 전네이버뉴스 '반도체 단지 유치·국
12	국민일보3시간 전네이버뉴스 반도체 등 현안 해결
13	문서 저장하기한국경제언론사 선정A1면 1단2시간 전네이버뉴스
14	문서 저장하기연합뉴스언론사 선정11시간 전네이버뉴스

이제 pandas 라이브러리로 데이터가 어떤 형태로 가공되는지 이해되셨나요? 그럼 본격적으로 실습을 진행하겠습니다.

01 리스트 변수를 pandas 데이터프레임으로 변환

다음 코드를 하나하나 해석해 보겠습니다.

```
# 2-1. 1단계에서 만든 리스트 변수를 pandas 데이터프레임으로 변환한다.
import pandas as pd # pandas 라이브러리를 가져온다.
df = pd.DataFrame(news_title_lists) # news_title_lists 에 있는 데이터를 pandas 데이터프레임으로 저장한다.
```

첫 번째 줄 코드는 pandas 라이브러리를 가져오고, 앞으로 이 라이브러리를 활용할 시 'pd'라는 형태로 간추려 쓰겠다는 뜻입니다.

그 다음 줄 코드는 df라는 변수에 news_title_lists 리스트를 pandas 데이터 프레임으로 변환시킨 데이터로 저장합니다.

데이터프레임(DataFrame)은 데이터를 표 형태로 처리할 수 있도록 만드는 구조로, 우리가 배운 데이터 구조인 리스트, 딕셔너리뿐만 아니라 다른 데이터 구조도 데이터프레임으로 가공할 수 있습니다. 물론 리스트와 딕셔너리로도 다양한 데이터를 설계해서 활용할 수 있지만, 조금 더 편리하게 데이터를 관리할 목적으로 데이터프레임을 활용하는 것이라고 생각하시면 좋겠습니다.

예를 들어 앞서 .split 메서드를 소개했을 때 만든 리스트(p.178 참조)로 데이터프레임을 만들어 본다면 다음과 같습니다. (아래 표는 마지막 줄 df를 실행한 결과입니다.)

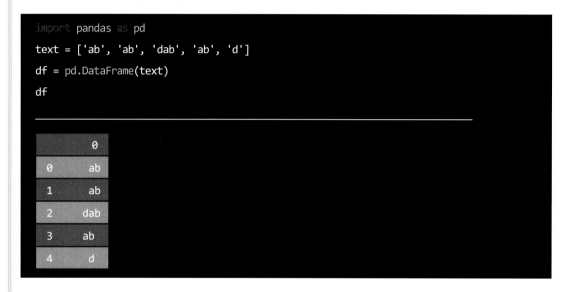

이처럼 우리가 만든 리스트도 데이터프레임으로 변환하면 엑셀 표처럼 구성됩니다.

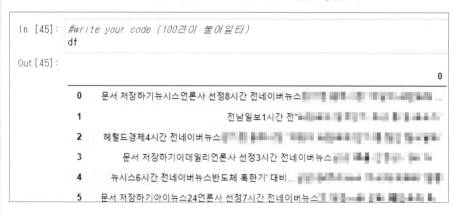

이렇게 만들어진 데이터프레임을 활용할 수 있으려면 다양한 pandas 문법을 알아야 합니다. 이번 실습에서 쓸 pandas 문법은 데이터프레임을 다루기 위한 도구라기보다는 현업에서 하는 하나의 업무를 정리하기 위해서 배우는 개념 정도로 생각하고 넘어가시면 되겠습니다. pandas는 다른 실습에서도 계속해서 다룰 예정입니다.

02 pandas 데이터프레임을 엑셀 파일로 변환

이번에는 pandas 라이브러리에 포함된 `.to_excel`이라는 메서드를 활용해 df 변수를 엑셀 파일로 만들어 보겠습니다.

```
# 2-2. pandas 데이터프레임을 엑셀로 변환한다.
df.to_excel('bhyunco_test.xlsx')
```

이렇게 우리가 만든 리스트를 pandas 데이터프레임으로 변환한 후 엑셀로 변환하는 과정까지 마쳤습니다. 사실 리스트를 바로 엑셀로 변환할 방법도 있지만 이 실습의 목표는 리스트를 엑셀로 빠르게 변환하기 위함이 아닙니다. pandas 데이터프레임을 만들고 그 데이터를 보여주는 방법을 습득하는 것입니다. 이 점 참고해 주시길 바랍니다.

> 💡 **Tips** _ 데이터프레임을 엑셀로 저장하는 이유
>
> 데이터프레임을 굳이 엑셀로 저장하는 이유는 우리가 만드는 자료를 우리만 볼 것이 아니기도 하고, 중간중간 데이터 백업을 위한 용도로 요긴하게 쓰이기 때문입니다. 특히 일반 현업 환경에서는 동료 직원들이 대부분 파이썬을 사용하지 않기 때문에 누구나 볼 수 있는 엑셀 형태로 변환해야 할 때가 있습니다.

STEP 3   가져온 기사 제목을 워드클라우드로 제작한다 (코드 활용)

앞서 만든 리스트에 포함된 문자열을 워드 클라우드로 만들어 보겠습니다. 이번에 활용할 것은 **word-cloud** 라이브러리입니다. wordcloud를 만드는 코드를 공식 문서에서 가져와서, 우리의 상황에 맞게 바꿔 쓸 것입니다. (해당 실습에서는 wordcloud 버전 1.8.1을 사용합니다.)

[링크] https://amueller.github.io/word_cloud/

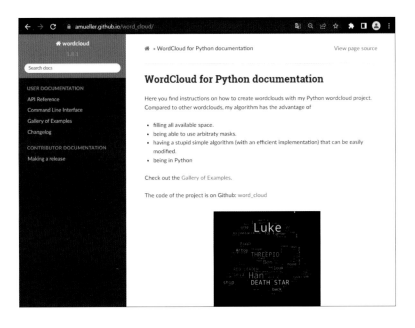

매 실습에 새로운 라이브러리가 등장하는데, 그때마다 해당 라이브러리의 모든 것을 이해하고 프로그래밍 한다는 생각은 하지 않아도 됩니다. 우리가 라이브러리를 이용하는 이유는 어디까지나 현업 업무에 활용하기 위해서입니다. 오랜 시간을 들여 라이브러리를 이해하고 직접 코드를 작성하기보다는 공식 문서나 다른 사람들이 만든 코드를 활용해서 우리의 상황에 맞게 변환하여 활용하는 능력이 매우 중요합니다.

라이브러리를 하나하나 학습한다고 생각하지 마시고, 내가 필요한 기능이 있을 때 Google 검색으로 다양한 라이브러리를 접해 보세요. 라이브러리를 검색할 수 있는 능력을 길러 나가는 것이 라이브러리를 분석하는 것보다 더 중요하다는 점을 꼭 기억해 주시길 바랍니다.

다음 코드에서 주요 부분만 골라서 해석하겠습니다.

```
!pip install wordcloud == 1.8.1
import WordCloud
from wordcloud import WordCloud, STOPWORDS
stopwords = set(STOPWORDS) # 불(Bool) 용어 지정 (조사 등)
wc = WordCloud(font_path = "BMJUA_ttf.ttf", stopwords = stopwords)   ①
wc.generate(str(news_title_lists))   ②
wc.to_file('wordcloud.png')   ③
```

❶ BMJUA_ttf.ttf는 워드클라우드에 들어가게 될 font를 의미합니다. (이 폰트 파일은 제가 따로 다운로드해서 실습 자료 폴더에 넣어 두었습니다.)

❷ str(news_title_lists)는 우리가 만든 리스트를 문자열로 바꿔주는 코드입니다. 그리고 .generate 라는 워드클라우드 메서드를 사용해서 워드클라우드를 생성합니다.

❸ 워드클라우드로 저장할 사진 파일의 이름을 wordcloud.png로 정하는 것을 의미합니다. 실제로 해당 코드를 실행시키면 다음과 같이 파일이 생성되는 것을 알 수 있습니다.

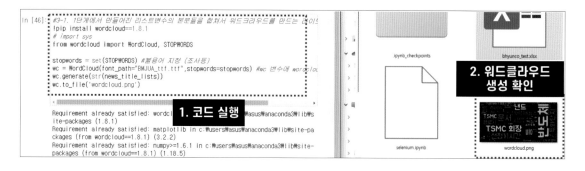

해당 파일을 열어보면 아래와 같은 모습을 확인할 수 있습니다. 이로써 반도체 관련 인터넷 기사가 워드 클라우드로 정리되었습니다.

Summary

이번 장에서는 인터넷 자동화가 왜 필요한지 알아보고, Selenium을 학습했습니다. Selenium은 인터넷을 연 상태로 우리가 하는 동작들을 하나씩 자동으로 해 줄 수 있는 라이브러리였습니다. 인터넷 접속부터 클릭 및 정보 획득 등의 기본적인 기술을 배웠습니다. 그리고 배운 기술들을 활용하여 현업 문제를 해결하였습니다.

이제 여러분은 파이썬으로 인터넷을 자유자재로 다룰 수 있게 되었습니다. 당장 큰 기능을 만든다고 생각하지 마시고, 아주 작은 기능부터 하나씩 만들어 보면서 시작하시길 바랍니다. 저도 첫 시작은 인터넷에 댓글이 달렸는지 없는지 확인만 하는 수준의 작은 프로그램이었습니다. 작은 프로그램을 여럿 만들고 그 기능들을 모아서 쭉 합쳐 보니 지금은 저의 여러 업무를 자동으로 해결하는 경지에 이르게 되었습니다. 다음 장에서는 이렇게 인터넷에서 확보한 데이터 및 결과물을 가지고 편집 및 관리를 하는 방법을 배워 보겠습니다. 그럼 다음 장에서 뵙겠습니다.

Chapter 04

[업무 유형 2]

데이터 처리 자동화
(데이터 관리 & 편집 자동화)

▶▶ Contents

4.0 챕터를 시작하기 전에

똑같은 엑셀 파일 수십 개, 취합하다 날 새겠네

일을 하다 보면 종종 엑셀 데이터를 관리, 편집하는 작업을 반복해야 할 경우가 있습니다. 가령 여러 팀이 보낸 자료를 취합하는 일이나 여러 결과 데이터를 통계하여 하나의 파일로 만드는 작업이 그러한데요. 이런 일을 최소화하는 데는 생각보다 시간이 많이 걸리게 됩니다. 우리는 개발자도 아니고, 고도의 과학 계산 등을 해결하는 데이터 사이언티스트도 아니라서 고사양의 컴퓨터 환경을 기대하기 어렵기에, 처리 속도가 정말 절망적으로 느린 경우가 많습니다. 매달 수십 개의 팀에서 보낸 자료를 쉽게 취합하기 위해서 이런 저런 방법을 써보지만, 엑셀 파일을 열어 그 안의 데이터를 전체 취합 데이터로 옮기고, 또 그것을 수십 번 반복하다 보면 하루가 다 가게 됩니다. 정작 시간을 내서 많은 생각과 조사를 해야 하는 신규 프로젝트 기획에는 상대적으로 시간을 못 쓰게 되고, 작년에 했던 똑같은 보고서에 내용만 약간 수정해서 기획을 올립니다. 혹은 근무 시간 중에 그러한 작업을 하고 야근을 통해서 업무를 소화해내야 하는 경우가 많습니다.

이 글을 읽고 '어? 내 이야기인데?'라고 생각하시는 분이 계신가요? 혹시 나만 그런 건 아닐까라고 생각하셨다면 안심(?)하세요. 당신은 혼자가 아닙니다. 많은 사람들이 겪고 있는 문제죠. 데이터 편집 자동화는 이런 사소한 문제를 해결할 수도 있고, 좀 더 나아가 많은 고차원적인 문제를 해결할 수 있습니다. 이번 장에서는 자료 편집 자동화를 배워 보겠습니다.

4.1 데이터 처리 자동화의 필요성

빅데이터라는 거창한 말을 쓰지 않더라도 모든 업무에는 데이터를 다룹니다. 단순히 여러 개의 엑셀 파일을 하나씩 합치는 작업, 수십 수백 개의 행으로 이루어진 엑셀 파일에서 유의미한 그래프를 그리는 작업도 모두 데이터 정리가 필요한 일입니다. 그런 의미에서 데이터 편집은 모든 업무의 기본이라고 할 수 있습니다.

그런데 이런 생각을 하는 분도 계실 것 같습니다.

'우리에게 자주 사용하는 프로그램이 엑셀이고, 엑셀만으로도 데이터 정리가 되는데
왜 파이썬을 이용한 자동화가 필요한 거지?'

우리에게 파이썬을 이용한 데이터 편집 자동화가 필요한 이유는 무엇일까요? 다음 예를 통해 알아보겠습니다. 먼저 아래 그림을 보겠습니다.

자료편집? 파이썬 프로그램 없이도 잘 되는데?

	a	b	c
가	1	10	100
나	1,000	10,000	100,000
다	1,000,000	10,000,000	100,000,000

	가	나	다
a	1	1,000	1,000,000
b	10	10,000	10,000,000
c	100	100,000	100,000,000

가	a	1
가	b	10
가	c	100
나	a	1,000
나	b	10,000
나	c	100,000
다	a	1,000,000
다	b	10,000,000
다	c	100,000,000

왼쪽의 간단한 표를 오른쪽의 형태로 바꾸는 작업, 많이들 하시죠? 오른쪽 위의 표는 행/열을 서로 교환한 것이고 오른쪽 아래의 표는 행 값인 a, b, c를 하나의 열로 바꾼 것으로, 통계 작업을 할 때 더 용이하게 만드려는 목적으로 만듭니다. 이런 작업은 당연히 엑셀로 하는 것이 훨씬 쉽습니다.

하지만 만약 여기에 조건이 하나 붙는다면 어떨까요?

자료편집? 파이썬 프로그램 없이도 잘 되는데?

X × 100?

	가	나	다
a	1	1,000	1,000,000
b	10	10,000	10,000,000
c	100	100,000	100,000,000

	a	b	c
가	1	10	100
나	1,000	10,000	100,000
다	1,000,000	10,000,000	100,000,000

가	a	1
가	b	10
가	c	100
나	a	1,000
나	b	10,000
나	c	100,000
다	a	1,000,000
다	b	10,000,000
다	c	100,000,000

여러분은 엑셀로 저 작업만 100번 반복하실 수 있나요? 그럴 시간이 없다면 파이썬을 이용한 데이터 편집 자동화가 필요합니다!

한정된 업무 시간을 효율적으로 쓰고자 한다면, 자료(데이터) 정리/편집 작업 자동화를 시작해 보세요. 여러분의 업무 시간을 비약적으로 아낄 수 있게 될 것입니다.

4.2 데이터 처리 자동화 종류 및 기본 문법

먼저 파이썬을 이용한 데이터 편집 자동화로 무엇을 할 수 있는지 알고, 실습을 통해 pandas 기본 문법을 배워 보겠습니다.

> 📋 **Note** _ pandas 라이브러리 좀 더 자세히 알아보기
>
> pandas는 데이터 조작 및 분석을 위한 Python 프로그래밍 언어용으로 작성된 소프트웨어 라이브러리입니다. 3장의 현업 실습에서 본 데이터프레임처럼 열과 행으로 이루어진 데이터를 처리할 수 있으며, 특히 숫자 테이블과 시계열을 조작하기 위한 데이터 구조와 연산을 제공합니다.
>
> 데이터를 처리하는 업무 자동화에서는 pandas 없이는 아무것도 못한다고 (혹은 어렵다고) 할 정도로 pandas는 매우 중요한 라이브러리입니다. 다양한 활용 방법이 있지만 우리는 가장 기본적인 사용법만 배워서 활용을 극대화해 볼 것입니다.

4.2.1 파이썬을 이용한 데이터 편집 자동화 종류

파이썬을 이용한 데이터 편집으로 무엇을 할 수 있는지 그 종류를 몇 가지 살펴보겠습니다.

01 수십 개의 열로 이루어진 수십 개의 데이터를 하나의 파일로 합치기

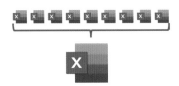

02 각 데이터에서 필요한 내용만 추출하여 가져오기

가	a	1
가	b	10
가	c	100
나	a	1,000
나	b	10,000
나	c	100,000
다	a	1,000,000
다	b	10,000,000
다	c	100,000,000

라	a	1
라	b	10
라	c	100
마	a	1,000
마	b	10,000
마	c	100,000
바	a	1,000,000
바	b	10,000,000
바	c	100,000,000

사	a	1
사	b	10
사	c	100
아	a	1,000
아	b	10,000
아	c	100,000
자	a	1,000,000
자	b	10,000,000
자	c	100,000,000

⇨

가_a	1
가_b	10
가_c	100
나_a	1,000
나_b	10,000
나_c	100,000
다_a	1,000,000
다_b	10,000,000
다_c	100,000,000

라_a	1
라_b	10
라_c	100
마_a	1,000
마_b	10,000
마_c	100,000
바_a	1,000,000
바_b	10,000,000
바_c	100,000,000

사_a	1
사_b	10
사_c	100
아_a	1,000
아_b	10,000
아_c	100,000
자_a	1,000,000
자_b	10,000,000
자_c	100,000,000

가_a	1
가_b	10
가_c	100
나_a	1,000
나_b	10,000
나_c	100,000
다_a	1,000,000
다_b	10,000,000
다_c	100,000,000
라_a	1
라_b	10
라_c	100
마_a	1,000
마_b	10,000
마_c	100,000
바_a	1,000,000
바_b	10,000,000
바_c	100,000,000
사_a	1
사_b	10
사_c	100
아_a	1,000
아_b	10,000
아_c	100,000
자_a	1,000,000
자_b	10,000,000
자_c	100,000,000

03 2차원 데이터를 3차원 데이터로 변환하여 가져오기

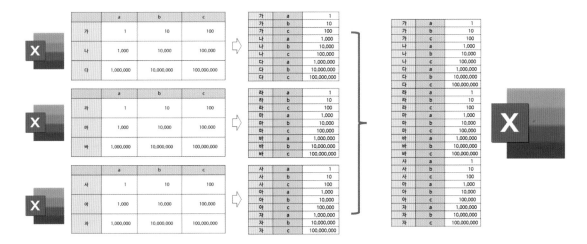

그림으로 보니 어떤 경우에 활용하는지 조금 이해가 되시나요? 사실 보여드린 예시 외에도 데이터 편집 자동화를 사용할 일은 무궁무진합니다. 다음 실습에서 데이터 편집 자동화를 위한 기본기를 알려드릴 것입니다. 하루하루 여러분이 겪는 반복 업무를 많이 줄일 수 있는지 경험해 보겠습니다.

4.2.2 데이터 편집 자동화를 위한 pandas 기본 문법

4.2.1에서 살펴본 예시와 같은 작업을 하려면 지금까지 배운 파이썬 문법만으로는 구현하기 어렵습니다. 파이썬 라이브러리인 pandas의 문법을 활용해야 합니다. 따라서 지금부터 실습을 통해 pandas 라이브러리의 기본 문법을 익혀볼 것입니다.

◉ **실습 파일 경로:** chapter4/data_edit.ipynb

Jupyter Notebook으로 해당 챕터의 data_edit.ipynb 파일을 열어 주세요. 준비가 되셨다면 시작해 보겠습니다.

STEP 0 사전 준비

먼저 pandas 라이브러리를 설치해 줍니다. 해당 라이브러리는 1.4.3 버전을 사용하도록 하겠습니다.

```
!pip install pandas == 1.4.3
import pandas as pd
```

(위 코드 외에도 밑에 다양한 주석이 많이 담긴 코드가 있는데, 이는 자료를 다운로드하기 어려울 경우를 대비하여 필자가 준비한 코드입니다. 신경 쓰지 마시고 다음으로 넘어가 주세요.)

STEP 1 현업 적용 코드 미리보기

인터넷 자동화에서도 경험해 보셨겠지만, 코드를 짜기 전에 최종 결과물이 어떤 식으로 만들어져야 하는지 설계하는 것은 매우 중요합니다. 개발 목표를 명확히 해서 개발 내용이 우왕좌왕하지 않도록 하는 것이죠. 이번에도 결과물을 만들기 위해 작업이 어떤 식으로 이루어져야 하는지를 도식화해 보겠습니다.

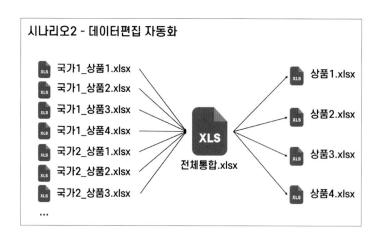

상품별로 정리한 44개의 엑셀 파일을 하나의 파일로 통합한 후, 국가별이 아닌 상품별로 데이터를 나누는 작업을 해보겠습니다(해당 국가/상품별 엑셀 파일은 new_data2 폴더 안에 있습니다).

위의 44개의 엑셀 파일이 아래의 코드로 5개의 파일로 변환되는 과정을 확인해 보겠습니다.

```python
# 1. 필요한 라이브러리 설치하기
import pandas as pd
import os
# 기초 폴더
basic_folder = 'new_data2'  # new_data의 한글 데이터(단, 코랩(colab)에서 압축 해제시 한글 파일이
문제가 있을 수 있음)
# 영어로 전환하고 싶다면 'new_data2'로 바꿔야 함
# 2. 취합할 엑셀 파일의 자료 가져오기
file_list = os.listdir(f"./{basic_folder }")
file_list_xls = []
for a in file_list:
    if ".xlsx" in a:
        file_list_xls.append(a)
file_list_xls
# 3. 각 엑셀 파일을 원하는 구조로 편집한 후 취합하여 통합 파일 만들기
data_unit_sum = pd.DataFrame()
for b in file_list_xls:
    df = pd.read_excel(f"./{basic_folder}/" + b)
    df['나라'] = b.split("_")[1]
    data_unit = df[['나라', '조사제품', '제목', '내용']]
    data_unit_sum = pd.concat([data_unit_sum, data_unit], axis = 0)
data_unit_sum.to_excel('combined_excel.xlsx')
# 4. 만들어진 파일을 기반으로 제품별로 구분하여 분할 저장하기
product_list = data_unit_sum['조사제품'].value_counts()
for d in dict(product_list):
    xls_name = data_unit_sum[data_unit_sum['조사제품'] == d]
    xls_name.to_excel(f"{d}.xlsx")
```

위 코드를 하나하나 설명해 드리는 것은 현업 실습에서 하고, 지금은 코드 실행 결과부터 보겠습니다.

코드를 실행시키면 아래와 같은 파일들이 나타납니다.

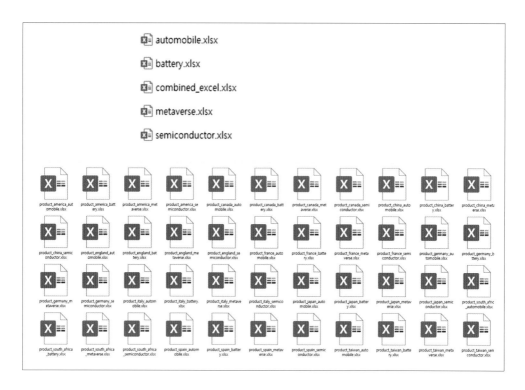

이 파일들이 앞서 도식화한 것의 결과값입니다. combined_excel.xlsx은 전체 통합 엑셀 파일이고, 이외 4가지는 상품별로 분할된 엑셀 파일입니다. 어떻게 이렇게 짧은 코드로 이 많은 작업을 한 번에 끝낼 수 있는 걸까요?

이 작업의 핵심은 pandas 문법입니다. 앞서 본 코드에는 기본 파이썬 문법뿐만 아니라 pandas 문법도 활용되었습니다. pandas 라이브러리는 파이썬을 사용하면서 계속 만나게 될 테니 손이 익숙해져야 합니다. 다음 Step에서는 pandas 기본기를 간단히 짚고 넘어가도록 하겠습니다.

01 pandas로 할 수 있는 일

pandas 라이브러리의 기본 문법을 배우기 전에, pandas의 강력한 힘을 한번 체험해 보겠습니다. 코드를 이해하기보다는 눈으로 좇으면서 어떤 일을 할 수 있는지 알아봅시다.

■ Pandas 활용 예시 1

```python
df = pd.read_excel("excel_sample.xlsx")
df1 = df.transpose()
df1 = df1.rename(columns = df1.iloc[0])
df1 = df1.drop(df1.index[0])
display(df1)
df1.to_excel("excel_sample_trans.xlsx")
df2 = df
df2.index = df2['Unnamed: 0'].values
df2.drop(['Unnamed: 0'], axis = 1, inplace = True)
display(df2)
```

위의 코드는 pandas로 우리가 원하는 엑셀 파일을 열고, 해당 파일의 행과 열을 바꾸는 작업을 할 수 있습니다.

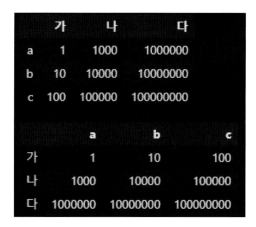

하나의 파일을 이렇게 바꾸는 것은 사실 엑셀로도 가능합니다. 하지만 이런 작업을 수십, 수백 번 해야 한다면 이야기는 달라지겠지요. (저도 처음에는 엑셀을 잘 썼기 때문에 왜 pandas를 써야 하는지를 알지 못했지만 최근에는 반복적인 엑셀 작업은 대부분 pandas를 활용해서 하고 있습니다.)

다른 예시도 보겠습니다.

■ Pandas 활용 예시 2

```python
import os
file_list = os.listdir('row-columns_trans/')
for file in file_list:
    df = pd.read_excel(f"row-columns_trans/{file}")
    df1 = df.transpose()
    df1 = df1.rename(columns = df1.iloc[0])
    df1 = df1.drop(df1.index[0])
    display(df1)
    df1.to_excel(f"row-columns_trans/rctrans_{file}")
    df2 = df
    df2.index = df2['Unnamed: 0'].values
    df2.drop(['Unnamed: 0'], axis = 1, inplace = True)
    df2
    display(df2)
```

결과값을 한 번 확인해 볼까요? 자세한 코드 내용은 몰라도 앞서 구동한 DataFrame의 행/열 교차를 여러 번 하였고, 우리가 배운 for문과 pandas 문법이 합쳐진 것을 알 수 있습니다.

또 다른 예시 하나 더 보고 가겠습니다.

■ Pandas 활용 예시 3

```python
import pandas as pd
df = pd.DataFrame({'month':[1, 4, 7, 10],
                   'year':[2012, 2014, 2013, 2014],
                   'sale':[55, 40, 84, 31]})
df2 = pd.DataFrame({'month':[3, 5, 11, 10],
                    'year':[2015, 2016, 2017, 2018],
                    'sale':[12, 20, 34, 41]})
df.transpose()
pd.concat([df, df2])
df = df.transpose()
display(df)
df2 = df2.transpose()
display(df2)
data = pd.concat([df, df2])
display(data)
```

코드를 실행하면 다음과 같이 2개의 데이터(df와 df2)가 하나(data)로 합쳐집니다. 이 또한 for문과 결합한다면 그 결과는 어떨까요? 이처럼 우리가 반복적으로 데이터 편집 작업을 해야 할 때 pandas를 사용하면 상당한 시간을 아낄 수 있습니다.

02 pandas 기본 문법

자, 그럼 본격적으로 pandas 기본 문법을 학습해 보도록 하겠습니다.

먼저 pandas를 사용하기 위해 외부에서 라이브러리를 가져옵니다(앞서 말씀드렸듯이 1.4.3 버전을 활용해 실습하겠습니다).

```
# pandas 라이브러리 설치
pip install pandas == 1.4.3
import pandas as pd
```

그 다음 데이터를 가져와 보겠습니다.

```
data = pd.read_csv("test_df.csv")
data = data.set_index ("행번")
data
```

앞의 코드를 실행하면 어떤 헬스장의 회원들의 이름/조사일/몸무게/단위/트레이너/지점명 등이 나옵니다. pandas에서는 다음과 같이 여러 행과 열로 이루어진 표 형식의 데이터 구조를 **DataFrame(데이터프레임)**이라고 합니다. 우리는 이를 가지고 pandas 기본 문법 연습을 해볼 것입니다.

행번	이름	조사일	몸무게	단위	트레이너	지점명
1	비현코	2019-01-01	70.0	kg	jason	잠실동
2	비현코	2019-03-01	68.0	kg	jason	잠실
3	비현코	2019-06-01	NaN	kg	jason	잠실동
4	비투코	2019-01-01	80.0	kg	jason	잠실
5	비투코	2019-03-01	75.0	kg	jason	잠실
6	비투코	2019-06-01	NaN	kg	jason	잠실
7	비사코	2019-01-01	89.0	kg	cherry	강남
8	비사코	2019-03-01	NaN	kg	cherry	강남
9	비사코	2019-06-01	92.0	kg	cherry	강남

데이터를 이용하려면 그 구조를 잘 알아야 합니다. 다음 그림을 참고하여 DataFrame의 구조를 익히고 용어를 숙지해 주세요.

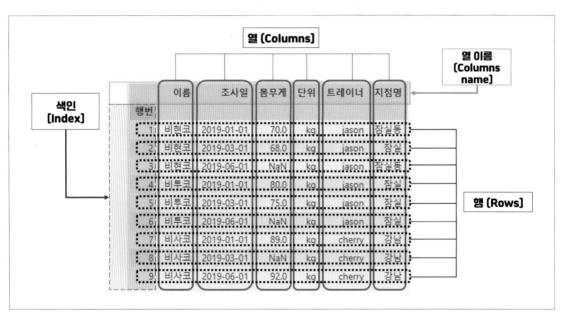

DataFrame의 구조

용어를 숙지하였다면 다음으로 넘어가 pandas 기본 문법을 익혀 보겠습니다. 코드를 직접 쳐 보면서 따라오시길 바랍니다.

[데이터 확인]

먼저 DataFrame의 구조를 이용한 데이터 확인 방법을 알아보겠습니다.

■ 인덱스 확인

```
data.index
```

■ 열 이름 확인

```
data.columns
```

■ 행/열 구조 확인

데이터프레임의 행/열 구조를 알 수 있습니다. 우리가 현재 보는 데이터프레임은 9*6으로 구성되어 있습니다.

```
data.shape
```

■ 최초 5개의 행 확인

데이터프레임의 최초 5개의 행(row)을 출력합니다. 만약 괄호 안에 숫자를 넣으면 그만큼 출력해 줍니다.

```
data.head()
```

■ 마지막 5개의 행 확인

데이터프레임의 마지막 5개의 행(row)를 출력합니다. head와 마찬가지로 괄호 안에 숫자를 넣으면 그만큼 출력해 줍니다.

```
data.tail()
```

[기본 연산]

이번에는 기본 연산에 대해서 알아보겠습니다.

■ 데이터 열 값의 평균치

```
data["몸무게"].mean()
```

■ 데이터 열 값의 최솟값

```
data["몸무게"].min()
```

■ 데이터 열 값의 최댓값

```
data["몸무게"].max()
```

■ 데이터 열 값의 합계

```
data["몸무게"].sum()
```

■ 기본 통계치

기본 통계치를 알려줍니다.

```
# 기본 통계치(데이터 개수/평균/표준편차/최소/1사분위수(25%), 2사분위수(50%), 3사분위수(75%)/최대)

data["몸무게"].describe()
```

[데이터 편집]

■ 값 변경

기존 값을 바꾸고 싶은 값으로 변경할 수 있습니다. 예를 들어 잠실동이라는 데이터를 잠실로 바꾸는 작업을 할 수 있습니다.

```
data["지점명"] = data["지점명"].replace("잠실동", "잠실")

data
```

아래는 위 코드를 실행한 결과입니다.

행번	이름	조사일	몸무게	단위	트레이너	지점명
1	비현코	2019-01-01	70.0	kg	jason	잠실
2	비현코	2019-03-01	68.0	kg	jason	잠실
3	비현코	2019-06-01	NaN	kg	jason	잠실
4	비투코	2019-01-01	80.0	kg	jason	잠실
5	비투코	2019-03-01	75.0	kg	jason	잠실
6	비투코	2019-06-01	NaN	kg	jason	잠실
7	비사코	2019-01-01	89.0	kg	cherry	강남
8	비사코	2019-03-01	NaN	kg	cherry	강남
9	비사코	2019-06-01	92.0	kg	cherry	강남

잠실동
->
잠실

■ 결측치

결측치를 찾아줍니다.

```
data["몸무게"].isnull()
```

> 📋 **Note** _ 결측치
>
> 위 코드를 실행하면 NaN이라는 값이 보일 것입니다. 이 값을 결측치라고 하며, 값이 아예 없음을 의미합니다(참고로 0은 값이 있는 데이터입니다). 데이터 분석을 할 때 결측치가 있으면 여러 통계 기법이 먹통이 되는 경우가 종종 있습니다. 그래서 결측치를 잘 관리하는 것이 중요한데 pandas는 사용자들이 이 기능을 손쉽게 쓸 수 있도록 제공합니다.

결측치(NaN)를 75.8kg으로 대신해서 채워 보겠습니다.

```
data["몸무게"] = data["몸무게"].fillna(75.8)
```

코드를 실행하면 결측치가 다른 값으로 대체된 것을 확인할 수 있습니다.

행번	이름	조사일	몸무게		몸무게	단위	트레이너	지점명
1	비현코	2019-01-01	70.0		70.0	kg	jason	잠실
2	비현코	2019-03-01	68.0		68.0	kg	jason	잠실
3	비현코	2019-06-01	NaN		75.8	kg	jason	잠실
4	비투코	2019-01-01	80.0		80.0	kg	jason	잠실
5	비투코	2019-03-01	75.0		75.0	kg	jason	잠실
6	비투코	2019-06-01	NaN		75.8	kg	jason	잠실
7	비사코	2019-01-01	89.0		89.0	kg	cherry	강남
8	비사코	2019-03-01	NaN		75.8	kg	cherry	강남
9	비사코	2019-06-01	92.0		92.0	kg	cherry	강남

■ 열 데이터 옮기기

새로운 열을 명명해서 추가하고, 기존 열의 데이터를 위 또는 아래로 n행씩 옮길 수 있습니다. 예를 들어 몸무게 열의 데이터를 아래로 1행씩 옮기거나 위로 1행씩 옮긴 형태의 열을 추가할 수 있습니다.

```
data["몸무게(prev+1)"] = data["몸무게"].shift(1)
data["몸무게(next-1)"] = data["몸무게"].shift(-1)
```

이렇게 원하는 이름의 열을 추가할 수 있습니다. 그 열에 들어가는 각각의 데이터는 여러 방법으로 채울 수 있는데 하나의 고정값으로 넣을 수도 있고 위의 경우처럼 .shift 메서드를 이용해서 데이터를 한칸씩 미루거나 당길 수 있습니다.

추가

행번	이름	조사일	몸무게	단위	트레이너	지점명	몸무게(prev+1)	몸무게(next-1)
1	비현코	2019-01-01	70.0	kg	jason	잠실	NaN	68.0
2	비현코	2019-03-01	68.0	kg	jason	잠실	70.0	75.8
3	비현코	2019-06-01	75.8	kg	jason	잠실	68.0	80.0
4	비투코	2019-01-01	80.0	kg	jason	잠실	75.8	75.0
5	비투코	2019-03-01	75.0	kg	jason	잠실	80.0	75.8
6	비투코	2019-06-01	75.8	kg	jason	잠실	75.0	89.0
7	비사코	2019-01-01	89.0	kg	cherry	강남	75.8	75.8
8	비사코	2019-03-01	75.8	kg	cherry	강남	89.0	92.0
9	비사코	2019-06-01	92.0	kg	cherry	강남	75.8	NaN

[행렬 검색]

행/열을 원하는 대로 찾는 행렬 검색 기능을 알아보겠습니다.

> ❗ **Warning** _ 행렬 검색 기능을 이용할 경우 기존 데이터프레임에 변형이 일어날 수 있습니다
>
> 이 기능을 이용할 경우에는 데이터프레임에 여러 변형이 일어날 수 있습니다. 따라서 기존의 데이터프레임을 보존해야 합니다. 다만 그렇다고 데이터프레임을 변수처럼 지정하면 프로그램 특성상 a가 바뀌면 b가 바뀌는 일이 발생할 수 있습니다. 그래서 아래와 같은 방법으로 데이터를 복사해 기존 데이터프레임을 보존합니다.

```
data2 = data.copy()
```

기존 data는 그대로 놔두고, data2를 가지고 작업을 진행해 보겠습니다.

먼저 방금 shift 메서드로 생성한 열 2개를 지워 보겠습니다.

```
del data2["몸무게(prev+1)"]
del data2["몸무게(next-1)"]
data2
```

아래와 같이 돌아 왔으면 본격적으로 행렬 검색을 해 보겠습니다.

행번	이름	조사일	몸무게	단위	트레이너	지점명
1	비현코	2019-01-01	70.0	kg	jason	잠실
2	비현코	2019-03-01	68.0	kg	jason	잠실
3	비현코	2019-06-01	75.8	kg	jason	잠실
4	비투코	2019-01-01	80.0	kg	jason	잠실
5	비투코	2019-03-01	75.0	kg	jason	잠실
6	비투코	2019-06-01	75.8	kg	jason	잠실
7	비사코	2019-01-01	89.0	kg	cherry	강남
8	비사코	2019-03-01	75.8	kg	cherry	강남
9	비사코	2019-06-01	92.0	kg	cherry	강남

■ 지정한 열 데이터 가져오기

'이름', '조사일', '몸무게' column(열) 값만 가져와 보겠습니다.

```
data[["이름", "조사일", "몸무게"]]
```

행번	이름	조사일	몸무게
1	비현코	2019-01-01	70.0
2	비현코	2019-03-01	68.0
3	비현코	2019-06-01	75.8
4	비투코	2019-01-01	80.0
5	비투코	2019-03-01	75.0
6	비투코	2019-06-01	75.8
7	비사코	2019-01-01	89.0
8	비사코	2019-03-01	75.8
9	비사코	2019-06-01	92.0

■ 지정한 행 데이터 가져오기

행 값은 이름이 아니라 숫자로 적어서 값을 가져오는 방식이 열과는 다릅니다. 1~4행(row) 값만 가져와 보겠습니다.

```
data.loc[[1, 2, 3, 4]]
```

행번	이름	조사일	몸무게	단위	트레이너	지점명	몸무게(prev+1)	몸무게(next-1)
1	비현코	2019-01-01	70.0	kg	jason	잠실	NaN	68.0
2	비현코	2019-03-01	68.0	kg	jason	잠실	70.0	75.8
3	비현코	2019-06-01	75.8	kg	jason	잠실	68.0	80.0
4	비투코	2019-01-01	80.0	kg	jason	잠실	75.8	75.0

약간 응용하면 아래와 같은 방법으로 행 값을 가져올 수 있습니다.

```
session_ids = [1, 3, 7]
data.loc[session_ids]
```

행번	이름	조사일	몸무게	단위	트레이너	지점명	몸무게(prev+1)	몸무게(next-1)
1	비현코	2019-01-01	70.0	kg	jason	잠실	NaN	68.0
3	비현코	2019-06-01	75.8	kg	jason	잠실	68.0	80.0
7	비사코	2019-01-01	89.0	kg	cherry	강남	75.8	75.8

■ 지정한 행과 열에 해당하는 데이터 가져오기

방금 배운 열 값을 검색하는 방식과 행 값을 검색하는 방식을 한 번에 합칠 수 있습니다.

```
data.loc[[1, 2, 3], ["이름", "조사일", "몸무게"]]
```

행번	이름	조사일	몸무게
1	비현코	2019-01-01	70.0
2	비현코	2019-03-01	68.0
3	비현코	2019-06-01	75.8

행/열 데이터를 원하는 대로 가져올 줄 안다면 데이터프레임을 자유자재로 활용할 수 있는 것과 마찬가지입니다. 지금까지 알려드린 것 외에도 원하는 행 값과 열 값을 가져오는 방법은 다양하지만, 관련 코드를 이 책에 모두 담을 수는 없습니다. 실습 파일에 남긴 코드를 직접 실행하고 타이핑하면서 지식을 체득해 보시길 바랍니다.

데이터 검색은 엑셀로 따지면 필터를 의미합니다. 가장 단순한 데이터 검색은 '값의 일치 여부'를 판단하는 것으로, 파이썬 문법에서 배웠던 True와 False가 중요하게 작용합니다. 데이터를 검색할 때는 어떤 조건에서 True이고 False인지 판단한 다음, 그 데이터를 토대로 데이터프레임을 출력해 준다고 이해하고 접근하는 것이 좋습니다.

■ 데이터 일치 여부 확인

예를 들어 data에서 트레이너가 jason인 데이터를 출력하면 아래와 같은 결과가 나옵니다.

```
data["트레이너"] == "jason"
```

앞서 언급했듯이 결과값은 True 또는 False로 나옵니다. 그렇다면 True에 해당하는 데이터만 확인하고자 한다면 어떻게 할까요? 다음과 같이 결과값에 대응하는 자료를 출력하면 됩니다.

```
data[data["트레이너"] == "jason"]
```

행번	이름	조사일	몸무게	단위	트레이너	지점명	몸무게(prev+1		
1	비현코	2019-01-01	70.0	kg	jason	잠실	Na		
2	비현코	2019-03-01	68.0	kg	jason	잠실	70.		
3	비현코	2019-06-01	75.8	kg	jason	잠실	68.		
4	비투코	2019-01-01	80.0	kg	jason	잠실	75.		
5	비투코	2019-03-01	75.0	kg	jason	잠실	80.	60.0	75.0
6	비투코	2019-06-01	75.8	kg	jason	잠실	75.0	75.0	89.0

트레이너가
jason인
데이터만 나온다

■ 대소 비교

대소 비교를 통한 결괏값 출력을 해보겠습니다. 예를 들어 몸무게가 76kg 미만인 데이터만 출력하면 아래와 같은 결과가 나옵니다.

```
data[data["몸무게"] == 76]
```

행번	이름	조사일	몸무게	단위	트레이너	지점명	몸무게(prev+
1	비현코	2019-01-01	70.0	kg	jason	잠실	Na
2	비현코	2019-03-01	68.0	kg	jason	잠실	70
3	비현코	2019-06-01	75.8	kg	jason	잠실	68
5	비투코	2019-03-01	75.0	kg	jason	잠실	80
6	비투코	2019-06-01	75.8	kg	jason	잠실	75.0
8	비사코	2019-03-01	75.8	kg	cherry	강남	89.0

76kg 미만인 데이터만 나온다

■ 특정 값이 포함된 데이터 검색

이번에는 트레이너 열 중에서 'j'가 포함된 데이터만 가져와 보겠습니다.

```
data[data["트레이너"].str.contains("j")]
```

트레이너 이름 중에 j가 들어가 있는 데이터만 출력되었습니다. 이외에도 다른 값을 포함하는 데이터를 찾아보며 다양한 시도를 하시길 권장합니다.

행번	이름	조사일	몸무게	단위	트레이너	지점명	몸무게(prev+
1	비현코	2019-01-01	70.0	kg	jason	잠실	Na
2	비현코	2019-03-01	68.0	kg	jason	잠실	70
3	비현코	2019-06-01	75.8	kg	jason	잠실	68
4	비투코	2019-01-01	80.0	kg	jason	잠실	75
5	비투코	2019-03-01	75.0	kg	jason	잠실	80.0
6	비투코	2019-06-01	75.8	kg	jason	잠실	75.0

트레이너 이름에서 j가 들어 있는 데이터만 나온다

 Tips _ 엑셀과 파이썬 업무 자동화의 차이는 확장성

여기서 여러분이 주목하셔야 할 것은 바로 확장성입니다. 엑셀에서는 구현하기 어렵거나 불가능한 것들을 파이썬으로 해결할 수 있음을 인지하실 필요가 있습니다. 사실 여러분이 상상하는 대부분의 기능은 구글링을 통해서 찾으실 수 있을 정도로, 파이썬은 풍부한 라이브러리를 바탕으로 무궁한 확장성을 가졌습니다.

■ AND와 OR를 활용한 조건식으로 데이터 검색

엑셀에서 복잡한 조건에 만족하는 데이터를 찾을 때 AND와 OR를 이용해 보았을 것입니다. 마찬가지로 pandas도 and와 or를 이용해 복잡한 조건식을 만들 수 있습니다. (직관적으로 이해하실 수 있도록 앞으로 and는 합집합, or는 교집합이라 부르겠습니다.)

앞서 결과값이 True 또는 False가 되는 조건식으로 데이터를 검색해 가져왔습니다. 이번에는 이 조건식을 변수로 만들고, 그 변수들을 합치는 형태로 구현해 보겠습니다. 먼저 2가지 조건을 만들겠습니다.

[조건 1] 몸무게가 75.5보다 크다

```
high = (data["몸무게"] > 75.5)
high
```

```
행번
1    False
2    False
3     True
4     True
5    False
6     True
7     True
8     True
9     True
Name: 몸무게, dtype: bool
```

[조건 2] 트레이너 이름이 cherry이다

```
kim = (data["트레이너"] == "cherry")
kim
```

```
행번
1    False
2    False
3    False
4    False
5    False
6    False
7     True
8     True
9     True
Name: 트레이너, dtype: bool
```

먼저 두 조건의 교집합부터 구현해 보겠습니다.

```
# 파이썬에서는 and라고 쓰지만 pandas에서는 &라고 쓴다
data[high&kim]
```

행번	이름	조사일	몸무게	단위	트레이너	지점명	몸무게(prev+1)	몸무게(prev)	몸무게(next)
7	비사코	2019-01-01	89.0	kg	cherry	강남	75.8	75.8	75.8
8	비사코	2019-03-01	75.8	kg	cherry	강남	89.0	89.0	92.0
9	비사코	2019-06-01	92.0	kg	cherry	강남	75.8	75.8	NaN

합집합은 아래와 같이 구현합니다.

```
# 파이썬에서는 or라고 쓰지만 pandas에서는 |라고 쓴다
# |는 생긴 모양을 본따 pipe라고 불리는 기호이며, Shift + \ (또는 \)를 눌러 생성할 수 있다
data[high|kim]
```

행번	이름	조사일	몸무게	단위	트레이너	지점명	몸무게(prev+1)	몸무게(prev)	몸무게(next)
3	비현코	2019-06-01	75.8	kg	jason	잠실	68.0	68.0	80.0
4	비투코	2019-01-01	80.0	kg	jason	잠실	75.8	75.8	75.0
6	비투코	2019-06-01	75.8	kg	jason	잠실	75.0	75.0	89.0
7	비사코	2019-01-01	89.0	kg	cherry	강남	75.8	75.8	75.8
8	비사코	2019-03-01	75.8	kg	cherry	강남	89.0	89.0	92.0
9	비사코	2019-06-01	92.0	kg	cherry	강남	75.8	75.8	NaN

[데이터 값 일괄 수정]

앞서 데이터 편집에서 학습한 shift 메서드로 열 값을 새로 만든 것 기억하시나요? 이번에 배울 데이터 값 일괄 수정은 이와 비슷하다 못해 매우 유사합니다. 여러 데이터에 한 가지 값을 넣을지 각각 다른 값을 넣을지를 결정할 수 있다는 점을 기억하면 좋겠습니다.

그리고 이 기능을 쓸 때 주의할 점을 Warning에 정리했으니 꼭 참조해 보시길 바랍니다.

데이터 값을 일괄 수정할 땐 기존 데이터와 같은 길이의 데이터가 들어가야 합니다. 그렇지 않으면 pandas는 이를 오류로 판단하게 됩니다.

예를 들어보겠습니다. '결제' 열을 보면 data의 총 row 수는 9개입니다. 그러므로 '결제' 열을 수정하고자 할 때 수정할 데이터가 9개라면 문제없이 실행됩니다.

```python
# 데이터 개수가 맞아야 열 전체 값을 수정할 수 있다
data["결제"] = [1, 2, 3, 4, 5, 6, 7, 8, 9]
data
```

행번	이름	조사일	몸무게	단위	트레이너	지점명	몸무게(prev+1)	몸무게(prev)	몸무게(next)	지역명	결제
1	비현코	2019-01-01	70.0	kg	jason	잠실	NaN				1
2	비현코	2019-03-01	68.0	kg	jason	잠실	70.0				2
3	비현코	2019-06-01	75.8	kg	jason	잠실	68.0				3
4	비투코	2019-01-01	80.0	kg	jason	잠실	75.8				4
5	비투코	2019-03-01	75.0	kg	jason	잠실	80.0				5
6	비투코	2019-06-01	75.8	kg	jason	잠실	75.0				6
7	비사코	2019-01-01	89.0	kg	cherry	강남	75.8	75.8	75.8	서울	7
8	비사코	2019-03-01	75.8	kg	cherry	강남	89.0	89.0	92.0	서울	8
9	비사코	2019-06-01	92.0	kg	cherry	강남	75.8	75.8	NaN	서울	9

9개의 데이터가 정확히 일치하게 들어갔다

하지만 수정할 데이터 수가 9개가 아닌 10개나 8개라면 문제가 발생합니다.

```python
# 데이터 개수가 맞지 않으면 수정되지 않는다
data["결제_over"] = [1, 2, 3, 4, 5, 6, 7, 8, 9, 10, 11, 12, 13]
data
```

위 코드를 실행하면 오류가 생기고, 다음과 같은 오류 메시지가 나옵니다.

```
Value Error : Length of values (13) does not match length of index (9)
```

같은 길이의 데이터셋(dataset)을 넣어야 값을 일괄 수정할 수 있다는 점을 기억하시길 바랍니다.

[Pivot table & concat]

이번에는 엑셀에서 정말 자주 사용하는 pivot 기능과 여러 데이터프레임을 합쳐주는 concat 기능을 간단히 알아보겠습니다.

■ Pivot table

먼저 아래와 같이 코드를 쳐보겠습니다.

```
pd.pivot_table(data, index = "트레이너", values = "몸무게")
```

트레이너	몸무게
cherry	85.6
jason	74.1

index라는 명칭 자체는 DataFrame 구조를 살펴볼 때 알려드린 것과 같지만, pivot 테이블에 들어오는 값의 이름은 values라는 이름으로 사용됩니다. 이 점을 기억해 주세요.

```
pd.pivot_table(data, index = ["지점명", "트레이너"], values = "몸무게")
```

지점명	트레이너	몸무게
강남	cherry	85.6
잠실	jason	74.1

index는 리스트 형태로 값을 넣을 수 있습니다. 이에 맞게 아래와 같이 index 값들이 늘어난 것을 알 수 있습니다. 계속해서 알아보겠습니다.

```
pd.pivot_table(data, index = ["지점명", "트레이너"], values = "몸무게", aggfunc = ["sum",
"mean"]) # 합계 & 평균
```

		sum	mean
		몸무게	몸무게
지점명	트레이너		
강남	cherry	256.8	85.6
잠실	jason	444.6	74.1

새로운 매개변수로 aggfunc라는 단어가 나왔습니다. index와 마찬가지로 리스트 형태로 내용을 집어넣으니, sum 값과 mean 값이 같이 나온 것을 알 수 있습니다.

■ concat

이번에는 concat 메서드를 통해서 2개의 데이터프레임을 합쳐 보겠습니다.

먼저 2, 4, 6 행번의 데이터를 만듭니다.

```
data246 = data.loc[[2, 4, 6]]
data246
```

행번	이름	조사일	몸무게	단위	트레이너	몸무게(prev+1)	몸무게(prev)	지역명
2	비현코	2019-03-01	68.0	kg	jason	70.0	70.0	서울
4	비투코	2019-01-01	80.0	kg	jason	75.8	75.8	서울
6	비투코	2019-06-01	75.8	kg	jason	75.0	75.0	서울

이어서 3, 8, 9 행번의 데이터를 만들어 줍니다.

```
data389 = data.loc[[3, 8, 9]]
data389
```

행번	이름	조사일	몸무게	단위	트레이너	몸무게(prev+1)	몸무게(prev)	지역명
3	비현코	2019-06-01	75.8	kg	jason	68.0	68.0	서울
8	비사코	2019-03-01	75.8	kg	cherry	89.0	89.0	서울
9	비사코	2019-06-01	92.0	kg	cherry	75.8	75.8	서울

이제 같은 열 값을 가진 2개의 데이터를 합쳐 보겠습니다.

```
dpd.concat([data246, data389], axis = 0)
```

행번	이름	조사일	몸무게	단위	트레이너	몸무게(prev+1)	몸무게(prev)	지역명
2	비현코	2019-03-01	68.0	kg	jason	70.0	70.0	서울
4	비투코	2019-01-01	80.0	kg	jason	75.8	75.8	서울
6	비투코	2019-06-01	75.8	kg	jason	75.0	75.0	서울
3	비현코	2019-06-01	75.8	kg	jason	68.0	68.0	서울
8	비사코	2019-03-01	75.8	kg	cherry	89.0	89.0	서울
9	비사코	2019-06-01	92.0	kg	cherry	75.8	75.8	서울

concat 메서드는 사실 매우 중요하지만 이 책에서는 간단하게만 알려드렸습니다. 업무 자동화를 다루면서 이 내용을 깊게 들어가면 배울 내용이 너무 많아지기 때문입니다. pandas 문법 중 merge, concat, join, groupby 등을 검색해서 학습해 보시면 정말 다양한 기능들이 있습니다. 추후에 업무를 해결함에 있어서 막히는 부분이 있을 때 참고하시길 바랍니다.

[데이터 삭제]

마지막으로 데이터 값을 삭제하는 방법을 알아보겠습니다.

■ 행값 삭제

```
display(data.head())
data = data.drop(1, axis = "index") # 행(row) 값 삭제
display(data.head())
```

행번	이름	조사일	몸무게	단위	트레이너	지점명	몸무게(prev+1)	몸무게(prev)	몸무게(next)	지역명	결제
1	비현코	2019-01-01	70.0	kg	jason	잠실	NaN	NaN	68.0	서울	1
2	비현코	2019-03-01	68.0	kg	jason	잠실	70.0	70.0	75.8	서울	2
3	비현코	2019-06-01	75.8	kg	jason	잠실			80.0	서울	3
4	비투코	2019-01-01	80.0	kg	jason	잠실			75.0	서울	4
5	비투코	2019-03-01	75.0	kg	jason	잠실			75.8	서울	5

코드실행후 행번1 데이터가 삭제되었다

행번	이름	조사일	몸무게	단위	트레이너	지점명	몸무게(prev+1)	몸무게(prev)	몸무게(next)	지역명	결제
2	비현코	2019-03-01	68.0	kg	jason	잠실	70.0	70.0	75.8	서울	2
3	비현코	2019-06-01	75.8	kg	jason	잠실	68.0	68.0	80.0	서울	3
4	비투코	2019-01-01	80.0	kg	jason	잠실	75.8	75.8	75.0	서울	4
5	비투코	2019-03-01	75.0	kg	jason	잠실	80.0	80.0	75.8	서울	5
6	비투코	2019-06-01	75.8	kg	jason	잠실	75.0	75.0	89.0	서울	6

■ 열값 삭제

```
data = data.drop("결제", axis = "columns") # 열(column) 값 삭제
data
```

행번	이름	조사일	몸무게	단위	트레이너	지점명	몸무게(prev+1)	몸무게(prev)	몸무게(next)	지역명
2	비현코	2019-03-01	68.0	kg	jason	잠실	70.0	70.0	75.8	서울
3	비현코	2019-06-01	75.8	kg	jason	잠실	68.0	68.0	80.0	서울
4	비투코	2019-01-01	80.0	kg	jason	잠실	75.8			서울
5	비투코	2019-03-01	75.0	kg	jason	잠실	80.0			서울
6	비투코	2019-06-01	75.8	kg	jason	잠실	75.0			서울
7	비사코	2019-01-01	89.0	kg	cherry	강남	75.8			서울
8	비사코	2019-03-01	75.8	kg	cherry	강남	89.0			서울
9	비사코	2019-06-01	92.0	kg	cherry	강남	75.8	75.8	NaN	서울

코드실행후 결제 컬럼이 삭제되었다.

두 가지 코드에서 볼 수 있듯이 .drop 메서드를 이용한 삭제를 할 때는 기존 변수에 다시 저장을 해줘야 저장됩니다. 이 점을 기억하시길 바랍니다.

지금까지 pandas 문법을 간단히(?) 학습해 보았습니다. 실습 파일로 제공하는 코드 내용을 이 책에 모두 담지는 않았습니다. 책에 실리지 않은 코드 또한 하나씩 실행하면서 어떤 부분이 변동되는지를 잘 체크해 보시길 바랍니다. 이러한 습관이 여러분의 코딩 능력을 일취월장하게 만들어 줄 것입니다. 기본 문법 학습 만 하느라 지겨워졌나요? 현업 문제를 해결하러 가보겠습니다!

4.3 데이터 처리 현업 실습

(회사에서의 상황 예시)

고만해 팀장: 비 대리, 일전에 만들어준 보고서는 잘 받았네!

비현코 대리: 아유, 아닙니다. 저도 덕분에 트렌드를 많이 파악하고 있어서 요즘 업무를 하는 데 도움이 많이 되네요!

고만해 팀장: 그런데 저번 보고서가 너무 좋았나 봐. 상무님이 구매 본부장님이랑 이야기하다가 관련 자료가 도움이 된다고 하셔서 일이 좀 커졌어.

비현코 대리: 일이… 커지다니요??

고만해 팀장: 구매 본부의 팀별로 다루는 제품의 트렌드 파악을 하고 싶으신가 봐. 다행히 각국의 주재원들이 조사된 자료를 엑셀 양식을 하나씩 보내올 것 같아. 그럼 우리는 그 자료들을 취합해서, 제품별로 다시 나눈 후 각 구매 부서에 파일을 전달해야 하는 상황이지! 그것도 매주. (찡긋)

(구매 본부의 팀별로 만든 엑셀 파일을 받은 비 대리. 데이터 편집 작업을 시작한다.)

비현코 대리: 자, 그럼 취합된 엑셀 파일을 다 열어서 행/열을 바꾸고, 하나의 파일로 만들고, 통합한 파일을 4가지 제품별로 구분해서 나눠야 하겠구나!

— — — 작업 진행 중 — — —

비현코 대리: 팀장님, 완료했습니다. 엑셀 파일을 다 합친 다음에 제품별로 나눴습니다!

고만해 팀장: 오... 역시 비 대리. 잠시만 기다려봐! (임원에게 보고를 한다. 임원이 또 크게 칭찬하는 모습)

(잠시 후)

고만해 팀장: 비 대리, 역시 우리 Ace! 그런데 내가 지시사항을 잘못 전달했네!

비현코 대리: 잘못… 전달하다니요?

고만해 팀장: 응... 매주가 아니라 매일 이 자료를 보내오겠다 하네. 허허허… 앞으로 잘 부탁해~ ^^

비현코 대리: …… (아오…)

4.2에서 작성한 코드는 사실 상황 예시와 같은 문제에 봉착했을 때 해결하기 위한 코드였습니다.

다시 한번 상황을 정확히 이해하기 위해서 도식화된 그림을 다시 가져와 보겠습니다.

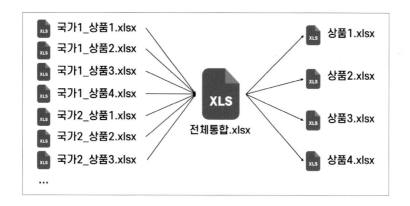

자, 상황이 이제 기억나시나요? 그럼 문제를 해결하러 가 보겠습니다.

비현코의 코드 설계 노트 ✏️

1. 폴더 안에 있는 엑셀 파일 확인하기
2. 각각의 엑셀 파일 열어서 상태 확인하기
3. (1개 단위) 각 엑셀 파일의 구조를 편집하여 데이터 Unit으로 저장하기
4. (반복문) 전체 엑셀 파일의 구조를 편집하여 하나의 데이터로 저장하기
5. 정리된 데이터 파일을 pivot을 사용해서 제품별 정리된 내용을 분할하여 저장하기

항상 코딩으로 문제를 해결하고자 할 때는 해결 방식을 차분히 고민한 후 그 순서를 차근차근 정리하는 과정이 필요합니다. 아무리 어려운 문제라도 잘게 쪼개서 생각해 보면 간단해 보일 때도 있습니다. 그럼 5단계의 Flow를 하나씩 코드로 만들어 보겠습니다.

STEP 1 **폴더 안에 있는 엑셀 파일 확인하기**

01 pandas 및 os 라이브러리 설치

pandas와 os 라이브러리를 설치한 후 본격적으로 시작해 보겠습니다. 앞에서 배운 pandas 문법을 활용하고, 파일 저장 시 원하는 시스템 경로나 파일명을 지정하기 위해 os 라이브러리를 사용할 것입니다. 자세한 설명은 이를 활용하면서 하나씩 이야기해 드리겠습니다.

```
# 1. 필요한 라이브러리 설치하기
import pandas as pd
import os
```

먼저 각 주재원들이 보낸 파일이 있는 폴더를 열어 보겠습니다. 4장 실습 폴더에서 new_data2 폴더를 열어 주세요.

new_data2

해당 폴더를 열어보면 아래와 같이 총 44개의 엑셀 파일이 있습니다.

product_taiwan_semiconductor.xlsx	product_taiwan_metaverse.xlsx	product_taiwan_battery.xlsx	product_taiwan_automobile.xlsx
product_spain_semiconductor.xlsx	product_spain_metaverse.xlsx	product_spain_battery.xlsx	product_spain_automobile.xlsx
product_south_africa_semiconductor.xlsx	product_south_africa_metaverse.xlsx	product_south_africa_battery.xlsx	product_south_africa_automobile.xlsx
product_japan_semiconductor.xlsx	product_japan_metaverse.xlsx	product_japan_battery.xlsx	product_japan_automobile.xlsx
product_italy_semiconductor.xlsx	product_italy_metaverse.xlsx	product_italy_battery.xlsx	product_italy_automobile.xlsx
product_germany_semiconductor.xlsx	product_germany_metaverse.xlsx	product_germany_battery.xlsx	product_germany_automobile.xlsx
product_france_semiconductor.xlsx	product_france_metaverse.xlsx	product_france_battery.xlsx	product_france_automobile.xlsx
product_england_semiconductor.xlsx	product_england_metaverse.xlsx	product_england_battery.xlsx	product_england_automobile.xlsx
product_china_semiconductor.xlsx	product_china_metaverse.xlsx	product_china_battery.xlsx	product_china_automobile.xlsx
product_canada_semiconductor.xlsx	product_canada_metaverse.xlsx	product_canada_battery.xlsx	product_canada_automobile.xlsx
product_america_semiconductor.xlsx	product_america_metaverse.xlsx	product_america_battery.xlsx	product_america_automobile.xlsx

파일명을 하나씩 살펴보면 공통점이 있습니다. 44개의 파일명 모두 product_ 다음에는 나라 이름, 그 다음은 제품 카테고리를 적은 형태라는 것을 알 수 있습니다.

02 폴더에 있는 모든 엑셀 파일을 목록화하기

이제 코드로 new_data2 폴더 안의 파일 목록을 모두 가져와 보겠습니다.

```
# 2. 폴더 안에 있는 엑셀 파일 확인하기
file_list = os.listdir("new_data2")
```

위 코드를 실행하면 변수 file_list에 new_data2 폴더의 모든 파일의 이름이 리스트로 저장됩니다. (한 번씩 해당 코드만 독립해서 실행시켜 보시면 더 이해하기가 쉬우실 것입니다.)

> 📋 **Note** _ listdir 메서드
> 앞서 간단히 설명드린 os 라이브러리에는 .listdir이라는 메서드가 있습니다. 이 메서드는 우리가 지정하는 경로(상대경로 혹은 절대경로)의 파일 목록을 반환하는 역할을 합니다.

여기서 바로 끝낼 수도 있지만, 만약 .xlsx 파일이 아닌 파일을 가지고 오게 되면 나중에 해당 파일을 열 때 오류가 생길 수 있습니다(for문으로 파일을 열 것이기 때문에 모든 조건이 동일한 상황을 만들어야 합니다). 따라서 파일 이름에 .xlsx라는 단어가 들어간 파일만 file_list_xls이라는 변수에 넣어주어야 합니다.

```
# 2. 폴더 안에 있는 엑셀 파일 확인하기
file_list = os.listdir("new_data2")

file_list_xls = []
for a in file_list:
    if ".xlsx" in a:
        file_list_xls.append(a)
```

위 코드에 다음 코드를 덧붙여서 결과를 출력해 보겠습니다.

```
print(file_list_xls)
```

조금 보기 어렵지만 모든 파일이 잘 열린 것을 확인할 수 있습니다. 이제 다음 단계로 넘어가 보겠습니다.

```
print(file_list_xls)
  0.1s                                                                                        MagicPyth
['product_america_automobile.xlsx', 'product_america_battery.xlsx', 'product_america_metaverse.xlsx', 'product_america_semiconductor.xlsx', 'product_canada_automobile.xlsx', 'product_canada_battery.xlsx',
'product_canada_metaverse.xlsx', 'product_canada_semiconductor.xlsx', 'product_china_automobile.xlsx', 'product_china_battery.xlsx', 'product_china_metaverse.xlsx', 'product_china_semiconductor.xlsx',
'product_england_automobile.xlsx', 'product_england_battery.xlsx', 'product_england_metaverse.xlsx', 'product_england_semiconductor.xlsx', 'product_france_automobile.xlsx', 'product_france_battery.xlsx',
'product_france_metaverse.xlsx', 'product_france_semiconductor.xlsx', 'product_germany_automobile.xlsx', 'product_germany_battery.xlsx', 'product_germany_metaverse.xlsx',
'product_germany_semiconductor.xlsx', 'product_italy_automobile.xlsx', 'product_italy_battery.xlsx', 'product_italy_metaverse.xlsx', 'product_italy_semiconductor.xlsx', 'product_japan_automobile.xlsx',
'product_japan_battery.xlsx', 'product_japan_metaverse.xlsx', 'product_japan_semiconductor.xlsx', 'product_south_africa_automobile.xlsx', 'product_south_africa_battery.xlsx',
'product_south_africa_metaverse.xlsx', 'product_south_africa_semiconductor.xlsx', 'product_spain_automobile.xlsx', 'product_spain_battery.xlsx', 'product_spain_metaverse.xlsx',
'product_spain_semiconductor.xlsx', 'product_taiwan_automobile.xlsx', 'product_taiwan_battery.xlsx', 'product_taiwan_metaverse.xlsx', 'product_taiwan_semiconductor.xlsx',
'~$product_taiwan_semiconductor.xlsx']
```

STEP 2 **각각의 엑셀 파일 열어서 상태 확인하기**

44개의 엑셀 파일 중 하나를 직접 열어서 내용을 확인해 보겠습니다.

	A	B	C	D	E	F
1		조사제품	제목	내용		
2	1	semicondu	When the	from foreign industry leaders li		
3	2	semicondu	[FOCUS] S	for the purpose of fabricating t		
4	3	semicondu	SEEKING 16)	Professor Lee how does Sam		
5	4	semicondu	Over 20 S	Taiwanese semiconductor comp		
6	5	semicondu	US calls T	as it would result in a shortage		
7	6	semicondu	[ANALYSIS	But the display industry is also		

여러 행으로 구성되어 있고 조사제품의 이름, 기사의 제목, 기사의 본문 이렇게 데이터가 나뉘어진 것을 알 수 있습니다. 이 구조를 알고 있어야 데이터를 뽑아올 때 결합하는 것이 쉬워집니다.

(1개 단위) 각 엑셀 파일의 구조를 편집하여 데이터 Unit으로 저장하기

44개의 파일을 합쳐야 하므로 44번의 반복문이 구동되도록 코드를 작성해야 합니다. 여기서 가장 중요한 것은 for문(반복문)이 구동되는 44번의 루프 중 1번의 루프가 되는 코드를 작성하는 것입니다. 하나의 코드가 44번의 모든 조건에서 동일하게 작성될 수 있도록 코드를 작성하는 것이 핵심입니다.

루프가 돌아갈 수 있는 코드의 기능을 생각해보면 아래와 같습니다.

> 1) 파일을 연다
> 2) 연 파일에서 데이터를 가져온다
> 3) 데이터를 합치기 전에 데이터가 섞이면 안 되므로 파일명 중 '나라 이름'을 하나의 열 값으로 가져온다
> 4) 하나의 데이터 Unit으로 만들어 44개의 데이터를 쌓아 나간다

그럼 이 4가지 단계를 토대로 코드를 하나씩 적어 보겠습니다.

우선, 1개의 Unit을 만드는 것이기 때문에 b라는 변수에 file_list_xls 변수의 첫 번째 요소인 'product_america_automobile.xlsx' 문자열을 바인딩(변수 대입)하겠습니다.

```
b = file_list_xls[0]
```

```
'product_america_automobile.xlsx'
```

01~02 파일을 열어 데이터를 가져온다

df라는 변수에 new_data2 폴더의 파일을 가져와서 df 변수에 담습니다.

```
df = pd.read_excel("new_data2/" + b)
df
```

	Unnamed: 0	조사제품	제목	내용
0	1	automobile	POSCO International Wins US$460mn EV Parts Ord...	Ramos Arizpe, located in northeastern Mexico, ...
1	2	automobile	Lesson of the Day: 'Formula 1 Roars Into Miami...	Why does Ira Shapiro, 68, a past president of ...
2	3	automobile	Korea's Automobile Exports Hit US$4.4bn in April	Vehicles waiting for shipment at a yard in Pye...
3	4	automobile	The Novelist Who Saw Middle America as It Real...	Middle America. The Pulitzer Prize jury chose ...
4	5	automobile	New Hyundai America chief faces daunting task	second-largest automobile market. Hyundai Moto...

03 파일명 중 '나라 이름'을 하나의 열 값으로 가져온다

데이터를 합치기 전에 데이터가 섞이면 안 되므로 파일명 중 '나라 이름'을 하나의 열 값으로 가져옵니다.

```
df['나라'] = b.split("_")[1]
df
```

04 하나의 데이터 Unit으로 만들어 44개의 데이터를 쌓아 나간다

열 값을 우리가 원하는 형태의 순서로 다시 바꿔서, data_unit 번수에 아래와 같이 저장하면 하나의 데이터가 만들어집니다.

```
data_unit = df[['나라', '조사제품', '제목', '내용']]
data_unit
```

이렇게 하나의 루프를 만들었습니다. 코드를 구현하는 순서를 보시면 아시겠지만 44개의 엑셀 파일 중 어떤 것이 와도 같은 형태로 코드가 적용될 수 있도록 만들었습니다. 이제 for문에 적용시켜서 모든 데이터 프레임을 하나로 합치는 작업만 하면 되겠습니다.

(반복문) 전체 엑셀 파일의 구조를 편집하여 하나의 데이터로 저장하기

약간의 코드 변경이 있었지만, 앞에서 만든 하나의 루프를 44번 실행할 수 있도록 for문 안에 넣어 두었습니다.

```python
data_unit_sum = pd.DataFrame()    ①
for b in file_list_xls:
    df = pd.read_excel("new_data2/" ÷ b)
    df['나라'] = b.split("_")[1]
    data_unit = df[['나라', '조사제품', '제목', '내용']]
    data_unit_sum = pd.concat([data_unit_sum, data_unit], axis = 0)    ②
data_unit_sum.to_excel('combined_excel.xlsx')    ③
data_unit_sum.shape    ④
```

추가된 코드 위주로 설명드리겠습니다.

❶은 비어 있는 데이터 프레임을 만드는 작업입니다. concat 메서드를 통해 여러 데이터 프레임들을 합칠 수 있게 합니다.

❷는 앞서 pandas 기본 문법에서 배웠듯이 2개의 데이터를 같은 열 값으로 상/하로 합치는 것을 의미합니다. 그리고 ❸은 합쳐진 데이터를 엑셀로 만드는 작업을 의미합니다.

❹ .shape 메소드는 파일들이 합쳐서 늘어난 행/열을 확인하기 위해서 수행하는 코드입니다.

그럼 만들어진 파일을 열어 보겠습니다.

combined_excel.xlsx

딱 봐도 잘 합쳐진 것을 알 수 있습니다. 엑셀 파일 내용을 꼼꼼히 살펴보는 것은 여러분에게 맡기겠습니다.

	나라	조사제품	제목	내용
0	america	automobil	POSCO In Ramos Arizpe, located in northeastern Mexico, is a hub of the automobile industry where major automakers and parts factories are concentrated. POSCO International plans to invest about 160 billion...
1	america	automobil	Lesson of Why does Ira Shapiro, 68, a past president of the local chapter of the Antique Automobile Club of America, have mixed feelings about the new Miami Grand Prix, despite being a Formula 1 fan since...
2	america	automobil	Korea's AL Vehicles waiting for shipment at a yard in Pyeongtaek Port, Gyeonggi Province Korea's automobile... 4 percent for Latin America, 15.9 percent for Africa, 55.9 percent for Oceania, 48.4 percent...
3	america	automobil	The Novel Middle America. The Pulitzer Prize jury chose it as the year's best novel, but in a scandalous... an automobile trailer. What was Dorothy Thompson like? A 1940 profile in The Saturday Evening...
4	america	automobil	New Hyun second-largest automobile market. Hyundai Motor America (HMA) CEO Lee Kyung-soo, who will take the helm officially Sept. 18, is drawing keen attention from industry watchers as to whether he will...
0	america	battery	SKC-Polar SKC's largest battery copper foil plant breaks ground in Poland SEOUL, July 8 (Yonhap) -- SKC... North America. It launched the project to build a 50,000-ton plant in Kota Kinabalu in July last...
1	america	battery	LG Energy 5 trillion in North America, including the W1.7 trillion battery plant in Queen Creek, Arizona capable of manufacturing 11GWh of cylindrical batteries. Ground was to have been broken in the...
2	america	battery	LG Energy LG Energy Solution said Wednesday it is reviewing the profitability of its new battery plant in... North America, a nascent but fast-growing EV market. It aims to elevate its capacity there to...
3	america	battery	LG Energy LGES, the world's second-largest battery maker, unveiled the plan in March to build what will be its second standalone electric vehicle (EV) battery plant in America. The move was seen as part of...
4	america	battery	LGES sign LGES has beefed up its battery manufacturing capabilities to meet growing demands in North America. The battery maker has partnered with Stellantis N.V. to open a joint plant in North...
5	america	battery	POSCO CI POSCO Chemical regards the plant in Becancour as a stepping stone for its drive to build a supply chain of core battery materials in North America. Under an eight-year contract, high-nickel...
6	america	battery	LG Energy It comes as part of an aggressive push for LG Energy Solution's battery plant expansion in Asia including Korea, Europe and North America. The company had a combined 170 gigawatt-hours of...
7	america	battery	배터리 상차업으로 투자금 마련하는 SK은-삼성SDI SK은은 지난달 미국법인(SK Battery America)의 유상증자에 1조9496억원을 투자한다고 공시했다. 포드와 설립하는 합작사에 5조1175억원을 투자하겠다는 작년 9월 투자 지...
8	america	battery	Samsung 'South Korean battery manufacturer Samsung SDI and multinational automaker Stellantis are set to... North America. They said they were aiming to start operations by 2025 with an initial annual...
0	america	metaverse	UN Morning America(GMA) Summer Concert Series 2022)에 K팝 걸그룹 최초로 출연한다. *아래는 위... It is assumed that there may be errors in the English translation.> Espa's UN speech ', the real...
1	america	metaverse	Metaverse "We are preparing specific plans for the global business including ones for Europe, North America, and Southeast Asia." As mentioned, SK Telecom's target is to make its ifland...
2	america	metaverse	Samsung i(Ann-Sophie Fjello-Jensen/AP Images for Samsung Electronics America) Visitors at Samsung 837X, the company's immersive metaverse experience in Decentraland, during NFT.NYC...
3	america	metaverse	aespa a c Girl group aespa will be opening the upcoming "Good Morning America" summer concert series... aespa, which debuted in November 2020, is known for its metaverse concept and commercially...
4	america	metaverse	Samsung i(Ann-Sophie Fjello-Jensen/AP Images for Samsung Electronics America) Visitors at Samsung 837 can explore immersive metaverse experience in Decentraland, during NFT.NYC...
5	america	metaverse	NFT: Kraft Kraft Foods is taking its business into the metaverse and world of non-fungible tokens. This was... Kraft Foods forwarded the donation to Feeding America, which is one of the biggest charities in...
6	america	metaverse	Samsung- Samsung to expedite metaverse technology development By Woo Jae-yeon SEOUL, May 6 (Yonhap)... Electronics America. But the live event was met with skepticism from some industry experts and users...
7	america	metaverse	Building B THE FIGHT TO SAVE THE TOWN Reimagining Discarded America By Michelle Wilde Anderson I read this... the metaverse. It felt like stepping through a looking glass: What space travel and virtual...
0	america	semicond	SK materi in semiconductor production processes in North America. Showa Denko, which holds fluorine-based special gas technology, has the top share of the etching gas market, with a global sales network...
1	america	semicond	When the The $52-billion CHIPS for America Act aimed at fostering a cutting-edge semiconductor industry in the U.S. is waiting for approval by Congress. The Biden administration strongly demanded massive...
2	america	semicond	SK Materi North America. SK Materials produces special gases used in semiconductor cleaning and deposition processes. Showa Denko has expertise in fluorine-based special gases and a global sales network...
3	america	semicond	[ANALYSIS]Bank of America was the key adviser on sizable M&As in the semiconductor industry, ahead of Xilinx's $35 billion sale to Advanced Micro Devices (AMD). What to note from that example is that both...
4	america	semicond	U.S. Aims advanced semiconductor chips, artificial intelligence and quantum computing. But China is the... New America. "It captures a lot of third-country suppliers." Some American lawmakers are...
5	america	semicond	Semicond Semiconductor equipment billing in North America-based manufacturers often considered a barometer for the global chips market jumped almost 50 percent on year in July. U.S.-based...
6	america	semicond	Samsung, Samsung Electronics and SK Hynix are strengthening their semiconductor businesses in North America through recent promotions and changes of executives. According to the industry on the 10th...
0	canada	automobil	Genesis w "Genesis is strengthening its position as a premium brand by winning consecutive awards at Canada's leading automobile awards," the automotive group said. In a Korean statement sent by...
1	canada	automobil	Hyundai N Genesis Motors' three car models were recently recognized by the Automobile Journalists Association of Canada (AJAC) and won the Car of the Year award. Hyundai Motor Group, the luxury automaker's...
2	canada	automobil	Trucker Pr On Thursday, Canada's patience had worn thin and the police began arresting protesters, hoping... For nearly a week they jammed the Ambassador Bridge, a vital link for the industry...
3	canada	automobil	Truck bloc Ottawa, Canada's capital, the new protest targets the Ambassador Bridge to Detroit. The bridge is a vital link for the automobile industry, which relies on a constant shuttling of parts and...

만들어진 파일을 기반으로 제품별로 구분하여 분할 저장하기

이제 마지막 단계를 진행해 보겠습니다.

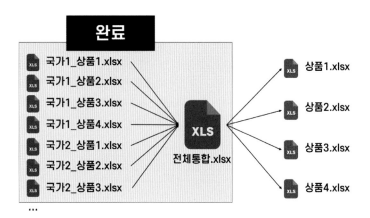

앞서 만든 data_unit_sum 데이터의 열 값인 '조사제품'의 .value_counts()를 수행하면 '조사제품' 열의 같은 값들의 개수가 나오게 됩니다. 총 4개의 제품으로 구분된 것을 알 수 있습니다.

```
# 4. 만들어진 파일을 기반으로 제품별로 구분하여 분할 저장하기
product_list = data_unit_sum['조사제품'].value_counts()
product_list
```

```
metaverse        89
battery          86
automobile       81
semiconductor    80
Name: 조사제품, dtype: int64
```

이렇게 만들어진 product_list 변수를 딕셔너리 데이터 구조로 바꿔 보았습니다. 왜 바꾸는지는 다음 코드를 보시면 아시게 될 것입니다.

```
dict(product_list)
```

```
{'metaverse': 89, 'battery': 86, 'automobile': 81, 'semiconductor': 80}
```

다음과 같은 코드로 데이터를 나눌 예정입니다. 여기서 중요한 점은 새롭게 만들어진 conbined_excel.xlsx를 활용하지 않고, 방금 전에 본 data_unit_sum을 이용했다는 것입니다. 최초로 설명드릴 때는 설명의 편의성을 위해서 엑셀로 통합하고 다시 나눈다는 이야기를 했지만 사실 그렇게 할 필요가 없습니다.

이미 Jupyter Notebook상에서 데이터가 잘 구현되어 있기 때문입니다.

```
for d in dict(product_list):
    xls_name = data_unit_sum[data_unit_sum['조사제품'] == d]
    xls_name.to_excel(f"{d}.xlsx")
```

이렇게 for문을 구동하면 4개의 엑셀 파일이 생성됩니다. 이 코드에 활용한 파이썬 및 pandas 문법은 앞서 모두 알려드렸기 때문에 자세한 설명은 생략하겠습니다. 차근차근 뜯어 보면서 이 코드가 어떤 의미를 갖는지 깊게 학습해 보시길 바랍니다.

그리고 각각의 파일을 열어서 잘 완성이 되었는지 한 번 확인해 보시길 바랍니다.

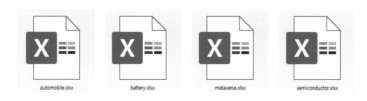

Summary

4장에서는 데이터 편집을 할 수 있는 라이브러리인 pandas를 활용하여 엑셀 데이터를 자유자재로 다루어 보았습니다. 단순히 실습의 기능만 보면 별거 아니라고 생각하실 수도 있지만 생각보다 현업에서 엄청나게 많이 활용될 수 있는 기술입니다. 특히 경영지원/안전/보안 부서의 경우 상당량의 취합 업무를 수행하기 때문에 이를 활용하면 매우 큰 효과를 낼 수 있을 것입니다. 어떻게 활용하는가는 여러분의 몫입니다. 내 삶에서 이 기술을 가지고 해결할 수 있는 것을 찾고, 그것을 해결해 나가면 어느새 '엑셀보다 파이썬이 더 편하네?'라는 생각이 들기 시작하는 날이 올 것입니다. 특히 3장에서 배운 인터넷 자동화와 결합이 된다면 탁월한 효과를 만들어 낼 수 있습니다. 다음 장에는 더 유용한 기술을 배워 볼 것입니다. 수고 많으셨습니다.

## Chapter 05

[업무 유형 3]

개인화된 자료 자동화
(MS office & 사진 & 영상)

▶▶ Contents

세상에는 우리의 업무를 도와주는 다양한 소프트웨어가 있습니다.

우리는 이를 활용해서 내부 인원들이 볼 수 있도록 공유하거나, 상부에 보고하거나, 고객 및 협력사에 보내는 자료 등을 만듭니다. 단순 1회성 자료를 만든다면 잘 만들어서 사용하면 그만이지만, 어느 정도 퀄리티를 인정을 받은 자료라면 반복적으로 제작해야 하는 경우가 많이 있습니다. 이를테면 주간업무 보고서, Daily 시황보고서, 대량의 상장/명함/수료증 그리고 지역별로 보내야 하는 홍보 영상 등이 해당됩니다.

이와 같은 종류의 자료를 만들 때 우리는 결정을 해야 합니다. 반복적인 노력을 통해서 개인화된 자료를 만드는 데 시간을 쓸 것인지 아니면 모두에게 통용되는 자료를 만들어서 자료를 보는 사람이 직접 찾아서 볼 수 있게 할지 말이죠. 일반적으로 파이썬 업무 자동화를 활용할 수 없다면 후자를 택합니다. 다만 이 경우에 문제점이 있습니다. 예를 들어 A라는 사람에게는 a라는 정보만 필요한데 a, b, c, d, e, f, g의 자료를 모두 담아서 보내면 A는 a 정보를 일일이 찾아야 하는 경우가 발생합니다. 그러면 자연스럽게 A는 이 자료를 스팸처리할 수도 있습니다.

이런 문제를 해결하기 위해서 번거로워도 전자(개인화된 자료)를 선택할 수도 있는데, 이 경우에는 너무 많은 시간이 들어갑니다. 따라서 이번 장에서는 개인화된 자료를 파이썬을 활용해 만듦으로써 자료 제작에 드는 시간을 비약적으로 줄이는 방법을 알아볼 것입니다. 우리가 만드는 자료 종류는 너무도 다양하기에 현업에서 자주 사용되는 자료(MS office, 사진, 영상)만 추려서 다뤄 보겠습니다.

5.1 MS office 파일 제작에 왜 자동화가 필요할까?

우리가 가장 많이 만들거나 사용하는 파일은 단연 MS office 파일 제작일 것입니다. 고개를 끄덕이며 공감하시는 분도, MS office 사용 비중이 그렇게 큰지 새삼 궁금해진 분도 있을 것 같습니다. 그래서 다음 표를 준비했습니다. 전 세계의 PC 사용자들이 가장 많이 사용하는 운영체제는 무엇일까요?

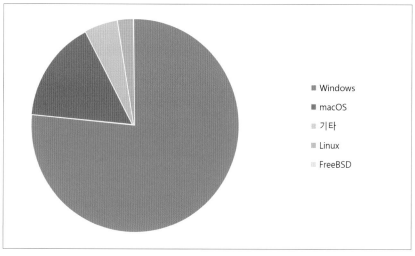

전 세계 PC 사용자의 OS 사용 비중 / [출처] https://en.wikipedia.org/wiki/Usage_share_of_operating_systems

과거부터 지금까지 사람들이 PC 기반으로 가장 많이 사용한 OS는 바로 Windows입니다. 그말은 즉 Windows가 제공하는 (혹은 Windows에 최적화된) 소프트웨어를 활용하여 여러 업무를 본다는 것입니다. 그렇기 때문에 이 절에서 우리는 자주 사용하는 Windows 소프트웨어 3가지에 대한 자동화를 배울 것입니다.

그런데 MS office 자동화에 대해 이런 생각이 들지는 않으신가요?

'어? 나는 엑셀도 PPT도 다른 소프트웨어도 있는 그대로 잘 사용하고 있어서 자동화가 별로 필요하지 않는데...?'

사실 우리는 보지 못한 것에 대한 필요성을 못 느낄 때가 많습니다. 예를 들면 PC가 없을 때는 몰랐던 불편함, 인터넷이 없을 때는 몰랐던 불편함, 그리고 휴대폰이 없을 때는 몰랐던 불편함 같은 것이죠. MS office 자동화도 마찬가지입니다. 어쩌면 우리가 파일을 제작하며 겪는 수고는 자동화를 사용해 보지 못했기에 모르는 불편함인지도 모릅니다. 다음 절에 MS office 자동화의 예시를 몇 가지 준비했습니다. 참고해 보면서 이 불편함에 공감이 된다면 이번 장을 꼭 학습하시길 권장합니다.

5.1.1 MS office 자동화 예시

MS office 자동화 예시 1 - 엑셀

수십도 아니고 수백 개의 엑셀 파일이 있는데, 이 중에서 원본 데이터를 수정해야 하는 경우가 생겼습니다! 그 데이터를 수정하는 방법으로는 다음 2가지가 있는데, 여러 업무가 밀려서 많은 시간을 쏟을 수 없어서 여의치 않은 상황입니다. 어떻게 해야 할까요?

[방법 1] 모든 파일을 새로 만든다

[방법 2] 우리가 원하는 위치에 특정 부분만 수정하여 다시 저장해야 할 때

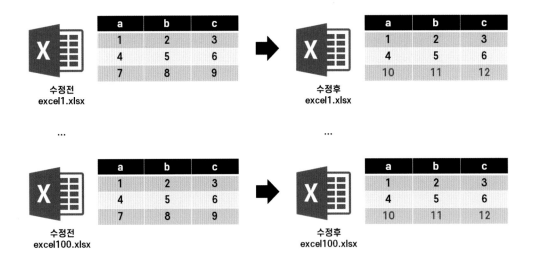

MS office 자동화 예시 2 - PPT

거래처에 제안서를 보내야 하는데, 기본적인 내용은 모두 동일하고 대상 회사의 내용만 조금씩 바꾸기만 하면 됩니다. 손쉬운 방법 없을까요?

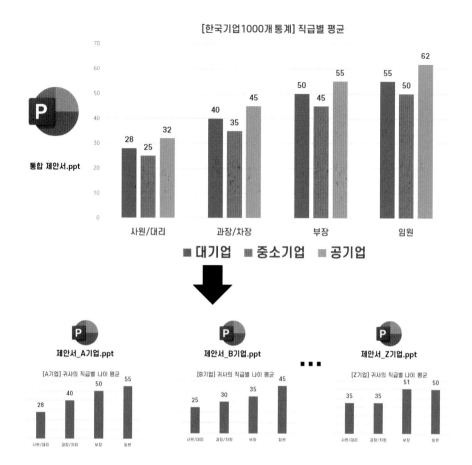

MS office 자동화 예시 3 – Outlook

여러 사람에게 메일을 보내야 하는데, 각자 상황에 맞는 내용을 전달하기 위해서는 사람마다 메일의 내용이 달라야 합니다. 그럴 때 어떻게 해야 할까요?

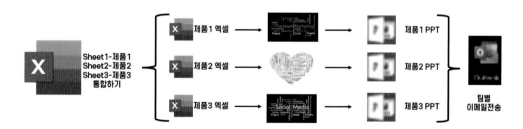

MS office 자동화 예시 4 – MS Word

보통 Word로 매주/매달 제출해야 하는 글이 있습니다. 그런데 글 사이에 결과 자료 등을 여럿 포함해야 할 경우, 자료를 일일히 첨부하는 작업에서 시간을 허비하기 십상입니다. 자료 첨부에 드는 시간을 줄일 좋은 방법 없을까요?

5.1.2 MS office 자동화 관련 라이브러리 학습

앞서 예시를 보고 나니 MS office 자동화가 왜 필요한지 감이 좀 오시나요? 그럼 MS office 자동화 관련 라이브러리의 기본 활용법을 학습해 보겠습니다.

▶ **실습 파일 경로:** chapter5/1. MS_office/MS_office.ipynb

Jupyter Notebook을 열고 위 경로를 참조하여 MS_office. ipynb 파일을 열어 주세요. 준비되셨다면 시작해 보겠습니다.

(basic 폴더는 기본 문법에 대한 내용을 확인할 때, practice 폴더는 실무 적용에 대한 내용을 확인할 때 사용하시면 됩니다.)

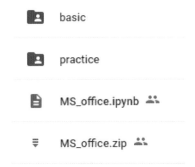

❗ **Warning** _ 회사 환경에서는 가능한 Colab보다는 Jupyter Notebook을 활용하세요

해당 실습 파일을 열면 많은 코드가 보입니다. 그중 '0.사전준비'는 Colab을 사용할 경우를 위해 준비한 코드입니다. Jupyter Notebook 사용에 문제가 없다면 이 코드를 사용하실 필요가 없습니다. 파이썬 업무 자동화는 보통 회사에서 사용하는 경우가 많은데, 사내 보안상 Colab 접속이 제한되는 경우가 있습니다. 가능하면 Jupyter Notebook을 활용하시길 권장합니다.

STEP 1 **MS office 자동화 관련 라이브러리 설치**

먼저 엑셀, PPT, MS Word 관련 파이썬 라이브러리를 이용하기 위한 사전 준비로, 라이브러리 설치 작업을 진행하겠습니다. (라이브러리의 버전은 제가 구동한 환경과 동일한 것으로 진행합니다.)

```
# 라이브러리 설치
# 엑셀
# openpyxl
pip install openpyxl == 3.0.10


# 파워포인트
# python-pptx 설치
pip install python-pptx == 0.6.21


# 워드
# python-pptx 설치
pip install python-docx == 0.8.11
```

각각의 라이브러리에 대한 설명은 현업 적용 코드를 실행해 본 후에 하겠습니다.

STEP 2 **현업 적용 코드 결과 미리 보기**

어떤 지식을 배우기 앞서, 학습의 최종 결과물을 아는 것은 매우 중요합니다. 그것을 왜 배우는 목적이 무엇인지 알 수 있기 때문입니다. 그럼 우리가 해결할 문제를 간단히 도식화해 보겠습니다.

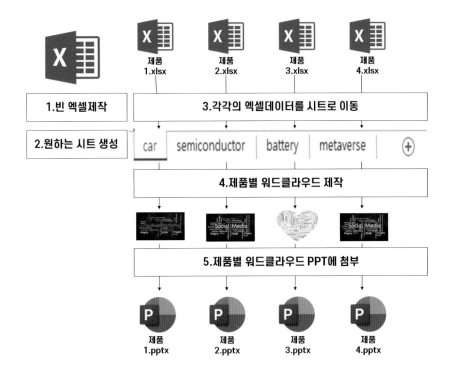

총 5개의 Flow로 구성되는데, 왜 이렇게 진행해야 하는지는 차후에 자세히 설명하겠습니다. 우선 모든 Flow를 한 번에 진행하는 코드를 실행해 보겠습니다. (코드가 조금 길기도 하고, 어떤 의미인지는 나중에 설명하니 지금은 하나하나 따라 쳐보지 않아도 됩니다. 실행만 해 보세요.)

```python
# 비어 있는 엑셀 만들기
import openpyxl
wb = openpyxl.Workbook()
# 해당 제품의 이름으로 Sheet 만들기
wb.create_sheet('car', 0)
wb.create_sheet('semiconductor', 0)
wb.create_sheet('metaverse', 0)
wb.create_sheet('battery', 0)
wb.save('product_info.xlsx')
# practice/참고자료/ 에서 가져온 참고자료 만들기
```

```python
# 상대 경로
path = "practice/참고자료/"
import os
file_list = os.listdir(path)
file_list_xls = []
for a in file_list:
    if ".xlsx" in a:
        file_list_xls.append(a)
file_list = file_list_xls
file_list
import pandas as pd
# 불러온 파일을 하나씩 열어 보기
for a in file_list:
    df = pd.read_excel(f"practice/참고자료/{a}")
    print(df)
# 4. 불러온 엑셀 파일의 내용물을 product_info.xls 시트에 한 개씩 집어 넣고 저장하기
path_dir = "practice/참고자료/"
files = os.listdir(path_dir)
files2 = []
for a in files:
    if '.xls' in a:
        files2.append(a)
files = files2
file_nm = "product_info.xlsx"
with pd.ExcelWriter(file_nm) as writer:
    for file_name in files:
        df = pd.read_excel("practice/참고자료/" + file_name)
        df.to_excel(writer, sheet_name = file_name.replace('.xlsx', ''))
# 1. 비어 있는 PPT 만들기 (product_wordcloud.ppt)
!pip install python-pptx == 0.6.21
from pptx import Presentation  # PPT 라이브러리
prs = Presentation()  # 파워포인트 객체 선언
# 2. practice/참고자료에서 엑셀 파일을 하나씩 불러오기
# 상대 경로
path = "practice/참고자료"
file_list = os.listdir(path)
file_list_xls = []
for a in file_list:
```

```python
        if ".xlsx" in a:
            file_list_xls.append(a)
file_list = file_list_xls
# 불러온 파일을 하나씩 열어 보기
for a in file_list:
    df = pd.read_excel(f"practice/참고자료/{a}")
    print(df)
# 3. 불러온 엑셀 파일의 제목과 내용을 합쳐서 워드클라우드로 제작
!pip install wordcloud == 1.8.1
import sys
from wordcloud import WordCloud
for b in file_list:
    df = pd.read_excel(f"practice/참고자료/{b}")
    df["제목&내용"] = df["제목"] + df["내용"]
    str_unit_sum = ''
    for a in range(df.shape[0]):
        str_unit = df.loc[a, "제목&내용"]
        str_unit_sum = str_unit_sum + str_unit
    from wordcloud import WordCloud
    wc = WordCloud(font_path = "practice/BMJUA_ttf.ttf")
    wc.generate(str(str_unit_sum))
    product_name = b.replace(".xlsx", "")
    wc.to_file(f'practice/{product_name}_wordcloud_1.png')
# 4. 제작한 사진을 PPT 내에 첨부하고, 제목과 내용을 적어 하나의 파일로 저장하기
# 시트 이름 체크하기
from openpyxl import load_workbook
wb = load_workbook('product_info.xlsx')
print(wb.sheetnames)
sheet_names = wb.sheetnames
# 시트별 개발
for sheet in sheet_names:
    prs = Presentation()  # 파워포인트 객체 선언
    # PPT 슬라이드 생성(텍스트용)
    title_slide_layout = prs.slide_layouts[0]  # title_slide_layout 변수에 첫 번째 양식 추가
    slide = prs.slides.add_slide(title_slide_layout)  # 슬라이드 추가(첫 번째 양식)
    # PPT 내용 입력
    title = slide.shapes.title  # 타이틀 텍스트 입력
    subtitle = slide.placeholders[1]  # 텍스트 상자 중 2번째 상자에 입력
```

```
title.text = sheet
subtitle.text = "뉴스기사 제목+내용 텍스트 기반 워드클라우드"
# PPT 슬라이드 생성(사진용)
from pptx.util import Inches
img_path = f'practice/{sheet}_wordcloud_1.png'
blank_slide_layout = prs.slide_layouts[6]
slide = prs.slides.add_slide(blank_slide_layout)
# PPT 이미지 첨부
top = Inches(0)   # 이미지의 시작 위치(y)
left = Inches(0)   # 이미지의 시작 위치(x)
height = Inches(10)   # 이미지의 세로
width = Inches(10 / 1.33)   # 이미지의 가로
pic = slide.shapes.add_picture(img_path, left, top, height, width)
prs.save(f'practice/{sheet}.pptx')
```

해당 코드를 실행하면 다음과 같은 결과물이 나옵니다.

파일을 하나씩 열어서 확인해 보아도 좋지만 그보단 우리가 이 코드로 앞서 말한 내용을 해결할 것이라는 점이 중요합니다. 그럼 어떻게 해낸 것일까요?

코드를 하나하나 살펴보기 전에 이번에 배우게 될 MS office를 파이썬으로 자동화하는 라이브러리의 기본 문법을 배워 보겠습니다.

5.1.3 MS office 자동화 관련 라이브러리 기본 문법

STEP 1 **엑셀 자동화 라이브러리 기본 문법**

먼저 엑셀 자동화 라이브러리의 기본 문법을 알아보겠습니다. 우리가 사용할 라이브러리는 openpyxl입니다.

01 openpyxl 라이브러리 설치

우선 openpyxl을 Jupyter Notebook에 설치합니다. 버전은 3.0.10으로 통일하겠습니다.

```
# 엑셀 관련 라이브러리 설치
!pip install openpyxl == 3.0.10

import openpyxl
```

라이브러리를 사용할 때는 항상 해당 라이브러리의 공식 문서를 참고할 필요가 있습니다(라이브러리의 사용법 외에도 관련 최신 문서를 확인할 때 요긴하게 쓰입니다). openpyxl에 대한 정보는 다음 링크를 참조해 주세요.

[링크] https://openpyxl.readthedocs.io/en/stable/

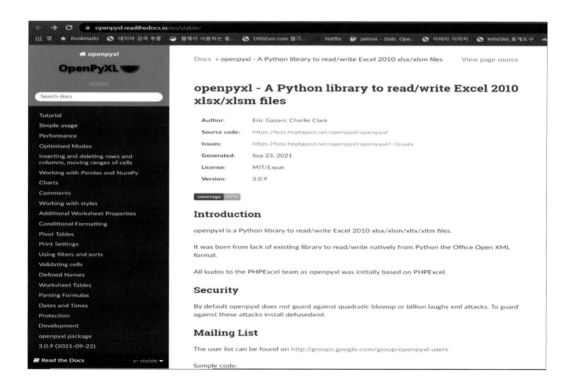

편의상 코드를 한꺼번에 적었지만, 학습하실 땐 코드를 하나하나 실행하면서 결과를 검사해 보세요. 그 편이 엑셀 파일을 만드는 작업을 이해하기 조금 더 쉬우실 것입니다.

02 엑셀 파일 생성 후 시트 만들기

이번에는 가장 기본적인 기능인 엑셀 파일을 생성하고 시트를 만드는 작업을 해보겠습니다.

```
# 엑셀 파일 생성 (기본 시트 동시 생성)
wb = openpyxl.Workbook()        ①
wb.save('basic/test.xlsx')        ②
```

❶은 wb라는 변수에 openpyxl 라이브러리로 생성한 엑셀 파일을 넣어주는 역할을 합니다(이 작업을 코딩 용어로 표현하자면 객체를 만들어 낸다고 하는데, 객체를 완벽히 이해하는 것은 나중에 해도 됩니다). 지금은 wb라는 변수에 엑셀이 하나 만들어졌다고 생각하시고 넘어가 주세요. 그리고 ❷를 실행하면 test.xlsx라는 파일이 basic 폴더에 생성됩니다. 위 코드를 실행해서 결과를 직접 확인해 보세요.

이제 엑셀 파일에 시트를 생성하겠습니다. 다음 코드를 실행하면 wb라는 엑셀 파일에 sheet_name1, 2, 3, 4라는 형태로 시트가 만들어집니다.

```
# 엑셀 파일 내에 sheet 생성
wb.create_sheet('sheet_name1', 0)
wb.create_sheet('sheet_name2', 0)
wb.create_sheet('sheet_name3', 0)
wb.create_sheet('sheet_name4', 0)
wb.save('basic/test.xlsx')
```

03 시트 삭제 후 종료

시트를 만들었으니 원하는 시트를 삭제하는 방법도 학습해 보겠습니다.

```
# 엑셀 파일 내에 sheet 삭제
wb.remove_sheet(wb['sheet_name1'])
```

remove_sheet 메서드로 sheet_name1을 삭제하는 코드입니다. 이를 실행하면 sheet_name2, 3, 4만 남아 있는 것을 확인할 수 있습니다.

삭제 명령을 했으니 우리 눈에는 시트가 삭제된 것처럼 보이지만, 실제로 이 작업이 반영되려면 저장을 해야 합니다. 그럼 지금까지 만든 파일을 저장하고 확인해 보겠습니다.

```
# 엑셀 파일 저장
wb.save('basic/test2.xlsx')
# 엑셀 파일 종료 (종료를 해야 데이터가 쌓이지 않음)
wb.close()
```

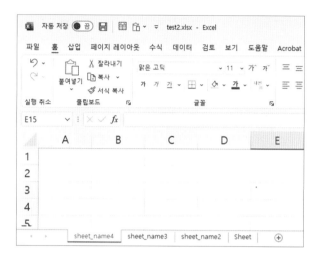

💡 **Tips** _ wb.close 명령이 필요한 이유

wb.close은 Jupyter Notebook에 열려 있는 엑셀 파일을 닫아 주는 역할을 합니다. .close 명령을 쓰는 대신 닫기 버튼으로 엑셀 파일을 닫으면 우리 눈에는 엑셀 파일이 종료된 것처럼 보여도 사실 엑셀 파일이 계속해서 열린 상태가 되어 문제가 생길 수 있습니다. 따라서 코드 수행이 완료되면 항상 wb.close()로 엑셀 파일을 종료해 주시기 바랍니다.

04 저장한 시트 열람 후 내용 입력

방금 저장한 엑셀 파일을 열어보겠습니다. 앞서 생성한 test2.xlsx를 연 다음 test3.xlsx로 저장하면 새로운 파일이 저장됩니다.

```
# 저장된 엑셀 파일 읽어 오기
wb = openpyxl.load_workbook('basic/test2.xlsx')
wb.save('basic/test3.xlsx')
wb.close()
```

엑셀 파일 안에 우리가 원하는 내용을 입력해 보겠습니다. 우선 다음 코드를 실행하여 text3.xlsx를 열어 줍니다.

```
# 저장된 엑셀 파일을 열고, 원하는 시트에 내용 입력하기
wb = openpyxl.load_workbook('basic/test3.xlsx')
```

sheet_name2 시트의 B열 1행 칸에 'BHYUNCO' 단어를 입력해 보겠습니다.

```
# sheet_name2 시트를 선택
ws = wb['sheet_name2']
# B1 셀을 직접 지정해 입력
ws['B1'] = 'BHYUNCO'
ws.save('test.xlsx')
```

다시 test.xlsx로 저장하고 파일을 열어보면 아래와 같이 입력된 것을 알 수 있습니다.

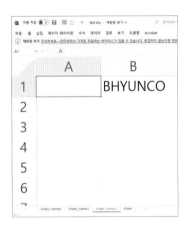

05 원하는 셀에 내용 입력

파일을 닫고 계속 다른 방식으로 시트에 내용을 입력하는 방법을 알아보겠습니다. ws 시트의 2행 1열에 'PYTHON CODING'을 입력하고 'I LIKE BHYUNCO'라는 단어를 순서대로 입력합니다.

```
# 셀을 행과 열로 지정해 입력
ws.cell(row = 2, column = 1).value = 'PYTHON CODING'
# 현재 활성화된 행의 아래 행에 내용을 입력할 수 있다
ws.append(['I', 'like', 'BHYUNCO'])
wb.save('basic/test4.xlsx')
wb.close()
```

첫 번째 코드는 셀을 지정해주고 입력하는 것이지만, 두 번째 코드는 현재 활성화된 행의 바로 아래 행에 텍스트를 입력하는 작업을 의미합니다. 이번에는 test4.xlsx라는 이름으로 파일을 저장하고 내용을 한 번 확인해 보겠습니다.

test4.xlsx 파일을 열어 보면 내용이 잘 작성된 것을 알 수 있습니다.

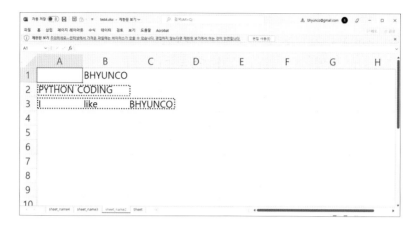

06 고급 기능 1 – 여러 엑셀 파일을 한 파일로 합치기

조금 더 나아가서 고급 기능을 몇 가지 알아보겠습니다. 먼저 여러 엑셀 파일을 하나로 합치는 작업을 해 보겠습니다.

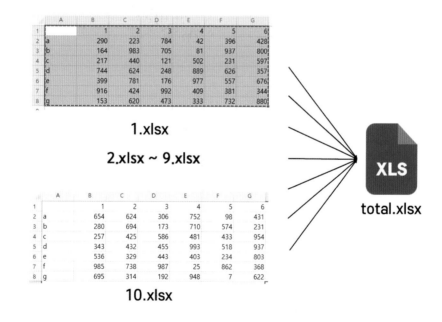

여기서는 openpyxl 라이브러리를 사용하지 않고, pandas의 간단한 문법을 활용하여 수십 개의 엑셀을 하나로 합치는 코드를 볼 것입니다. 내용이 다소 길고 앞서 4장에서 비슷한 코드를 다루었기 때문에 이 코드를 직접 타이핑하기를 권장하지 않으며 깊게 설명하지도 않겠습니다. 이런 코드도 있다는 것을 알고 사용하는 데 집중하고, 궁금한 점이 있다면 구글링을 활용해서 찾아 보시기 바랍니다.

다음 코드를 보겠습니다.

```python
# 고급 팁 1 - 여러 엑셀을 하나로 합치기
import os
import pandas as pd
try:
    files = os.listdir('basic/total')
    files2 = []
    for a in files:
        if '.xls' in a:
            files2.append(a)
    files = files2
    excel = pd.DataFrame()
    for file_name in files:
        df = pd.read_excel("basic/total/" + file_name)
        excel = excel.append(df, ignore_index = True)
    print(excel)
    excel.to_excel('basic/total/result/total.xlsx')
except Exception as ex:
    print('error' + str(ex))
```

앞서 배운 것도 있고 생소한 코드도 보이실 겁니다. try-except Exception as ex는 예외 처리를 위한 기능인 try-except와 비슷한 역할을 한다고 보셔도 무관합니다(p.121 Tips 참조). 그보다 우리가 집중해서 보아야 할 점은, 이 코드를 실행했을 때 아래 그림과 같이 폴더에 있는 여러 파일들이 하나의 파일로 합쳐진다는 것입니다. 코드의 내용을 간단히 설명해 보겠습니다.

basic/total 폴더에 있는 10개의 엑셀 파일을 가져오고, 각각의 파일을 연 다음 pandas DataFrame으로 합칩니다. 그리고 basic/total/result/ 폴더에 total.xlsx라는 이름으로 파일을 저장합니다.

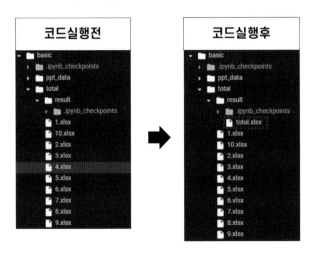

07 고급 기능 2 – 여러 엑셀 파일을 시트로 분할 저장하기

두 번째 고급 팁은 여러 엑셀 파일을 시트로 분할 저장하는 것입니다. 다음 코드를 먼저 보겠습니다.

```python
# 고급 팁 2 - 여러 엑셀 파일을 다양한 시트로 분할 저장
import pandas as pd
try:
    files = os.listdir('basic/total')
    files2 = []
    for a in files:
        if '.xls' in a:
            files2.append(a)
    files = files2
    file_nm = "basic/total/result/total_sheet.xlsx"
    xlsx_dir = os.path.join('', file_nm)
    with pd.ExcelWriter(xlsx_dir) as writer:
        for file_name in files:
            df = pd.read_excel("basic/total/" + file_name)
            df.to_excel(writer, sheet_name = file_name.replace('.xlsx', ''))
except Exception as ex:
    print('error' + str(ex))
```

위 코드의 실행 결과를 간단히 설명하면, total 폴더에 있는 엑셀 파일들을 가져와서 그 내용을 total_sheet.xlsx 파일의 시트에 각각 저장합니다.

이번 코드에도 생소한 것이 보이실 겁니다. 간단히 알려드리고 코드의 실행 결과 모습을 확인해 보겠습니다. `with as` 문법은 파일을 열고 특정 코드를 모두 실행한 다음 다시 파일을 닫아주는 역할을 합니다. (앞서 배운 `.close()`가 이 코드에 없는 이유는 `with as` 문법을 썼기 때문입니다.)

그리고 `with` 안의 `pd.ExcelWriter(xlsx_dir) as writer`는 아래와 같은 의미입니다.

```python
# with 문법을 아래와 같이 표현할 수 있다
    # writer = pd.ExcelWriter(xlsx_dir)
    # for file_name in files:
    #     df = pd.read_excel("basic/total/" + file_name)
    #     df.to_excel(writer, sheet_name = file_name.replace('.xlsx', ''))
    # writer.close()
```

이제 발행된 .xlsx 파일을 한 번 열어 보겠습니다. 앞서 설명한 것처럼 전체 파일이 각각의 시트로 저장된 것을 알 수 있습니다.

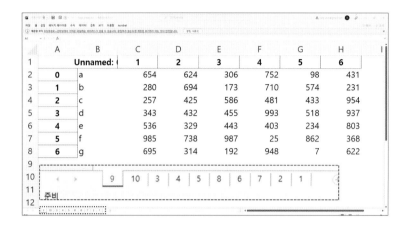

지금까지 파이썬을 활용한 엑셀 업무 자동화 기본 문법을 학습해 보았습니다. 세세하게 들어가면 좀 더 깊은 내용을 다뤄야겠지만 이 부분은 여러분이 구글링을 활용해 해결하면서 실력을 키워 가시길 바랍니다.

STEP 2　PPT 자동화 라이브러리 기본 문법

이번에는 PPT 자동화 라이브러리인 python-pptx의 기본 문법을 학습해 보겠습니다.

01　python-pptx 라이브러리 설치

이 라이브러리는 0.6.21 버전으로 설치해 활용하겠습니다.

```
# 파워포인트
# python-pptx 설치
pip install python-pptx == 0.6.21
```

새로운 라이브러리를 설명할 때마다 말씀드리지만, 공식 문서의 위치와 활용 방법을 아는 것은 매우 중요합니다. python-pptx 라이브러리에 관한 정보는 다음 링크를 참조해 주세요.

[링크] https://python-pptx.readthedocs.io/en/latest/index.html

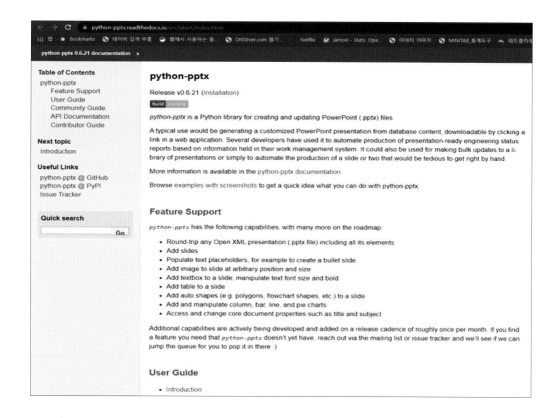

02 PPT 파일 생성

먼저 prs라는 변수에 파워포인트 객체를 만들어서 지정하겠습니다. 아직 객체에 대해서 깊게 배우지 않았기 때문에 간단히 설명하자면, 우리 눈에 보이지 않는 PowerPoint 하나가 prs 변수에 들어가 있다고 생각하시면 됩니다.

```python
# PPT 파일 생성
from pptx import Presentation  # 라이브러리
prs = Presentation()  # 파워포인트 객체 선언
prs.save('basic/ppt_data/test.pptx')
```

위 코드를 실행하면 비어 있는 test.pptx가 생성됩니다.

03 슬라이드 생성

방금 만든 파일에 파워포인트가 기본으로 제공하는 슬라이드를 추가해 보겠습니다.

title_slide_layout이라는 변수에 기본 슬라이드 양식 중 첫 번째 것을 추가해 보겠습니다.

```python
title_slide_layout = prs.slide_layouts[0]  # title_slide_layout 변수에 첫 번째 양식 추가
slide = prs.slides.add_slide(title_slide_layout)  # 슬라이드 추가(첫 번째 양식)
prs.save('basic/ppt_data/test.pptx')
```

위의 코드를 실행하고 업데이트된 test.pptx를 열어보면 아래와 같이 첫 번째 슬라이드 양식이 추가됩니다.

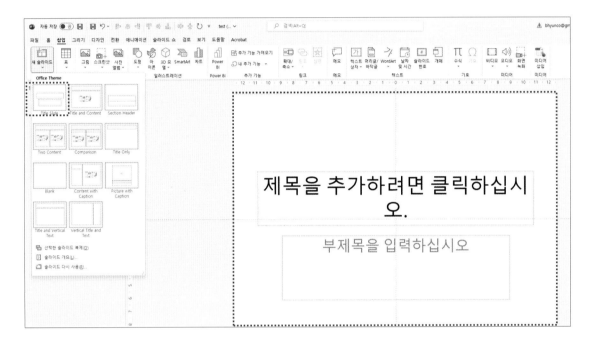

 Tips _ python-pptx 라이브러리로 생성 가능한 슬라이드 종류

우리가 사용한 첫 번째 양식 외에 python-pptx 라이브러리로 생성 가능한 슬라이드 양식은 얼마나 있을까요? 그 수를 확인하기 위해 다음 코드를 이용하겠습니다.

```python
# PPT 슬라이드 생성
print(len(prs.slide_layouts))  # 슬라이드 종류 수 확인
```
```
11
```

방금 만든 파일의 슬라이드 종류 수를 len으로 확인하면 결과는 11로 나옵니다. 정말 그러한지 파워포인트를 열어서 제공되는 슬라이드 종류 수를 확인해 보겠습니다.

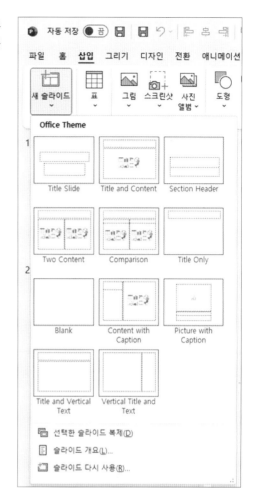

보시다시피 기본 제공 슬라이드가 11개로 구성되어 있습니다. 이로써 python-pptx로 PPT가 기본 제공하는 슬라이드를 만들어 낼 수 있다는 것을 알게 되었습니다.

04 슬라이드에 내용 입력

생성된 슬라이드에 텍스트를 입력해 보겠습니다.

```python
# PPT 슬라이드 텍스트 입력 1
title = slide.shapes.title        # 타이틀 텍스트 입력    ①
subtitle = slide.placeholders[1]  # 텍스트 상자 중에 2번째 상자에 입력    ②
title.text = "Hello, World!"
subtitle.text = "python-pptx was here!"        ③
# PPT 저장
prs.save('basic/ppt_data/test.pptx')        ④
```

만든 슬라이드에 ❶ `.shapes.title` 메서드를 활용해서 제목을 가진 도형을, ❷ `.placeholders` 메서드를 활용해서 글이나 그림을 넣을 수 있는 공간(placeholder)을 채웁니다. 여기서 말하는 `.placeholders`는 해당 슬라이드에 있는 상자(텍스트 상자)들의 순서를 기반으로 위치를 설정할 수 있는 방식입니다.

그리고 ❸ `.text` 메서드를 이용하여 'Hello, World!', 'python-pptx was here!'라는 텍스트를 입력합니다. 그 다음 ❹ PPT를 저장하고 파일을 열어 보겠습니다.

텍스트가 잘 저장된 것을 확인할 수 있습니다.

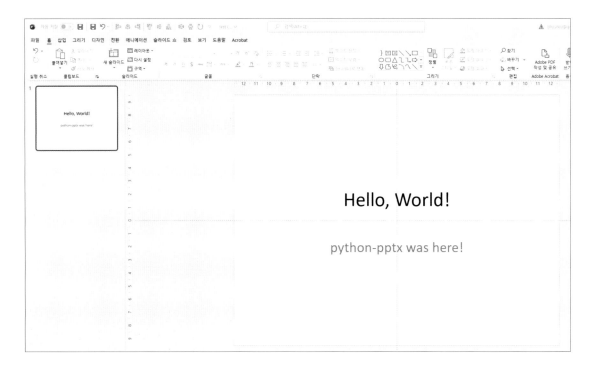

05 슬라이드에 이미지 첨부

이번에는 PPT 내에 이미지를 첨부해 보겠습니다. 첨부할 이미지로는 제가 지정한 경로에 있는 파일을 활용하겠습니다. 파일 경로는 basic/ppt_data/비현코의자동화연구소.png 입니다.

PPT에 첨부할 이미지

먼저 img_path로 파일의 경로를 설정해 줍니다. 앞서 배운 대로 prs 변수에 PPT를 넣어 두고, 기본 제공 슬라이드의 7번째 양식을 blank_slide_layout에 대입을 합니다. 그리고 slide 변수를 만든 다음 그 변수 안에 해당 슬라이드를 생성해 줍니다.

```python
# PPT 슬라이드에 사진 첨부
from pptx import Presentation
from pptx.util import Inches
img_path = 'basic/ppt_data/비현코의자동화연구소.png'
prs = Presentation()
blank_slide_layout = prs.slide_layouts[6]
slide = prs.slides.add_slide(blank_slide_layout)
```

이미지를 넣으려면 이미지의 경로와 위치를 지정해 줘야 합니다. 경로는 방금 img_path 변수에 지정했으니 여기서는 이미지의 시작 위치(y,x)와 세로 길이, 가로 길이를 각 변수에 매핑해 줍니다.

```python
top = Inches(0)   # 이미지의 시작 위치(y)
left = Inches(0)  # 이미지의 시작 위치(x)
height = Inches(10)  # 이미지의 세로 길이
width = Inches(10 / 1.33)  # 이미지의 가로 길이
```

그 다음 `.shapes.add_picture` 메서드를 활용하여 이미지를 입력하고, img_add라는 이름으로 파일을 저장합니다.

```python
slide.shapes.add_picture(img_path, left, top, height, width)
prs.save('basic/ppt_data/img_add.pptx')
```

생성된 img_add.pptx를 열어 보면 파일이 잘 들어가 있는 것을 알 수 있습니다.

06 슬라이드에 영상 첨부

05와 같은 방식으로 PPT에 영상도 첨부할 수 있습니다. 새로운 PPT 파일에 저의 클래스를 소개하는 짧은 영상을 첨부해 보겠습니다. 파일 경로는 basic/ppt_data/movie_bhc.mp4 입니다.

이미지 첨부에 사용한 코드를 활용하되, 영상의 경로를 수정하겠습니다. video_path라는 변수에 비디오의 경로를 설정해줍니다.

```python
# PPT 슬라이드에 동영상 첨부
from pptx import Presentation
from pptx.util import Inches
video_path = 'basic/ppt_data/movie_bhc.mp4'
prs = Presentation()
blank_slide_layout = prs.slide_layouts[6]
```

```
slide = prs.slides.add_slide(blank_slide_layout)
top = Inches(0)  # 이미지의 시작 위치(y)
left = Inches(0)  # 이미지의 시작 위치(x)
height = Inches(10)  # 이미지의 세로 길이
width = Inches(10 / 1.33)  # 이미지의 가로 길이
```

영상을 첨부하기 위한 위치와 크기도 동일하게 지정하겠습니다.

```
slide.shapes.add_movie(video_path, left, top, height, width)
prs.save('basic/ppt_data/video_add.pptx')
```

이렇게 영상이 첨부된 PPT도 제작된 것을 확인할 수 있습니다.

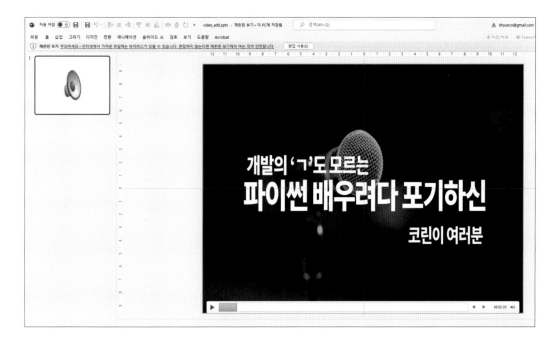

지금까지 한 것은 이미지, 영상, 텍스트를 넣는 기본적인 작업이지만 이런 기능을 응용해서 활용하면 실제 현업에서 활용할 수 있는 영역이 매우 넓습니다. 여러분의 업무에 이 기술과 창의성을 약간 더한다면 혁신적인 프로그램을 만들 수 있다는 것을 꼭 기억해 주세요. 제가 알려드리는 것보다 조금 더 깊게 알고 싶다면 python-pptx에 대한 학습을 추가로 진행해 보시길 바랍니다.

MS Word 자동화 라이브러리 기본 문법

이번 예제는 Word 파일을 자동화하는 작업입니다. 이 작업은 동일한 양식의 서류를 가지고 일부 내용을 바꿔서 제출해야 할 때 쓰면 유용합니다. 바로 문법으로 넘어가 보겠습니다.

01 python-docs 라이브러리 설치

python-docs는 0.8.11 버전으로 설치해 활용하겠습니다.

```
pip install python-docx == 0.8.11
```

아래는 python-docs의 공식 문서 링크입니다. 필요할 때 참고해 보시길 바랍니다.

[링크] https://python-docx.readthedocs.io/en/latest/

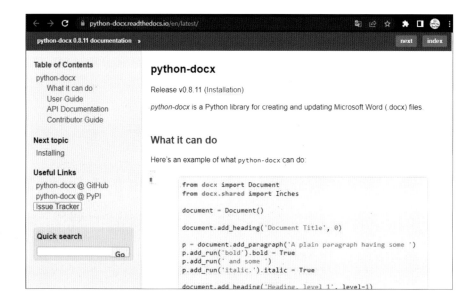

02 PPT 파일 생성

Word 파일은 Document() 모듈을 활용하여 생성합니다. 다음 코드를 실행하면 doc_test01.docx 파일이 생성됩니다.

```python
# MS word를 다루기 위한 기본 라이브러리
from docx import Document
# 빈 문서 열기
document = Document()
# 문서 저장
document.save('basic/doc_test01.docx')
```

03 텍스트 추가

텍스트를 추가해 보겠습니다. `.add_paragraph` 메서드를 이용해 원하는 텍스트를 적고, 파일을 저장 후 열어 보겠습니다.

```
# 텍스트(단락) 추가
paragraph = document.add_paragraph('Welcome to bhyunco class.')
document.save('basic/doc_test02.docx')
```

현재 작성된 텍스트의 앞이나 뒤에 새로운 단락을 추가할 수도 있습니다. 방금 작성한 텍스트의 앞쪽에 단락을 추가해 보겠습니다.

```
# 앞쪽에 텍스트(단락) 추가
prior_paragraph = paragraph.insert_paragraph_before('bhyunco python')
document.save('basic/doc_test03.docx')
```

텍스트의 뒤쪽으로도 단락을 추가해 보겠습니다.

```
# 뒤쪽에 텍스트(단락) 추가
paragraph = document.add_paragraph('plus.')
document.save('basic/doc_test04.docx')
```

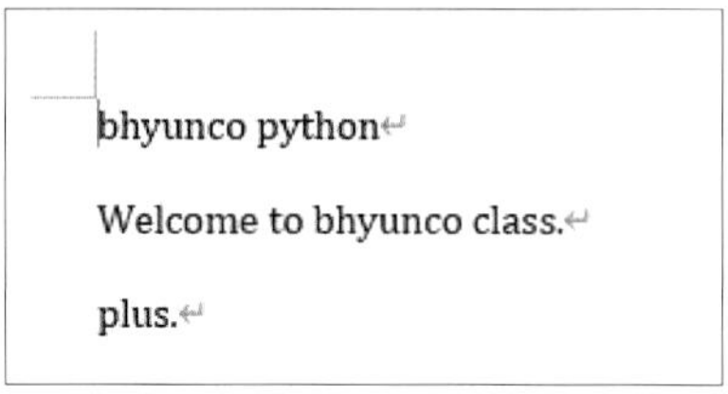

bhyunco python↵

Welcome to bhyunco class.↵

plus.↵

04 제목 텍스트 추가

이번에는 제목 형태의 텍스트도 추가해 보겠습니다.

```
# 제목 추가
document.add_heading('welcome to bhyunco automation universe')
document.save('basic/doc_test05.docx')
```

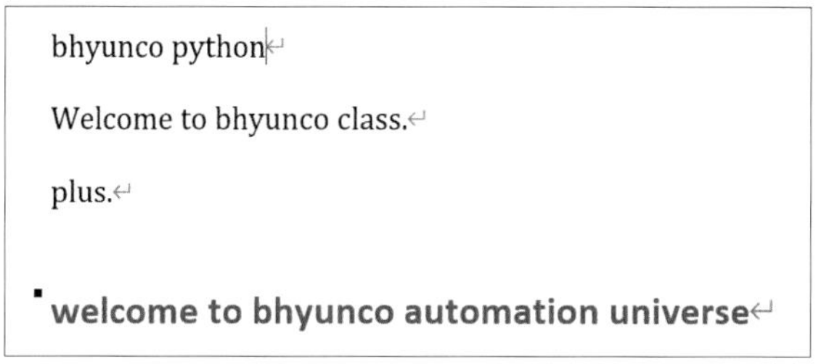

bhyunco python↵

Welcome to bhyunco class.↵

plus.↵

welcome to bhyunco automation universe↵

다음처럼 제목 스타일을 설정해 제목 글씨 크기에 변화를 줄 수도 있습니다.

```
# 제목 level 추가 1
document.add_heading('The role of humans', level = 2)
document.save('basic/doc_test06.docx')
```

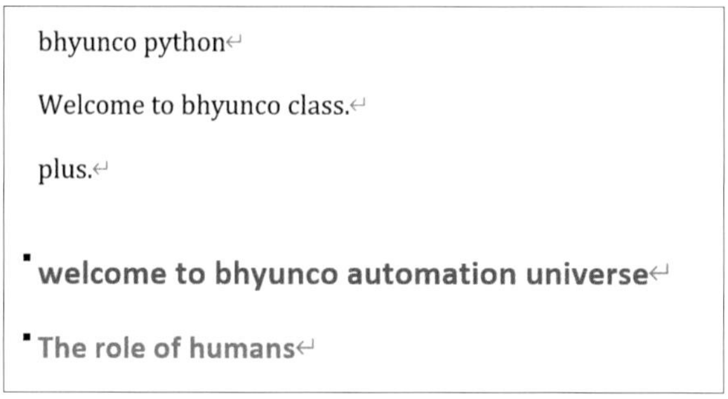

bhyunco python↵

Welcome to bhyunco class.↵

plus.↵

welcome to bhyunco automation universe↵

The role of humans↵

```
# 제목 level 추가 2
document.add_heading('third_level', level = 3)
document.add_heading('fourth_level', level = 4)
document.save('basic/doc_test07.docx')
```

bhyunco python↵

Welcome to bhyunco class.↵

plus.↵

- **welcome to bhyunco automation universe**↵

- **The role of humans**↵

- third_level↵

- *fourth_level*↵

05 새로운 페이지에 제목 텍스트 추가

워드에서는 '페이지 나누기'라는 기능을 이용해 새로운 페이지로 넘길 수 있습니다. 이 기능을 코드로 구현하면 다음과 같습니다.

```
# 페이지 나누기
document.add_page_break()
document.save('basic/doc_test08.docx')
```

방금 생성한 페이지에 제목 텍스트를 추가하고, 다른 이름으로 저장하겠습니다.

```
# 제목 추가
document.add_heading('plus_subject')
document.save('basic/doc_test09.docx')
```

여러분 잘 따라오고 계신가요? 01부터 연달아 생성한 .docx 파일을 열어서 각 코드가 어떤 기능을 하는지 직접 확인해 보면서 코드를 따라와 주세요.

06 표 추가

워드에는 텍스트뿐만 아니라 표를 넣을 수도 있습니다.

```python
# 테이블 추가
table = document.add_table(rows = 2, cols = 2)
# 테이블의 각 셀을 선택
cell = table.cell(0, 1)
# 셀의 내용 입력
cell.text = 'bhyunco, new era of python'
document.save('basic/doc_test10.docx')
```

표를 만들어서 원하는 텍스트를 넣었습니다.

```python
# 행의 내용 입력 추가
row = table.rows[1]
row.cells[0].text = 'Foo bar to you.'
row.cells[1].text = 'And a hearty foo bar to you too sir!'
document.save('basic/doc_test11.docx')
```

생성된 표의 행 길이를 row_count 로, 열의 길이를 col_count 로 변수에 담아서 출력해 보면 해당 길이
가 나오는 것을 알 수 있습니다.

```python
# 행 개수
row_count = len(table.rows)
print(row_count)
# 열 개수
col_count = len(table.columns)
print(col_count)

2
2
```

07 이미지 추가

이미지도 추가할 수 있습니다.

```python
# 사진 추가하기
document.add_picture('basic/ppt_data/비현코의자동화연구소.png')
```

```
document.save('basic/doc_test12.docx')
```

원하는 이미지의 크기가 너무 크거나 작을 때는 크기값을 조정할 수 있습니다.

```
# 이미지 크기 조정
from docx.shared import Inches
document.add_picture('basic/ppt_data/비현코의자동화연구소.png', width = Inches(5.5))
document.save('basic/doc_test13.docx')
```

엑셀과 PPT에 비해서 Word의 내용은 깊이 다루진 않았습니다. 쭉 따라와 보시면 세 가지 라이브러리의 문법 구조가 매우 유사하다고 느끼셨을 텐데요. 앞으로 만나게 될 많은 라이브러리의 쓰임 또한 이와 비슷할 것입니다. 변수에 객체를 집어넣고 여러 효과를 주면서 편집할 수 있는 기능을 만들어 줍니다.

Outlook 또한 MS office이지만 이메일을 다루는 장에서 다뤄 보겠습니다. 그럼 지금까지 배운 내용을 기반으로 현업 문제를 해결해 보겠습니다.

5.2 MS office 파일 제작 자동화 현업 실습

4장의 현업 실습 내용 기억하시나요? 아래에 보여드릴 상황은 그에 이어 발생한 문제입니다.

(회사에서의 상황 예시)

고만해 팀장: 비 대리, 일전에 취합해준 엑셀 파일은 모두 잘 보고 있네!

비현코 대리: 아유~ 팀장님, 저도 이렇게 도움이 되어 좋네요. 하하.

고만해 팀장: 그래서 말인데… 요즘 매일 배포하고 있는 제품별 엑셀 있잖아?

비현코 대리: 네… (불안불안)

고만해 팀장: 만든 엑셀 파일들을 하나의 파일의 시트로 넣어줘. 그리고 각각의 내용을 정리해 워드클라우드
를 만들어 제품별 PPT를 만들어줘!

비현코 대리: 아… 이번에 누구의 요청인가요?

고만해 팀장: 요청? 그런 거 없어. 내가 이번 임원승진심사에서 어필 좀 하려고 말이지, 하하하! 그럼 잘 부탁해!

비현코 대리: 생각보다 어려운 일은 아니니까 해 봐야지! 엑셀 파일도 가지고 있고… 아래처럼 해결해 나가야
겠다!

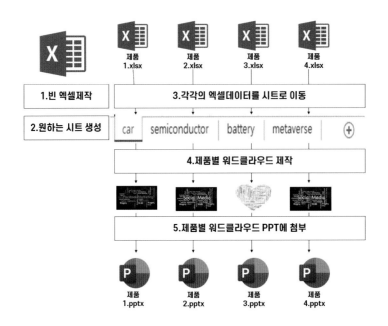

도식화한 것을 토대로 해결 과정을 다시 한번 체크해 보겠습니다. 4장에서 만든 제품별 엑셀 파일 내용을 시트별로 나눠 담은 통합 엑셀 파일을 만듭니다. 그 다음 통합 파일 내용을 가져와서 워드클라우드와 PPT를 만드는 작업을 하면 됩니다.

해결할 문제를 단계별로 나눠서 하나씩 작성해 보겠습니다.

비현코의 코드 설계 노트 ✏️

통합 엑셀 만들기

1. 비어 있는 엑셀 만들기 (product_info.xlsx)
2. 해당 제품의 이름으로 Sheet 만들기
3. 엑셀 파일을 하나씩 불러오기
4. 불러온 엑셀 파일의 내용물을 통합 엑셀의 시트에 하나씩 집어넣기
5. 통합 엑셀을 저장하기

상품별 PPT 만들기

1. 비어 있는 PPT 만들기 (product_wordcloud.ppt)
2. 엑셀 파일을 하나씩 불러오기
3. 불러온 엑셀 파일의 제목과 내용을 합쳐서 워드클라우드로 만들기
4. 제작한 사진을 PPT에 첨부하고, 제목과 내용을 적어 하나의 파일로 저장하기

코드 설계를 마쳤으니 문제 해결을 시작해 보겠습니다.

STEP 1 통합 엑셀 만들기

01 비어 있는 엑셀 만들기

wb 변수에 빈 엑셀을 하나 만들어 줍니다.

```python
# 1. 비어 있는 엑셀 만들기
import openpyxl
wb = openpyxl.Workbook()
```

02 해당 제품의 이름으로 Sheet 만들기

각 제품에 해당하는 시트를 4개 생성한 다음, product_info.xlsx라는 이름으로 파일을 저장합니다.

```python
# 2. 해당 제품의 이름으로 Sheet 만들기
wb.create_sheet('car', 0)
wb.create_sheet('semiconductor', 0)
```

```
wb.create_sheet('metaverse', 0)
wb.create_sheet('battery', 0)

wb.save('product_info.xlsx')
```

잠깐 다음 코드로 넘어가기 전에 제품별 엑셀 파일이 담긴 폴더를 확인해 보겠습니다.

practice 폴더에서 참고자료 폴더를 열면 4개의 엑셀 파일이 있습니다. 파일을 하나씩 열어 보면 각 주재원들이 보낸 국가별 파일을 제품별로 묶은 내용이 보입니다. 이 파일들을 방금 생성한 시트에 하나씩 넣어 보겠습니다.

03 엑셀 파일을 하나씩 불러오기

4개의 엑셀 파일을 하나씩 불러오겠습니다. 먼저 path라는 변수에 .ipynb 4개의 엑셀 파일이 저장된 경로를 담고, **os.listdir(경로)** 메서드를 이용해서 해당 경로 내 저장된 파일들을 모두 file_list 변수에 담아 줍니다.

```
# 3. 4개의 엑셀 파일을 하나씩 불러오기
# practice/참고자료/ 에서 가져온 참고자료 만들기
# 상대 경로
path = "practice/참고자료/"
import os
file_list = os.listdir(path)
```

for문으로 .xlsx가 포함된 파일만 추출하여 file_list_xls 리스트에 담아 줍니다. 그리고 리스트에 담은 파일을 다시 file_list 변수에 넣어 줍니다.

```
file_list_xls = []
for a in file_list:
    if ".xlsx" in a:
        file_list_xls.append(a)
file_list = file_list_xls
```

> 💡 **Tips** _ .listdir() 메서드를 활용한 특정 경로에 있는 특정 확장자 파일만 가져오기
>
> listdir() 메서드는 특정 경로에 있는 모든 파일을 가져오는 역할을 합니다. 그래서 우리가 가져와야 하는 .xlsx 확장자를 가진 4개의 엑셀 파일뿐만 아니라 다른 확장자의 파일들도 함께 불려진 것이고, .xlsx 파일만 따로 담기 위해 for문과 if문을 이용했습니다. 특정 경로에서 원하는 확장자의 파일만 담을 때는 이와 같은 방식을 이용한다는 점을 기억해 주세요.

그리고 file_list 안에 있는 엑셀 파일을 하나씩 pandas DataFrame으로 열고 출력해 봅니다.

잘 출력되는지 확인했으면 이제 각각의 파일이 담긴 형태의 for문을 만들어 냈습니다. 짧은 구문이지만 이 for문을 완성했다는 것은 매우 중요합니다. 왜냐하면 다른 코드를 for문 안에 넣을 수 있기 때문입니다.

```python
import pandas as pd
# 불러온 파일을 하나씩 열어보기
for a in file_list:
    df = pd.read_excel(f"practice/참고자료/{a}")
    print(df)
```

04~05 불러온 엑셀 파일의 내용물을 통합 엑셀의 시트에 하나씩 집어넣고 저장하기

코드가 다소 길어보이지만 큰 흐름을 잃지 않기 위해서 한꺼번에 넣었을 뿐 앞서 했던 코드와 동일합니다.

```python
# 4. 불러온 엑셀 파일의 내용물을 product_info.xls 시트에 한 개씩 집어넣고 저장하기
# "with" expression ["as" target]":" suite
import pandas as pd
import os
path_dir = "practice/참고자료/"
files = os.listdir(path_dir)
files2 = []
for a in files:
    if '.xls' in a:
        files2.append(a)
files = files2
file_nm = "product_info.xlsx"
with pd.ExcelWriter(file_nm) as writer:
    for file_name in files:
        df = pd.read_excel("practice/참고자료/" + file_name)
        df.to_excel(writer, sheet_name = file_name.replace('.xlsx', ''))
```

with-as 구문이 조금 낯설어 보일 수 있는데, 파일을 열고 닫는 걸 한 번에 해주는 구문이라고 앞서 설명드렸죠? 어렵게 생각할 필요가 없습니다. 그보다는 pd.ExcelWriter()의 역할에 집중해 보겠습니다

pd.ExcelWriter() 메서드는 엑셀 파일에 데이터를 입력하는 기능을 합니다. 즉, 위 코드는 이를 이용해서 product_info.xlsx의 세부 시트(car, battery, metaverse, semiconductor)에 각 파일에 있는 데이터를 입력한다는 의미입니다. 그럼 코드를 구동해 보겠습니다.

최종적으로 만들어진 통합 엑셀(product_info.xlsx)을 열어 보면, 제품별 데이터가 잘 들어간 것을 확인할 수 있습니다. 그럼 다음 Step으로 이어서 가보겠습니다.

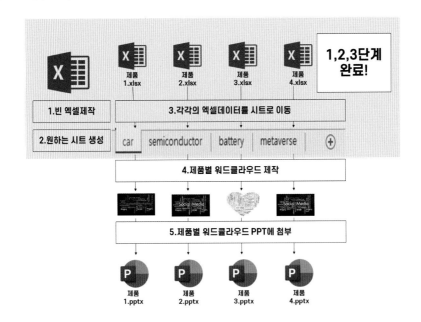

STEP 2 상품별 PPT 만들기

이번에는 워드클라우드와 텍스트를 넣은 PPT 만드는 작업을 시작해 보겠습니다.

01 비어 있는 PPT 만들기

먼저 python-pptx 패키지를 설치하여 라이브러리를 가져오고, prs 변수에 PPT 파일을 만들어 줍니다.

```python
# 1. 비어 있는 PPT 만들기 (product_wordcloud.ppt)
pip install python-pptx == 0.6.21
from pptx import Presentation # 라이브러리
prs = Presentation() # 파워포인트 객체 선언
```

02 엑셀 파일을 하나씩 불러오기

이번에도 for문으로 제품 파일을 하나씩 불러와야 하기에 Step 1에서 쓴 코드를 그대로 가져오겠습니다.

 Tips _ 코드를 재사용할 때는 복사 + 붙여넣기를 적극 활용하세요

여기서 여러분이 기억하셔야 할 것은 이렇게 미리 만든 코드를 반복적으로 사용할 때는 복사 + 붙여넣기를 적극 활용하셔야 한다는 점입니다. 필요하다면 함수로 만들어서 사용하는 것도 방법이겠지요.

```python
# 2. practice/참고자료에서 엑셀 파일을 하나씩 불러오기
# 상대 경로
path = "practice/참고자료"
import os
file_list = os.listdir(path)
file_list_xls = []
for a in file_list:
    if ".xlsx" in a:
        file_list_xls.append(a)
file_list = file_list_xls
file_list
import pandas as pd
# 불러온 파일을 하나씩 열어보기
for a in file_list:
    df = pd.read_excel(f"practice/참고자료/{a}")
    print(df)
```

03 불러온 엑셀 파일의 제목과 내용을 합쳐서 워드클라우드로 만들기

이제 워드클라우드를 만들어 보겠습니다. (실습에서 사용할 wordcloud의 버전은 1.8.1입니다.)

```python
# 3. 불러온 엑셀 파일의 제목 & 내용을 합쳐서 워드클라우드로 제작
```

```
!pip install wordcloud == 1.8.1
import sys
from wordcloud import WordCloud
for b in file_list:
    df = pd.read_excel(f"practice/참고자료/{b}")      ①
    df["제목&내용"] = df["제목"] + df["내용"]      ②
    str_unit_sum = ''
    for a in range(df.shape[0]):
        str_unit = df.loc[a, "제목&내용"]                    ③
        str_unit_sum = str_unit_sum + str_unit
    wc = WordCloud(font_path = "practice/BMJUA_ttf.ttf")
    wc.generate(str(str_unit_sum))                            ④
    product_name = b.replace(".xlsx", "")
    wc.to_file(f'practice/{product_name}_wordcloud_1.png')
```

❶ df 변수에 제품 엑셀을 하나를 대입합니다. 다만 제품 엑셀은 **pd.DataFrame**으로 만들었기 때문에 모든 문자열을 한 번에 묶어주는 작업이 필요합니다. ❷ 엑셀은 기사 제목과 기사 내용으로 구성되어 있으므로 두 개의 컬럼을 합친 '제목&내용'이라는 컬럼을 새롭게 만들어 줍니다. 그러면 2개의 문자열 데이터가 합쳐집니다.

이제 ❸ str_unit_sum이라는 비어 있는 문자열을 만들고, df의 행 개수만큼 ['제목&내용'] 열의 각 행 값을 하나씩 str_unit_sum에 누적하여 담아 줍니다. 그러면 하나의 파일에 있는 모든 텍스트가 str_unit_sum에 담깁니다.

그 다음 ❹ BMJUA_ttf 폰트를 사용하여 만들어진 문자열을 워드클라우드로 만듭니다. 또한 product_name이라는 변수에 제품의 이름을 담아서 저장해 줍니다. 이로써 4가지의 워드클라우드가 만들어지게 됩니다.

워드 클라우드 파일을 열어서 잘 만들어졌는지 확인해 보겠습니다.

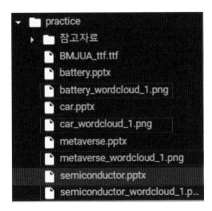

불용 단어를 제거하지는 않았지만 최근 많은 기사에서 자주 사용하는 단어들이 나타난 것을 알 수 있습니다.

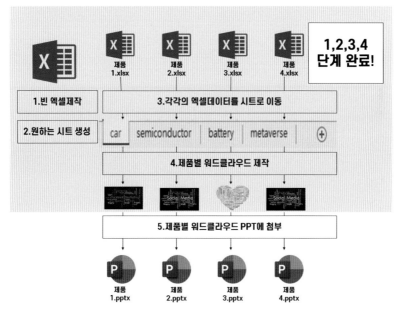

04 제작한 사진을 PPT에 첨부하고 제목과 내용을 적어 하나의 파일로 저장하기

이제 마지막 단계입니다. 아래는 앞서 배운 PPT 기본 문법을 활용해서 만들어진 워드클라우드를 PPT에 저장하고 텍스트를 넣어준 다음 PPT로 저장하는 코드입니다. 배우지 않은 코드는 없으니 한 번 차분히 보시길 바랍니다.

```python
# 4. 제작한 사진을 PPT 내에 첨부하고, 제목과 내용을 적어 하나의 파일로 저장하기
from pptx import Presentation # 라이브러리
# 시트 이름 체크하기
from openpyxl import load_workbook
wb = load_workbook('product_info.xlsx')
```

```python
print(wb.sheetnames)
sheet_names = wb.sheetnames
# 시트별 개발
for sheet in sheet_names:
    prs = Presentation()  # 파워포인트 객체 선언
    # PPT 슬라이드 생성(텍스트용)
    title_slide_layout = prs.slide_layouts[0]  # title_slide_layout 변수에 첫 번째 양식 추가
    slide = prs.slides.add_slide(title_slide_layout)  # 슬라이드 추가(첫 번째 양식)
    # PPT 내용 입력
    title = slide.shapes.title  # 타이틀 텍스트 입력
    subtitle = slide.placeholders[1]  # 텍스트 상자 중에 2번째 상자에 입력
    title.text = sheet
    subtitle.text = "뉴스기사 제목+내용 텍스트 기반 워드클라우드"
    # PPT 슬라이드 생성(사진용)
    from pptx import Presentation
    from pptx.util import Inches
    img_path = f'practice/{sheet}_wordcloud_1.png'
    blank_slide_layout = prs.slide_layouts[6]
    slide = prs.slides.add_slide(blank_slide_layout)
    # PPT 이미지 첨부
    top = Inches(0)  # 이미지의 시작 위치(y)
    left = Inches(0)  # 이미지의 시작 위치(x)
    height = Inches(10)  # 이미지의 세로 길이
    width = Inches(10 / 1.33)  # 이미지의 가로 길이
    pic = slide.shapes.add_picture(img_path, left, top, height, width)
    prs.save(f'practice/{sheet}.pptx')
```

위 코드를 실행하여 출력되는 파일을 한 번 보겠습니다.

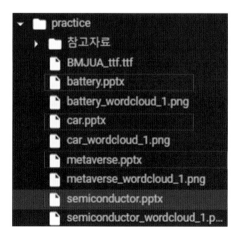

4개의 PPT가 잘 출력된 것을 알 수 있습니다. 파일을 하나 열어 보겠습니다.

이렇게 원하는 텍스트 제목과 부제목 그리고 그 다음 시트에 워드클라우드를 넣었습니다. 조금 더 디자인적인 부분이 추가된다면 정말 유의미한 보고서가 될 수 있겠네요!

여러 파일을 취합하는 업무가 매일매일 여러분의 시간을 잡아먹고 있다면 이번에 배운 현업 적용 코드를 잘 활용해 보세요. 매우 좋은 결과를 만들어 낼 수 있을 것입니다. 그리고 항상 배운 것에서 끝내지 마시고 응용해서 좀 더 좋은 방향으로 활용해 보시길 바랍니다. ^^

5.3 사진 제작에 왜 자동화가 필요할까?

일반적으로 이미지 파일을 만들 땐 PPT를 활용하는 경우가 많습니다. 간단한 이미지는 PPT로 제작하는 편이 좋지만, 명함과 같이 많은 데이터가 들어가야 하는 이미지는 내용을 하나씩 수정하고, PPT 작업물을 이미지로 변경하는 과정에서 시간이 오래 걸립니다. 이번 절에서는 그런 문제를 해결해 보겠습니다.

5.3.1 수천 개의 상장, 명함, 수료증 어떻게 제작하나요?

일반적으로 업무 구분이 명확한데다 큰 규모를 가진 조직은 반복적으로 제작해야 하는 업무를 직원이 직접 하지 않고 외주를 맡기는 경우가 많습니다. 예를 들면 신입사원들의 명함을 제작하는 일이 있습니다. 하지만 모든 상황을 외부 업체에 의존할 수는 없으며, 해당 업무를 내부 직원이 처리해야 할 경우도 있습니다. 가장 단적인 예가 자체적으로 발행해야 하는 상장이나 임명장 제작입니다. 특히 인사/교육 업무에서는 최근 수시채용이 확대되면서 대량으로 한꺼번에 처리해야 하는 업무가 분할하여 진행되는 경우가 많아지고 있습니다. 과거에 100명을 대상으로 연간 1~2회만 해도 되는 작업이었다면, 최근은 1~10명 미만이 되는 대상에게 똑같은 작업을 연 10~20회를 진행해야 하는 경우가 생기는 것이지요. 이런 업무는 아주 귀찮은 작업들을 반복적으로 해야 하고, 우리의 칼퇴(정시 퇴근)는 멀어져 가는 것이 현실입니다. 파이썬으로 이 문제를 해결하기 위해서는 몇 가지 라이브러리를 학습할 필요가 있습니다.

5.3.2 사진을 직접 만들기 위한 라이브러리 학습

▶ **실습 파일 경로:** chapter5/2.image/image.ipynb

먼저 위 경로에 있는 image.ipynb 파일을 열어 보겠습니다.

현업 적용 코드 결과 미리 보기

현재 가진 인사 데이터를 토대로 1,000명의 명함 데이터를 만들어야 하는 상황이라 가정하고, 현업 적용 코드를 Onecode로 실행할 것입니다. 실행 결과를 미리 보면서 해결해야 할 문제는 무엇이 있는지 알아 보겠습니다.

해당 방식은 조금은 간단합니다. 명함제작용 data.xls 파일을 한 번 열어 보겠습니다.

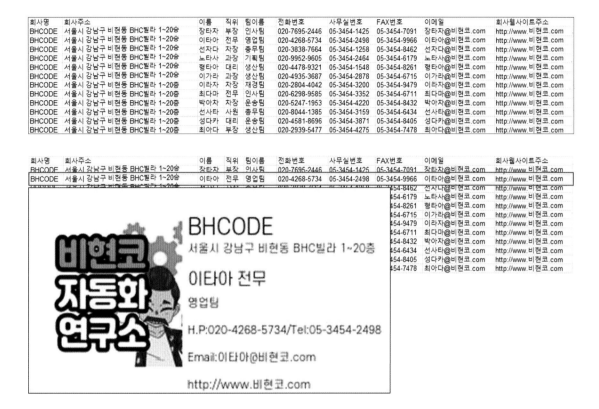

1,000개의 데이터가 있고, 데이터마다 회사명, 이메일 등의 정보가 포함되었음을 알 수 있습니다. 아래는 이 데이터를 기반으로 명함 1,000개를 만들어 주는 코드입니다. 실행해 보겠습니다.

```python
# 명함(onecode) 폴더 만들기
import os
def createFolder(directory):
    try:
        if not os.path.exists(directory):
            os.makedirs(directory)
    except OSError:
        print('Error: Creating directory.' + directory)
```

```python
createFolder('명함(onecode)')
!pip install xlrd == 2.0.1  # 라이브러리 버전은 반드시 지켜 주세요
import pandas as pd
df = pd.read_excel('명함제작용data.xls')
width = int(90 * 96 / 25.4)
height = int(50 * 96 / 25.4)
from PIL import Image
img_basic = Image.open("명함기본샘플(90mm-50mm).jpg")
img_logo = Image.open("Logo.jpg")
img_resize = img_logo.resize((140, 140))
img_basic.paste(im = img_resize, box = (5, 24))
img_basic.save("명함(onecode)/명함기본샘플(90mm-50mm)_logo.jpg")
df_unit = df.loc[0]
row1 = df_unit[0]
row2 = df_unit[1]
row3 = df_unit[2] + " " + df_unit[3]
row4 = df_unit[4]
row5 = "H.P:" + df_unit[5] + "/Tel:" + df_unit[6] + "/Fax:" + df_unit[7]
row6 = "Email:" + df_unit[8]
row7 = df_unit[8]
img = img_basic.copy()
# 폰트 설정
from PIL import ImageFont
fontsize = 30
fnt = ImageFont.truetype("SCDream3.otf", fontsize, encoding = "UTF-8")
# 이미지 글자 삽입
from PIL import ImageDraw
draw = ImageDraw.Draw(img)
text = "샘플 글자"
draw.text((180, 50), text, font = fnt, fill = "black")
# 명함 제작에 들어가는 텍스트 입력하기
a = 0
img = img_basic.copy()
fnt = ImageFont.truetype("SCDream3.otf", 10, encoding = "UTF-8")
draw = ImageDraw.Draw(img)
text_list = [
    row1, row2, row3, row4, row5, row6, row7
]
```

```
# 명함 제작에 들어가는 텍스트 입력하기
for unit in text_list:
    a = a + 25
    draw.text((150, a), unit, font = fnt, fill = "black")
# 명함 저장하기
img.save('명함(onecode)/명함_TEST.jpg')
for a in range(len(df)):
#    print(df.loc[a])
# 명함 제작에 들어가는 텍스트 정하기(내용, 크기)
    df_unit = df.loc[a]
    fnt1 = ImageFont.truetype("SCDream3.otf", 20, encoding = "UTF-8")
    row1 = df_unit[0]
    fnt2 = ImageFont.truetype("SCDream3.otf", 10, encoding = "UTF-8")
    row2 = df_unit[1]
    fnt3 = ImageFont.truetype("SCDream3.otf", 15, encoding = "UTF-8")
    row3 = df_unit[2] + " " + df_unit[3]
    fnt4567 = ImageFont.truetype("SCDream3.otf", 10, encoding = "UTF-8")
    row4 = df_unit[4]
    row5 = "H.P:" + df_unit[5] + "/Tel:" + df_unit[6]
    row6 = "Email:" + df_unit[8]
    row7 = df_unit[9]
    text_list = [[row1, fnt1], [row2, fnt2], [row3, fnt3], [row4, fnt4567], [row5,
fnt4567], [row6, fnt4567], [row7, fnt4567]]
    # 명함 제작에 들어가는 텍스트 입력하기
    a = 0
    img = img_basic.copy()
    draw = ImageDraw.Draw(img)
    for unit in text_list:
        a = a + 25
        draw.text((150, a), unit[0], font = unit[1], fill = "black")
    img.save(f"명함(onecode)/{row3}.jpg")
    img.close()
```

코드를 실행하면 명함(onecode) 폴더에 저장된 수많은 사진 파일이 보일 것입니다. 그중 하나를 열어 보겠습니다.

(실행속도를 올리고자 저해상도 이미지로 만들었습니다. 그래서 화질이 조금 깨지지만 이 문제는 이미지의 크기를 크게 만들어 해결하면 되는 일이니, 지금은 제작에 초점을 맞추겠습니다.)

명함(onecode) 폴더를 보면 위와 같은 형식으로 1,000개의 명함이 제작된 것을 확인할 수 있습니다. 이제 이 코드가 어떻게 실행되었는지 보기 전에 PIL 라이브러리에 대한 기본 문법을 학습해 보겠습니다.

STEP 2   PIL 라이브러리 기본 문법

01 PIL 라이브러리 설치

먼저 PIL(pillow) 패키지를 설치하고 라이브러리를 가져옵니다.

```
!pip install pillow
import PIL
from PIL import Image
```

02 이미지 열기/보기/저장

Image.open 메서드를 활용해서 주어진 폴더에 들어 있는 '명함기본샘플(90mm-50mm).jpg' 파일을 엽니다(해당 이미지는 일반적으로 사용하는 명함 기본 샘플의 크기를 만들어 두었습니다).

```
# 이미지 열기 - 가로 90mm, 세로 50mm 이미지 제작
IMG = Image.open('명함기본샘플(90mm-50mm).jpg')
```

아래는 이미지를 출력하는 코드입니다. 코드를 실행하면 방금 IMG 변수에 넣은 이미지(흰색 배경)가 화면에 출력됩니다.

```
# 이미지 보기
display(IMG)
```

이미지를 저장해 보겠습니다. 아래의 코드 실행 후 test_img.jpg 파일이 생성되는지 확인해 보시길 바랍니다.

```
# 이미지 저장
IMG.save('test_img.jpg')
```

03 이미지 크기 변환

이번에는 이미지 크기를 바꾸어 보겠습니다. 아래의 코드를 실행하면 이미지의 가로 길이가 원본보다 더 짧게 출력되는 것을 확인할 수 있습니다.

```
# 이미지 크기 변환
IMG_rs = IMG.resize((100, 180))
IMG_rs
```

04 이미지 붙여넣기

다시 원래 크기로 돌아와서 제가 준비한 'Logo.jpg'를 이미지 위에 올려 보겠습니다.

```
# 이미지 내 이미지 붙여넣기
IMG_logo = Image.open('Logo.jpg')
IMG_logo_rs = IMG_logo.resize((140, 140))
IMG.paste(im = IMG_logo_rs, box = (5, 24))
# IMG.paste(im = img_resize, box = (5,24))
IMG
```

위 코드를 실행하면 다음과 같이 이렇게 만들어진 파일을 확인할 수 있습니다. 이제 이 이미지에 글씨를 적어보도록 하겠습니다.

05 이미지에 글자 삽입

폰트를 설정하고 '명함 글씨'라는 텍스트가 180, 50 위치에 오도록 설정해 보겠습니다.

```python
# 이미지 글자 삽입 (# 폰트 설정 포함)
# 폰트 설정
from PIL import ImageFont  # 폰트 설정 모듈
fontsize = 30
fnt = ImageFont.truetype("SCDream3.otf", fontsize, encoding = "UTF-8")
# 이미지 글자 삽입
from PIL import ImageDraw  # 글씨 작성 모듈
draw = ImageDraw.Draw(IMG)
text = "명함 글씨"
draw.text((180, 50), text, font = fnt, fill = "black")
display(IMG)
```

위 코드를 실행하면 아래와 같은 사진이 나옵니다.

사진을 열고, 그 위에 이미지를 넣고, 그런 다음 글씨를 넣을 수 있으면 명함 제작의 기본은 다 할 수 있는 셈입니다. 그럼 바로 현업 실습으로 들어가 보겠습니다!

사진 제작 자동화 현업 실습

(회사에서의 상황 예시)

고만해 팀장: 비 대리! 작년에 전사 신입 직원들 대상으로 한 산업안전교육을 올해도 진행해야 할 것 같아!

비현코 대리: 네, 팀장님. 진행하면 되죠! 모든 직원을 산업안전 전문가로 만드는 회사의 방침은 업무가 많아지긴 해도 꼭 필요하다는 걸 잘 알고 있습니다. 작년에는 신입 직원 100명을 대상으로 1번 진행했잖아요? 명함 만들고, 수료증 발급 준비가 좀 고생스럽기는 하지만 올해도 한 번만 고생하면 되죠. 하하. ^^

고만해 팀장: 음… 비 대리 요즘 회사 정책 잘 안 보나? 인사팀에서 수시채용으로 채용 방식을 변경해서 한 해에 100명이 아니고, 매달 10명씩 들어올 거야. 산업안전교육도 입사하고 바로 진행해야 하는 거라서 매달 교육 진행 후 수료증 발급을 해야 해.

비현코 대리: 아… 그런가요? 그럼 매달 노가다 작업을 해야겠네요…?

고만해 팀장: 그래, 뭐 어쩌겠어. 회사의 경쟁력을 위해서 하는 일인데. 비 대리는 잘 해낼 거야. 파이팅!

비현코 대리: (파이썬… 나 좀 도와줄래? ㅜㅜ)

비현코의 코드 설계 노트 ✏️

- 1,000개의 행으로 된 엑셀 파일 확보하기
- 명함 크기의 템플릿 만들기
- 로고 삽입하기
- 이미지에 글자 삽입하기
- 이미지에 글자 입력하기

일단 위 과정을 진행하기 전에 확인해야 할 점이 있습니다. 엑셀 데이터에 어떤 내용의 정보가 있는지 파악하는 것입니다.

 # 명함에 들어가는 정보

```
# 1. 로고 - 주식회사 BHCODE

# 2. 회사명 - 주식회사 BHCODE

# 3. 회사주소 - 서울시 강남구 비현동 BHC 14층

# 4. 이름 - 랜덤

# 5. 직위 - 랜덤

# 6. 상위 부서 이름- 랜덤

# 7. 팀 이름 - 랜덤

# 8. 전화번호 - 랜덤

# 9. 사무실 번호 - 랜덤2

# 10. FAX 번호 - 랜덤

# 11. 이메일 - 아이디@

# 12. 회사 웹사이트 주소
```

엑셀 파일을 직접 확인해 보면 12개의 인사 데이터가 있습니다. 이 중에서 우리가 명함에 넣을 내용을 정해야 하는데, 2 ~ 12에 해당하는 데이터가 적합할 것 같습니다. 그럼 다음 Step을 진행해 보겠습니다.

STEP 1   1,000개의 행으로 된 엑셀 파일 확보하기

엑셀 파일에서 1,000개의 데이터를 가져와서 데이터프레임에 저장해 보겠습니다.

> **! Warning** _ 필자와 같은 버전의 xlrd 라이브러리를 설치해 주세요
>
> 반드시 필자와 같은 버전의 xlrd 라이브러리로 맞춰 주세요. 다른 버전의 라이브러리로 .xls을 열 경우 오류가 발생할 수 있기 때문입니다.

```python
!pip install xlrd == 2.0.1  # 버전은 반드시 지켜 주세요
import pandas as pd
df = pd.read_excel('명함제작용data.xls')
df.head()
```

이렇게 모든 데이터가 DataFrame 안으로 들어왔습니다.

	회사명	회사주소	이름	직위	팀이름	전화번호	사무실번호	FAX번호	이메일	회사웹사이트주소
0	BHCODE	서울시 강남구 비현동 BHC빌라 1~20층	장타자	부장	인사팀	020-7695-2446	05-3454-1425	05-3454-7091	장타자@비현코.com	http://www.비현코.com
1	BHCODE	서울시 강남구 비현동 BHC빌라 1~20층	이타아	전무	영업팀	020-4268-5734	05-3454-2498	05-3454-9966	이타아@비현코.com	http://www.비현코.com
2	BHCODE	서울시 강남구 비현동 BHC빌라 1~20층	선자다	차장	총무팀	020-3838-7664	05-3454-1258	05-3454-8462	선자다@비현코.com	http://www.비현코.com
3	BHCODE	서울시 강남구 비현동 BHC빌라 1~20층	노타사	과장	기획팀	020-9952-9605	05-3454-2464	05-3454-6179	노타사@비현코.com	http://www.비현코.com
4	BHCODE	서울시 강남구 비현동 BHC빌라 1~20층	형타아	대리	생산팀	020-4478-9321	05-3454-1548	05-3454-8261	형타아@비현코.com	http://www.비현코.com

명함 크기의 템플릿 만들기

이제 명함 크기의 템플릿을 만들어야 하는데, 실측은 mm로 해도 화면상의 길이 단위는 px(픽셀, pixel)이 기본입니다. 따라서 mm 단위를 px로 바꿔 보겠습니다.

```
width = int(90 * 96 / 25.4)
height = int(50 * 96 / 25.4)
print(width, height)
```

이처럼 실제 크기와 같은 자료를 만들어야 할 경우는 pixel과 mm의 관계성을 잘 보고 해당 크기를 잘 맞춰야 합니다.

> 📖 **Note** _ mm를 px로 변환하기
>
> 해상도가 96DPI일 때 1cm를 px로 변환한다면 공식은 다음과 같습니다.
>
> 1(cm) / 2.54(inch) * 96 ≒ 37.795 (px)

STEP 3 **로고 삽입하기**

이제 **명함기본샘플(90mm-50mm).jpg**를 열어 보겠습니다.

```
from PIL import Image
img_basic = Image.open("명함기본샘플(90mm-50mm).jpg")
img_basic.show()
```

불러온 이미지 파일에 로고를 삽입하고 '명함기본샘플(90mm-50mm)_logo.jpg'이라는 이름으로 저장해 줍니다.

```
from PIL import Image
img_basic = Image.open("명함기본샘플(90mm-50mm).jpg")
img_logo = Image.open("Logo.jpg")
img_resize = img_logo.resize((140, 140))
img_basic.paste(im = img_resize, box = (5, 24))
img_basic.save("명함기본샘플(90mm-50mm)_logo.jpg")
img_basic
```

STEP 4 **이미지에 글자 삽입하기**

이제 해당 명함에 하나씩 글자를 적어 보겠습니다.

```python
# 들어갈 글자 정리
for df_unit in df.loc[0]:
    print(df_unit)
# 들어갈 줄 확인
df_unit = df.loc[0]
row1 = df_unit[0]
row2 = df_unit[1]
row3 = df_unit[2] + " " + df_unit[3]
row4 = df_unit[4]
row5 = "H.P:" + df_unit[5] + "/Tel:" + df_unit[6] + "/Fax:" + df_unit[7]
row6 = "Email:" + df_unit[8]
row7 = df_unit[8]
```

앞서 pandas 문법을 배웠기 때문에 어느 정도 이해는 되시겠지만 row3, 5, 6은 제가 임의로 합쳤습니다. 이유는 한 줄씩 계속 글씨를 쓰다 보면 글씨가 이미지를 벗어나는 경우가 생기기 때문입니다. 글씨가 온전히 들어가는 줄의 위치를 알아내는 건 반복적으로 테스트를 해 봐야 가능하기에 다소 불편하긴 합니다. 하지만 1개의 명함을 만드는 노력으로 1,000개의 명함을 만드는 작업을 하는 것이니 1,000번의 작업을 하는 것이 아니라는 생각으로 임하면 제작하는 데 큰 어려움은 없을 것입니다.

우리가 pandas를 배울 때 원본 데이터를 저장할 목적으로 copy() 메서드를 사용했었습니다. 여기서는 이미지의 크기 조정, 글/그림 삽입 등의 작업으로 인해 원본 이미지가 훼손될 수 있기 때문에 copy() 메서드를 이용한 것입니다.

```python
# 기본 이미지 복사 (rawdata 확보)
from PIL import Image
img = img_basic.copy()
```

이번에는 폰트를 설정해 보겠습니다. SCDREAM3.otf 폰트에, 폰트 사이즈는 30으로 하겠습니다.

```python
# 폰트 설정
from PIL import ImageFont
fontsize = 30
fnt = ImageFont.truetype("SCDream3.otf", fontsize, encoding = "UTF-8")
```

폰트를 설정했으니 텍스트의 위치를 정해서 내용을 입력하겠습니다.

```python
# 이미지 글자 삽입
from PIL import ImageDraw
draw = ImageDraw.Draw(img)
text = "샘플 글자"
draw.text((180, 50), text, font = fnt, fill = "black")
```

위 코드를 실행해 만들어진 이미지를 확인해 보겠습니다.

STEP 5   이미지에 글자 입력하기

이제 명함에 들어가는 글자를 하나씩 적어 보겠습니다. 먼저 앞서 만든 row1~7을 text_list 안에 넣습니다.

```python
# 명함 제작에 들어가는 텍스트 입력하기
a = 0
img = img_basic.copy()
fnt = ImageFont.truetype("SCDream3.otf", 10, encoding = "UTF-8")
draw = ImageDraw.Draw(img)
text_list = [
    row1, row2, row3, row4, row5, row6, row7
]
text_list
```

```
['BHCODE',
'서울시 강남구 비현동 BHC빌라 1~20층',
'장타차 부장',
'인사팀',
'H.P:020-7695-2446/Tel:05-3454-1425/Fax:05-3454-7091',
'Email:장타차@비현코.com',
'장타차@비현코.com']
```

25px씩 간격을 띄워서 해당 텍스트를 만들어진 명함 이미지에 옮겨 담도록 하겠습니다.

```
for unit in text_list:
    a = a + 25
    draw.text((150, a), unit, font = fnt, fill = "black")
img
```

제법 그럴 듯한 명함이 나오게 되었습니다. 이제 명함 파일을 저장해 보겠습니다.

```
# 명함 저장하기
img.save('명함_TEST.jpg')
```

축하드립니다. 이로써 1개의 명함을 만드는 코드를 모두 작성하였습니다. 생각보다 쉽죠?

이제 1,000개의 데이터에 해당 코드가 반복적으로 적용될 수 있도록 해 보겠습니다.

```
for a in range(len(df)):
#    print(df.loc[a])
# 명함 제작에 들어가는 텍스트 정하기 (내용, 크기)
    df_unit = df.loc[a]
```

```python
    fnt1 = ImageFont.truetype("SCDream3.otf", 20, encoding = "UTF-8")
    row1 = df_unit[0]
    fnt2 = ImageFont.truetype("SCDream3.otf", 10, encoding = "UTF-8")
    row2 = df_unit[1]
    fnt3 = ImageFont.truetype("SCDream3.otf", 15, encoding = "UTF-8")
    row3 = df_unit[2] + " " + df_unit[3]
    fnt4567 = ImageFont.truetype("SCDream3.otf", 10, encoding = "UTF-8")
    row4 = df_unit[4]
    row5 = "H.P:" + df_unit[5] + "/Tel:" + df_unit[6]
    row6 = "Email:" + df_unit[8]
    row7 = df_unit[9]
    text_list = [[row1, fnt1], [row2, fnt2], [row3, fnt3], [row4, fnt4567], [row5,
fnt4567], [row6, fnt4567], [row7, fnt4567]]
    # 명함 제작에 들어가는 텍스트 입력하기
    a = 0
    img = img_basic.copy()
    draw = ImageDraw.Draw(img)
    for unit in text_list:
        a = a + 25
        draw.text((150, a), unit[0], font = unit[1], fill = "black")
    img.save(f"명함/{row3}.jpg")
    img.close()
```

위 코드는 지금까지 만든 코드를 차곡차곡 쌓아서 만든 멋진 for문이니까 여러분도 이해할 수 있으리라 생각합니다. 따라서 코드를 하나하나 설명하진 않겠습니다(만약 이해가 되지 않는다면, 앞의 Step들을 참고하면서 코드를 한 줄 연결해 보세요).

조금 특이해 보일 점을 하나 짚자면, text_list에는 리스트 안의 리스트를 만든 것을 볼 수 있습니다. 해당 코드는 각각의 텍스트에 모두 같은 폰트를 지정하는 것이 아닌 row1, 2, 3은 fnt1, 2, 3을 적용하고 row4, 5, 6, 7은 fnt4567을 적용하는 코드입니다. 아래의 미세하게 바뀐 코드는 폰트를 다르게 적용시키기 위한 작업을 의미합니다.

위 코드를 실행하고 조금 기다렸다가 명함 폴더를 열면, 다음과 같이 1,000개의 명함 파일이 만들어진 것이 보입니다.

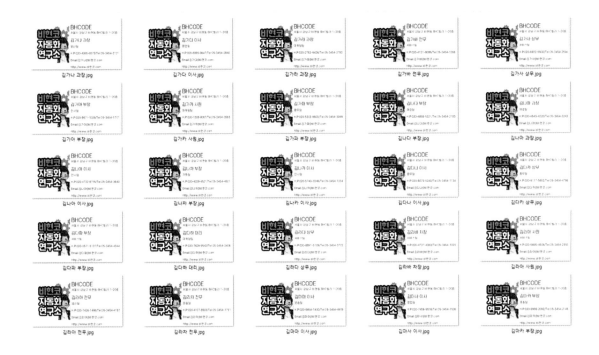

고생하셨습니다. 1,000개의 명함을 한 번에 제작하는 코드를 완성하셨네요. 이제 매주 신입사원들이 들어오더라도 그때 그때 바로 명함 제작할 수 있게 되신 것을 축하드립니다!

Summary

이번 장에서는 개인화된 자료를 제작하는 자동화를 같이 해 보았습니다. 사실 MS Office와 사진만 다루었지만 우리가 원한다면, 그리고 그 작업이 컴퓨터로 이루어진다면 얼마든지 개인화된 자료로 제작할 수 있습니다. 뒤에서 배울 마우스/키보드 자동화와 화면 자동화 등이 합쳐진다면 말이죠. 저는 실제 업무에서 이 기능을 매우 많이 활용해 왔습니다. 1개의 명함을 만드는 작업은 고통스럽지만 1,000개의 명함을 쉽게 만드는 모습을 보면 파이썬 업무 자동화의 매력에 푹 빠지게 되실 것입니다. 나의 시간을 더 많이 만들 수 있는 이 기술에 조금 더 집중해서 다른 반복 업무도 해결하러 다음 장으로 넘어가 보겠습니다.

[업무 유형 4]

커뮤니케이션 자동화
(메일 & 문자)

▶▶ Contents

6.0 챕터를 시작하기 전에

이메일/문자/카카오톡/노션/슬랙 등 요즘은 정말 다양한 형태의 도구를 기반으로 소통하는데 놀랍게도 모두 자동화가 가능합니다. 이번 장에서는 커뮤니케이션 자동화를 다루는데, 그 기본으로 우리가 자주 사용하는 업무 도구인 이메일과 문자의 발송 자동화를 배워볼 것입니다.

커뮤니케이션 자동화는 방법은 단순하면서도 효율적인 성능을 가졌습니다. 참고로 저는 파이썬을 활용한 이메일 전송을 직접 경험하면서 흥미를 가졌고, 이를 계기로 업무 자동화의 세계로 들어서게 되었습니다. 그만큼 커뮤니케이션 자동화는 아주 매력적이기에 기대를 품고 함께 알아가 보겠습니다.

통합 메일과 개인 특화 메일의 필요성

회사 업무를 하는 사람 중에 이메일을 활용하지 않는 사람이 있을까요? 그보다는 이메일을 활용하지 않는 사람을 찾는 것이 더 어려울지도 모르겠습니다. 업무에서 커뮤니케이션은 매우 중요합니다.

업무 커뮤니케이션에도 반복 수행하는 일들이 많습니다. 이를테면 주기적으로 메일을 발송, 메일 내용을 문자로 대신 전송하는 경우가 있습니다. 그중에서도 특정 수신자만 봐야 할 메일을 작성하는 경우에는 수신자를 일일히 지정하는 등 반복 작업이 많이 발생합니다. 이런 일은 우리의 시간을 낭비하여 생산적인 업무 수행을 방해합니다.

그렇다면 이러한 업무로부터 우리의 소중한 시간을 지키려면 어떻게 해야 할까요? 기업용 메일/문자 발송 관련 유료 서비스를 이용해 볼 수도 있겠지만, 이 업무 또한 파이썬 코딩으로 해결해 낼 수 있다면 어떨까요? 시간과 비용을 확실하게 절감할 수 있게 될 것입니다.

예를 들어 여러 사람에게 문자를 동시 다발적으로 보내야 하는 상황을 생각해 보겠습니다. 그런데 수신인의 상황을 고려하지 않고 똑같은 내용을 보여준다면 어떨까요? 수신인의 반응은 제각각 다를 것입니다. 어떤 사람에게는 필요한 반면, 또 다른 사람에게는 필요 없는 내용이 될 수 있기 때문입니다. 이런 메일을 받으면 수신인들은 자신이 원하는 정보만 골라 보기 매우 어렵기 때문에 발신인에게 다시 문의하는 경우가 많습니다.

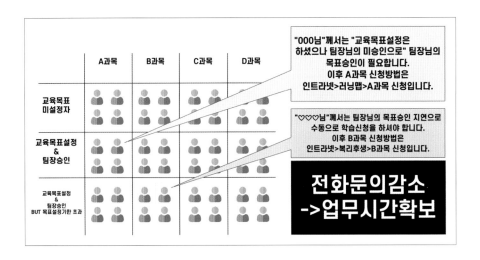

그렇다면 수신인의 상황을 고려해 내용이 제각각 다른 메일을 동시에 발송할 수 있다면 어떨까요? 문의량이 상당히 줄어들 것입니다. 아래와 같은 방식을 적용하면 정보를 좀 더 빠르고 명확하게 전달할 수 있어 후속 조치를 할 필요가 없어질 것이고, 이는 결국 우리의 시간을 아껴주는 역할을 해낼 것입니다.

이 방식은 메일, 문자, 모바일 메신저에 모두 활용할 수 있습니다. 이번 장에서 메일과 문자를 자동 전송하는 방법을 배우면 어떻게 구현하는지 알게 될 것입니다. 이번 장에서는 메일과 문자를 자동으로 전송하는 방법을 학습해 보겠습니다.

6.1 메일 발송 자동화 기본 실습

파이썬으로 이메일을 보내는 방법은 다양합니다. MS office에서 제공하는 Outlook 소프트웨어를 활용할 수도 있고 Gmail, 네이버 메일 등 사용자가 많은 서비스에서 제공하는 환경을 이용할 수도 있습니다. 이번 실습에서는 많은 분이 사용하는 메일 서비스인 Gmail을 활용해 보겠습니다.

아래 Note는 이메일의 작동 원리는 간단히 정리한 것입니다. 참고해 주시고 다음의 실습으로 넘어가겠습니다.

> **Note** _ 이메일의 작동 원리 간단 정리
>
> 우리가 흔히 사용하는 이메일은 SMTP(간이 전자 우편 전송 프로토콜, Simple Mail Transfer Protocol)라는 방식을 활용하여 메일이 전송됩니다. 발신인에서 수신인으로 메일이 바로 전달되는 게 아니라 하나의 서버에서 서버로 메일이 전달되는 방식입니다. 그러므로 메일을 보내기 위해서는 나의 이메일이 있는 메일 서버의 정보가 필요합니다.
>
> 앞으로 우리는 이 서버의 정보를 활용하여 이메일을 보낼 텐데, 이때 smtplib이라는 파이썬 라이브러리를 활용할 것입니다.

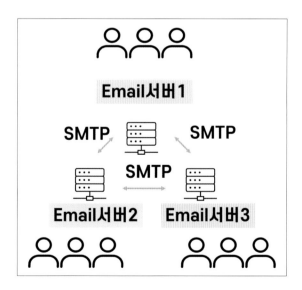

◉ 실습 파일 경로: chapter6/mail/mail.ipynb

Jupyter Notebook을 열고 위 경로를 참조해 mail.ipynb 파일을 열어 주세요. 준비되셨다면 시작해 보겠습니다.

STEP 1　　**현업 적용 코드 결과 미리 보기**

항상 앞에서 했듯이 코드를 실행한 결과는 어떤지 살펴볼 것입니다. 아래에 우리가 해결할 문제를 간단히 도식화해 보겠습니다.

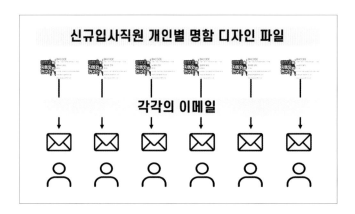

보시다시피 신규 입사 직원들의 명함을 각자의 메일로 자동 전송하는 작업입니다. 바로 코드를 실행하면 좋겠지만, 이메일 전송에는 따로 준비해야 할 부분이 있습니다. 이 부분을 먼저 진행해 보겠습니다.

Gmail을 활용하기 위한 사전 세팅

1) Gmail 설정

• 지메일 로그인

• [메일 설정] 클릭 (모든 설정 클릭)

• 전달 및 POP/IMAP 클릭

• [Imap 액세스 〉IMAP 사용] 클릭

• 변경 사항 저장

2) Google 서비스 2단계 인증 설정

• 구글 계정 보안 페이지에 접속

• 앱 비밀번호 클릭

• 생성된 앱 비밀번호 저장

• google에 로그인 탭에서 2단계 인증

• 앱 비밀번호 생성 (앱(메일) 선택, 기기 선택)

01 Gmail 설정

먼저 Gmail에 접속해서 **설정**을 클릭합니다.

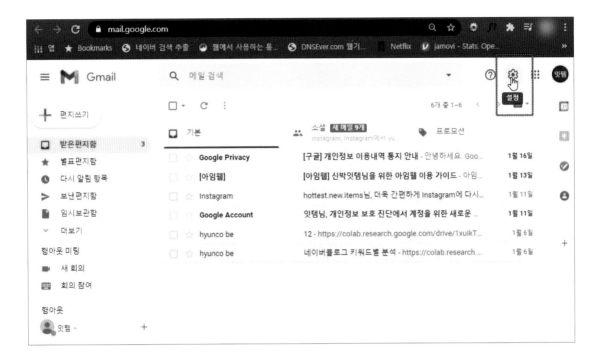

그 다음 **모든 설정 보기**를 클릭합니다.

다양한 설정 탭이 보이는데 그중 **전달 및 POP/IMAP**을 클릭합니다.

IMAP 액세스에서 **IMAP 사용**을 선택하고 **변경사항 저장**을 클릭합니다.

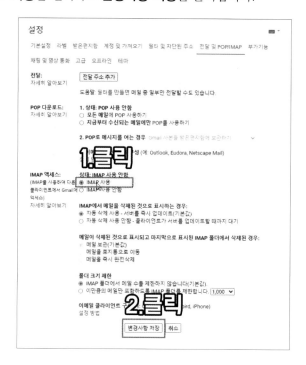

02 Google 서비스 2단계 인증 설정

다음 링크를 통해 구글 계정 페이지로 접속 후 **보안** 탭을 클릭해서 2단계 인증을 진행합니다.

[링크] https://myaccount.google.com/

2단계 인증을 진행하려면 구글 로그인이 되어야 합니다. 실습에 사용할 구글 계정으로 로그인하고 인증을 완료해 주세요. 인증을 완료하면 **보안** 탭의 **2단계 인증** 항목이 활성화되는 것을 확인할 수 있습니다.

이제 파이썬으로 메일을 보낼 때 활용할 앱 비밀번호를 생성해 보겠습니다.

먼저 앱 비밀번호를 생성할 앱과 기기를 선택해야 합니다. 아래와 같이 **메일/본인 컴퓨터** 순서대로 설정해 줍니다.

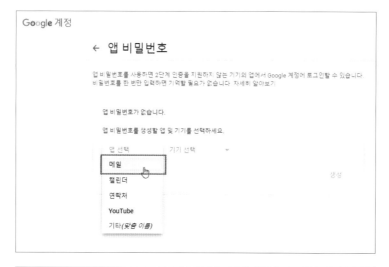

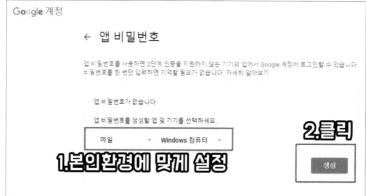

이렇게 하면 앱 비밀번호가 생성됩니다. 이 비밀번호를 메모장이나 스티커 노트 등에 잘 적어 주시길 바랍니다.

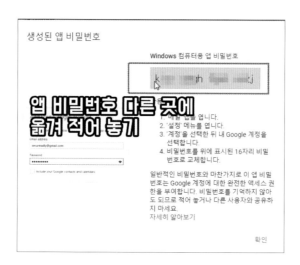

03 메일 전송 코드 실행

이제 메일을 전송할 준비가 끝났습니다. 시연을 위해서 저는 메일함을 비워 두겠습니다.

그럼 메일을 전송하는 코드를 실행해 보겠습니다. 일단 모두 공통적인 환경에서 전송되어야 되기 때문에 스스로에게 전송하는 코드로 만들어 두었습니다.

(아래 코드는 복사 + 붙여넣기 기능으로만 만들어서 학습할 예정이니 그대로 따라서 타이핑하지 마세요!)

```python
import getpass
my_mail = input('당신의 gmail을 적어주세요 : ')
my_mail_psw = getpass.getpass('당신의 gmail의 보안 패스워드를 적어주세요 : ')
#### 1) 챕터 5에서 만든 수천 개의 파일을 파이썬으로 불러오기
import os
file_list = os.listdir("명함_1/")
#### 2) 이메일 주소 불러오기
import pandas as pd
df = pd.read_csv('명함제작용data.csv')
df2 = df[['이름', '직위', '전화번호', '이메일']]
#### 5) Gmail을 활용한 메일 전송
import os
import smtplib
from email.mime.multipart import MIMEMultipart
from email.mime.text import MIMEText
from email.mime.base import MIMEBase
from email import encoders
```

```python
# (본인이 운영하는 지메일 주소)
smtp_user = my_mail   # 본인의 Gmail 주소를 넣어 주세요
# (본인이 운영하는 지메일에서 확보 가능한 password)
smtp_password = my_mail_psw   # 본인의 password를 넣어 주세요
server = 'smtp.gmail.com'
port = 587

for file in file_list[:5]:

    file_nj = file.replace('.jpg', '')
#    email = df2[df2['전화번호'] == file_nj]['이메일'].iloc[0]
    email = my_mail
    name = df2[df2['전화번호'] == file_nj]['이름'].iloc[0]
    msg_html = f """
    <p style='margin-top:0cm;margin-right:0cm;margin-bottom:8.0pt;margin-left:0cm;text
-align:justify;line-height:107%;font-size:13px;font-family:"맑은 고딕 ";'><strong><span
style="font-size:20px;line-height:107%;">안녕하세요. </span></strong></p>
    <p style='margin-top:0cm;margin-right:0cm;margin-bottom:8.0pt;margin-left:0cm;text-align:
justify;line-height:107%;font-size:13px;font-family:"맑은 고딕 ";'><strong><u><span style=
"font-size:20px;line-height:107%;">{name} </span></u></strong><strong><u><span style=
"font-size:20px;line-height:107%;">님 입사를 축하드립니다. </span></u></strong></p>
    <p style='margin-top:0cm;margin-right:0cm;margin-bottom:8.0pt;margin-left:0cm;text-
align:justify;line-height:107%;font-size:13px;font-family:"맑은 고딕 ";'><spanstyle=
"background:yellow;">잘 적응하고 계신가요?</span></p><p style='margin-top:0cm;margin-
right:0cm;margin-bottom:8.0pt;margin-left:0cm;text-align:justify;line-height:107%;font-
size:13px;font-family:"맑은 고딕 ";'><em>어려운 부분이 있으면 언제든 연락(020-1234-5678)주시길
바랍니다!</em></p> <p style='margin-top:0cm;margin-right:0cm;margin-bottom:8.0pt;margin-
left:0cm;text-align:justify;line-height:107%;font-size:13px;font-family:"맑은 고딕 ";'>
<em>명함 보내드려요~! 앞으로도 잘 부탁드립니다</em></p>
    """

    msg = MIMEMultipart("alternative")
    msg["Subject"] = f'{name}님 명함 제작이 완료되었습니다.'
    msg["From"] = smtp_user
    msg["To"] = email
    msg.attach(
```

```
MIMEText(

msg_html,

'html'

)

)

# 명함 첨부

attachment = open(f'명함_1/{file}', 'rb')

part = MIMEBase('application', 'octet-stream')

part.set_payload((attachment).read())

encoders.encode_base64(part)

part.add_header('Content-Disposition', "attachment;filename=" + 'wordcloud_news2.png')

msg.attach(part)

# 메일 전송

s = smtplib.SMTP(server, port)

s.ehlo()

s.starttls()

s.login(smtp_user, smtp_password)

s.sendmail(smtp_user, email, msg.as_string())

s.quit()
```

무엇인지는 잘 모르겠으나 매우 방대하고 길어 보이는 코드가 나왔습니다. 해당 코드를 실행하면 본인의 Gmail과 아까 획득한 앱 비밀번호를 작성해야 합니다. 입력해 보겠습니다.

생각보다 퀄리티 있는 메일이죠? 이제 메일을 어떻게 보내는지 관련 기본 문법을 익히면서 하나씩 알아 보겠습니다.

메일 발송 기본 문법 (Outlook 활용)

앞서 메일을 보내는 방법이 많이 있다고 말씀드렸는데, 그중 가장 쉬운 방법은 Outlook 소프트웨어를 활용하는 것입니다. 지금부터 Outlook 메일을 사용하는 환경이라 가정하고 Outlook을 활용한 Email 발송 기본기를 익혀 보겠습니다.

먼저 Outlook을 실행합니다.

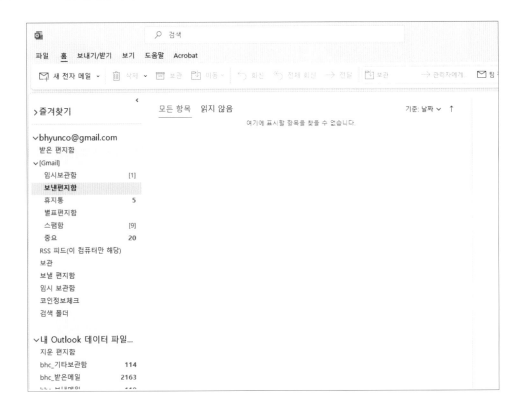

> ! **Warning** _ 다음의 코드는 가능한 Jupyter Notebook에서 실행해 주세요
>
> Jupyter Notebook이 아닌 Google Colab 등 클라우드 기반의 개발 환경을 이용할 경우 이 코드가 구동되지 않습니다. 당연한 이야기지만 colab은 서버에서 구동되기 때문에 내 컴퓨터의 작동을 제어할 수 없습니다.

```python
# Outlook 로그인 - 개별 설치

# 메일 작성하기(텍스트 보내기)

import win32com.client

outlook = win32com.client.Dispatch("Outlook.Application")

Txoutlook = outlook.CreateItem(0)

Txoutlook.To = ""  # 개인 이메일 작성
```

```
Txoutlook.CC = ""   # 개인 이메일 작성

Txoutlook.Subject = "Bhyunco makes me better_outlook_text"

Txoutlook.HTMLBody = """
Bhyunco makes me better_outlook_text
"""
# Txoutlook.Display(True)
try:
    Txoutlook.send()
except:
    print('')
```

위 코드는 win32com.client라는 라이브러리를 가져와서 Outlook을 실행하고 이메일 전송을 하라는 의미입니다. 여기서 여러분이 바꿔야 하는 코드는 딱 2개입니다.

```
Txoutlook.To = ""   # 개인 이메일 작성
Txoutlook.CC = ""   # 개인 이메일 작성
```

해당 코드는 Outlook에 연동된 메일을 발신자로 하고 위에 쓰는 수신자와 참조자를 넣을 경우 매우 간단히 메일을 전송할 수 있다는 장점이 있습니다. 코드를 실행하면 아래와 같이 메일이 발송됩니다.

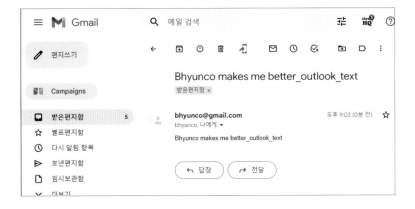

! Warning _ 위 코드는 Outlook을 사용하는 환경에서만 유효합니다

앞서 Outlook을 사용하는 환경이라 가정하고 실습을 시작한 이유는, Outlook을 사용할 수 없는 환경에서는 위 코드로 메일을 보낼 수 없기 때문입니다.

계속해서 Outlook으로 파일을 첨부해 보겠습니다.

```python
# 메일 작성하기(파일 첨부)
import win32com.client
outlook = win32com.client.Dispatch("Outlook.Application")
Txoutlook = outlook.CreateItem(0)
Txoutlook.To = ""   # 개인 이메일 작성
Txoutlook.CC = ""   # 개인 이메일 작성
Txoutlook.Subject = "Bhyunco makes me better_outlook_text,FILE"
Txoutlook.HTMLBody = """
Bhyunco makes me better_outlook_text,FILE
"""
attachment = r''   # 본인 컴퓨터의 절대경로에 맞게 설정해 주세요
# attachment = '명함\김가가 차장.jpg'
Txoutlook.Attachments.Add(attachment)
# Txoutlook.Display(True)
try:
    Txoutlook.Send()
except:
    pass
```

①

이 코드도 앞과 동일한 방식으로 메일을 보내지만, ❶ attachment 변수를 추가해 절대경로를 넣었다는 점이 다릅니다. 여기서는 명함 폴더에 김가가 차장.jpg 파일이 들어간 형태의 경로를 attachment 변수에 넣었습니다.

코드를 실행하면 아래와 같이 파일이 첨부된 메일이 발송됩니다.

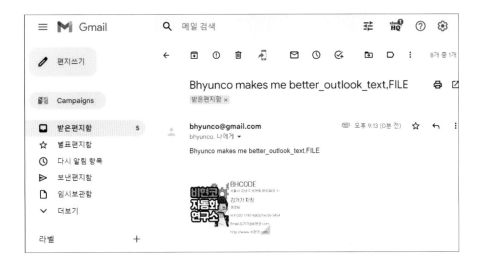

메일 발송 기본 문법 (Gmail 활용)

Outlook으로 메일을 보내 보았으니 이번에는 Gmail로 메일을 보내 보겠습니다.

> 앞서 설명드린 것처럼 메일을 보내는 작업은 따로 코딩을 하지 않습니다. 이 작업에 쓰이는 모든 소스는 구글링(구글에서 'Gmail로 메일 보내는 법' 검색)으로 가져올 수 있기 때문입니다. 그러니 여러분은 저처럼 구글링으로 코드를 참고해 수정하여도 되고 제가 올려드린 코드를 바로 쓰셔도 무방합니다.

앞서 모든 세팅은 완료하였으니 코드를 바로 실행해 보겠습니다.

```
### 4) Gmail을 활용한 메일 전송
import getpass
my_mail = input('나의 발신 이메일:')
your_mail = input('수신 이메일:')
pw = getpass.getpass('Gmail 앱 비밀번호:')
import os
import smtplib
from email.mime.multipart import MIMEMultipart
from email.mime.text import MIMEText
from email.mime.base import MIMEBase
# from selenium.webdriver.chrome.options import Options
```

```python
from email import encoders
# (본인이 운영하는 지메일 주소)
smtp_user = my_mail  # 본인의 Gmail 주소를 넣어 주세요
# (본인이 운영하는 지메일에서 확보 가능한 password)
smtp_password = pw  # 본인의 password를 넣어 주세요
emails = your_mail  # 보내고자 하는 이메일을 적어 주세요
server = 'smtp.gmail.com'
port = 587
email = emails
msg = MIMEMultipart("alternative")
msg["Subject"] = '안녕하세요 비현코입니다._gmail,file'
msg["From"] = smtp_user
msg["To"] = email
msg.attach(
MIMEText(
"비현코입니다._gmail,file", 'plain'
)
)
# 명함 첨부
attachment = open('명함/김가가 차장.jpg', 'rb')
part = MIMEBase('application', 'octet-stream')
part.set_payload((attachment).read())
encoders.encode_base64(part)
part.add_header('Content-Disposition', "attachment; filename=" + 'wordcloud_news2.png')
msg.attach(part)
# 메일 전송
s = smtplib.SMTP(server, port)
s.ehlo()
s.starttls()
s.login(smtp_user, smtp_password)
s.sendmail(smtp_user, email, msg.as_string())
s.quit()
```

코드를 실행하면 아래와 같이 3가지 데이터를 입력할 수 있게 됩니다. 만약 이런 식의 코드가 아닌 여러분이 직접 고쳐 쓰고 싶다면 my_mail, your_mail, pw 변수를 다른 방식으로 활용해 보는 것도 좋은 응용 방법입니다.

```
나의 발신 이메일:bhyunco@gmail.com
수신 이메일:bhyunco@gmail.com
Gmail 앱 비밀번호:·········
```

💡 **Tips** _ getpass 라이브러리

일반적으로 input을 통해 사용자가 원하는 정보를 입력받을 수 있습니다. 하지만 많은 사람들이 보는 앞에서 비밀번호와 같은 중요한 개인정보를 넣어야 할 경우는 어떨까요? 그때 입력한 내용이 화면에 그대로 노출되지 않도록 숨겨주는 라이브러리가 바로 getpass입니다. getpass의 사용법은 비교적 간단합니다. 다음과 같이 쓰입니다.

```
getpass.getpass("질문")
```

발신 및 수신 이메일, 앱 비밀번호를 입력하면 아래와 같이 메일이 전송됩니다.

이로써 Gmail을 활용한 메일 전송도 해 보았습니다. 배워 보니 어떠신가요? 메일을 보내는 기본 문법은 생각보다 간단하지요? 사실 이메일을 보내는 코드를 하나씩 다 분석하고 알려면 이메일의 구동 방식, 특히 SMTP 서버의 구동 방식까지 잘 알아야 합니다. 하지만 우리에게 중요한 것은 기술을 자세히 아는 것이 아니라 일단 업무에 적용하는 것입니다. 우리가 지금까지 이메일의 원리를 모르고도 사용했듯이, 메일 발송 자동화도 마찬가지입니다. 자동화 구현에 쓰인 라이브러리와 코드를 내 업무에 맞게 활용할 방법을 찾는 데 집중해 주시길 바랍니다. 당장은 동작 원리를 온전히 이해하기 어렵더라도, 작은 문제들을 만나고 해결하면서 자연스럽게 지식을 체득하고 이해하게 될 것입니다.

아래의 그림은 각각의 코드와 도착한 메일을 요소들을 연결한 것입니다. 참고하여 배운 내용을 정리해 보신 후 현업 적용 실습으로 넘어가 주세요.

6.2 메일 발송 자동화 현업 실습

(회사에서의 상황 예시)

(rrrrrrrrr)

비현코 과장: 네, 비현코 과장입니다.

함 신입: 안녕하세요, 비 과장님! 문의드릴 것이 있어서 연락드렸습니다.

비현코 과장: 함 신입님, 안녕하세요! 신입사원 교육 이후 적응은 좀 잘 되셨나요? 무슨 일 있으신가요?

함 신입: 네, 덕분에 적응하는 데 많은 도움을 받았습니다. 감사합니다! ^^
저 이번에 명함이랑 수료증 파일을 좀 받을 수 있을까요?

비현코 과장: 네, 가능합니다. 어디에 쓰시나요?

함 신입: 메일에도 넣고 제 커리어 등록용으로 좀 가지고 있으려고요!

비현코 과장: 네, 가능합니다. ^^ 바로 보내드릴게요~ 파이팅!

(잠시 후)

(rrrrrrr)

비현코 과장: 네, 비현코 과장입니다.

고 신입: 과장님! 잘 지내셨죠? 저도 메일 좀 보내주세요. 명함 파일이랑 수료증 파일! ^^

(잠시 후)

손 신입: 과장님 저두요~

흥 신입: 과장님 저두 부탁드려요 ㅠㅠ

...

비현코 과장: 아... 수료증에 개인 정보도 들어 있어서 한 번에 보낼 수도 없고... 미쳐 정말 ㅠㅠ

격무로 시달리는 비현코 과장을 위해서, 수시로 명함과 수료증을 제작하여 메일을 보내는 코드를 만들어 보겠습니다. 5장에서 배운 대로 명함과 수료증은 이미 만들었다고 가정하고, 이메일을 전송하는 코드에만 집중해 보겠습니다.

비현코의 코드 설계 노트 ✏️

1. 챕터 5에서 만든 수천 개의 명함 파일을 파이썬으로 불러오기
2. 이메일 주소 불러오기
3. 파일 이름을 넣으면 이메일이 반환되게 하기
4. 텍스트 파일을 HTML로 변환
5. Gmail을 활용한 메일 전송 (단체 이메일 전송)

STEP 1 | **챕터 5에서 만든 수천 개의 명함 파일을 파이썬으로 불러오기**

```
### 1) 챕터 5에서 만든 수천 개의 파일을 파이썬으로 불러오기
import os
print(len(os.listdir("명함/")))
print(len(os.listdir("명함_1/")))
file_list = os.listdir ("명함_1/")
```
```
명함폴더의 파일 수 : 964
명함_1폴더의 파일 수 : 1000
```

먼저 앞쪽 실습에서 문제가 하나 생겼습니다. 예리한 분들은 이미 눈치채셨겠지만, 5장에서 이미지를 만들 때 분명히 1,000장의 명함이 나와야 하는데 964장의 명함만 나왔습니다. 각각의 폴더를 확인해 보면 '명함' 폴더는 한글로 된 파일 이름으로, '명함_1'로 된 폴더는 전화번호 형태의 파일 이름으로 구성되어 있는 것을 알 수 있습니다.

여기서 여러분이 주의하셔야 할 부분을 조금 생각하고 넘어가 보겠습니다. 1,000개와 964개의 차이는 무엇일까요? 바로 동명이인의 존재 때문입니다. 심지어 이름과 직급이 같은 사람이 있는 것입니다. 수평적 조직 문화를 도입해 직급 체계가 없어지거나 간소화된 상황에서는 이런 문제가 발생할 수 있습니다. 단순 반복 업무를 사람이 하면 실수를 할 수도 있습니다. 파이썬 코딩 자체는 실수를 하지 않겠지만, 그 코드를 작성하는 주체는 사람입니다. 그렇다는 것은 파이썬 업무 자동화 작업을 할 때도 이런 문제가 생길 수 있다는 것입니다.

우리는 지금까지 스스로의 업무를 해결하기 위한 자동화를 해왔습니다. 하지만 메일을 보내는 것은 이와 다릅니다. 다른 사람에게 메일이 가는 것, 그리고 지금 상황처럼 개인 정보가 걸린 민감한 문제에 있어서는 실수하지 않는 것이 매우 중요합니다. 이 점을 여러분이 꼭 주의하셨으면 좋겠습니다.

STEP 2 이메일 주소 불러오기

정확히 1,000명에게 메일을 보낼 수 있도록 '명함_1' 폴더의 1,000개의 명함을 사용해 보겠습니다.

```
### 2) 이메일 주소 불러오기
import pandas as pd

df = pd.read_csv('명함제작용data.csv')
print(len(df[['이름', '직위', '전화번호', '이메일']]))
df2 = df[['이름', '직위', '전화번호', '이메일']]
df2
```

df2 변수에 '명함제작용data.csv'를 대입하고, 해당 데이터에서 꼭 필요한 열(column)만 가져옵니다. 우리는 전화번호와 이메일 열만 있어도 충분하긴 하지만, 혹시 모르니 이름과 직위 열도 가져오겠습니다. 위 코드를 실행하면 원하는 컬럼만 잘 가져와 진 것을 알 수 있습니다.

	이름	직위	전화번호	이메일
0	장타차	부장	020-7695-2446	장타차@비현코.com
1	이타아	전무	020-4268-5734	이타아@비현코.com
2	선차다	차장	020-3838-7664	선차다@비현코.com
3	노타사	과장	020-9952-9605	노타사@비현코.com
4	형타아	대리	020-4478-9321	형타아@비현코.com

```
# 3) 파일 이름을 넣으면 이메일이 반환되게 하기
file_list = os.listdir('명함_1/')
file_list
for file in file_list[:4]:
    print(file)
    file_nj = file.replace('.jpg', '')      ①
    print(file_nj)
    print(df2[df2['전화번호'] == file_nj]['이메일'].iloc[0])
    print(df2[df2['전화번호'] == file_nj]['이름'].iloc[0])      ②
    print("!!!!")
```

이번 코드에서는 파일 이름의 '.jpg'를 제외하면 남는 데이터가 전화번호뿐이라, 전화번호를 넣으면 이메일이 출력되는 기능을 만들었습니다. 이 코드가 조금 어렵게 느껴진다면 pandas 문법이 적게 습득되신 것입니다. 당황하지 마시고 한 줄 한 줄 코드를 직접 적어가면서 비교를 해 보시면 좋겠습니다.

여기서 두 가지 코드만 리뷰를 하겠습니다. 먼저 ❶은 1,000개의 파일을 for문으로 하나씩 가져와서 file 변수에 실제 파일 이름을 대입하고 바로 쓸 수가 없으니 .jpg 문자열을 삭제하여 file_nj라는 변수에 담는 역할을 합니다.

❷는 전화번호가 file_nj와 똑같을 때 각각의 이메일과 이름을 출력하는 코드입니다. 전체 코드를 실행하면 아래와 같이 출력됩니다.

```
020-2067-7127.jpg
020-2067-7127
조사아@비현쿄.com
조사아
!!!!
020-4565-2813.jpg
020-4565-2813
김아마@비현쿄.com
김아마
!!!!
020-9455-3688.jpg
020-9455-3688
이하아@비현쿄.com
이하아
!!!!
020-5415-6887.jpg
020-5415-6887
박아하@비현쿄.com
박아하
!!!!
```

이제 다른 건 넣지 말고 이메일만 출력될 수 있게 코드를 간결화하겠습니다.

```
for file in file_list:
    file_nj = file.replace('.jpg', '')
    print(df2[df2['전화번호'] == file_nj]['이메일'].iloc[0])
```

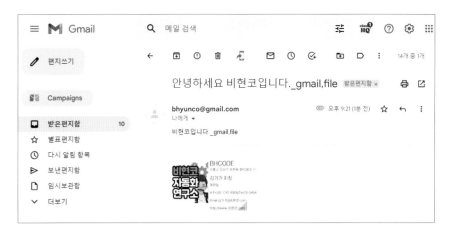

이제 이 코드를 활용해서 메일을 보내려고 합니다. 그 전에 기존에 기본 학습에 보낸 메일을 한 번 보겠습니다.

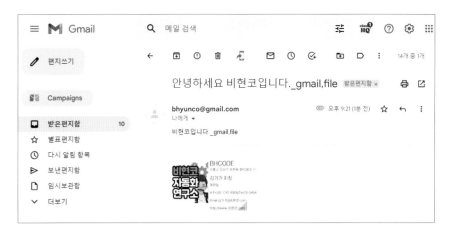

어떤가요? 다분히 스팸 메일과 같은 퀄리티이지 않은가요? 제목만 딱 있고 본문도 허술합니다. 내부 메일이야 괜찮겠지만 고객한테 보내는 메일로는 별로 추천하고 싶은 방식이 아닙니다. 좀 더 정성이 들어간 형태의 메일로 바꿔 보겠습니다.

```
# 4) 텍스트 파일을 HTML 파일로 변환 (https://wordtohtml.net/)
# 접속 후 원하는 내용을 잘 정리
```

아래는 워드로 작성한 문서를 HTML 코드로 변경해주는 역할을 해주는 사이트입니다. 일단 이곳에 접속해 보겠습니다.

[링크] https://wordtohtml.net/

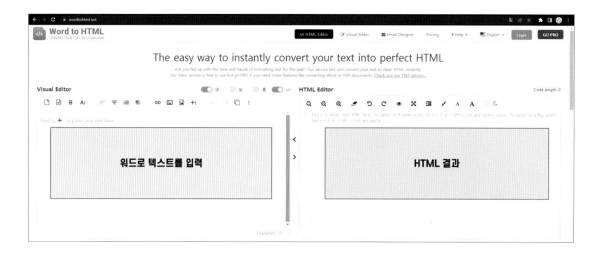

갑자기 HTML이 나오니 의아해 하실 수도 있을 것 같습니다. 하지만 잘 보면 우리가 평상시에 쓰는 대부분의 이메일은 HTML 코드로 구성되어 전송됩니다. 예를 볼까요?

다시 말해 우리가 메일을 보낼 때 약간의 코드만 바꿔주면 멋진 메일을 보낼 수 있다는 것이지요.

실습 폴더 안에 있는 메일양식.docx를 열어 보겠습니다. 그럼 아래와 같이 나름(?) 이쁘게 작성된 텍스트가 있는 것을 알 수 있습니다.

이 내용을 복사하여 아까 열어 둔 사이트에 붙여넣어 보겠습니다.

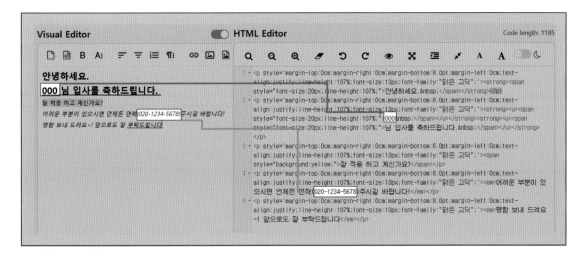

뭔가 매우 난잡한 HTML 코드가 보입니다. 좀 더 자세히 들여다 보면 아래와 같이 연결이 된 것을 알 수 있습니다.

그런데 이름과 번호는 사원마다 정보가 다르기 때문에 바꿔야 할 부분입니다. 그렇다면 어떤 방법을 이용하면 좋을까요? 이럴 때는 해당 문자열을 변수로 치환하는 작업을 해줘야 합니다. 치환하는 방법이 잘 기억나지 않으신다면 아래 Tips를 참조해 주세요.

> 🍶 **Tips** _ 여러 줄의 문자열 중 일부를 변수로 치환하는 방법
>
> 먼저 두 가지 문자열을 변수로 치환한 예시를 보여드리겠습니다.

그리고 아래는 방금 치환한 변수를 여러 줄의 문자열 중 일부에 적용한 예입니다. (참고로 파이썬에서는 여러 줄의 문자열을 나타내기 위해 큰 따옴표를 문자열 앞뒤로 세 개씩 사용합니다.)

```
print(f"""
조금은 어렵지만
알고 나면 생각보다 어렵지 않은
{a}의 파이썬 코딩
다들 시간을 저장해 나가시길
"""
)
```

조금은 어렵지만
알고 나면 생각보다 어렵지 않은
비현코의 파이썬 코딩
다들 시간을 저장해 나가시길

변환한 HTML 코드를 모두 복사한 후, 2개의 문자열(이름, 번호)가 잘 들어올 수 있도록 변수로 치환했으면 다음 Step으로 넘어갑니다.

STEP 5 Gmail을 활용한 메일 전송 (단체 이메일 전송)

이제 모든 준비는 끝났습니다. 앞서 학습한 메일 전송 코드를 가져옵니다.

```
### 5) Gmail을 활용한 메일 전송
import getpass
my_mail = input('나의 발신 이메일:')
your_mail = input('수신 이메일:')
```

```python
pw = getpass.getpass ('Gmail 앱 비밀번호:')

import os

import smtplib

from email.mime.multipart import MIMEMultipart

from email.mime.text import MIMEText

from email.mime.base import MIMEBase

from email import encoders

# (본인이 운영하는 지메일 주소)

smtp_user = my_mail   # 본인의 Gmail 주소를 넣어 주세요

# (본인이 운영하는 지메일에서 확보 가능한 password)

smtp_password = pw   # 본인의 password를 넣어 주세요

# emails = 'bhyunco@gmail.com' # 보내고자 하는 이메일을 적어 주세요

server = 'smtp.gmail.com'

port = 587

for file in file_list[:5]:

    file_nj = file.replace('.jpg','')

#    email = df2[df2['전화번호'] == file_nj]['이메일'].iloc[0]

    email = your_mail

    name = df2[df2['전화번호'] == file_nj]['이름'].iloc[0]

    msg_html = f"""

    <p style='margin-top:0cm;margin-right:0cm;margin-bottom:8.0pt;margin-left:0cm;text
-align:justify;line-height:107%;font-size:13px;font-family:"맑은 고딕 ";'><strong><span
 style="font-size:20px;line-height:107%;">안녕하세요. </span></strong></p><p style=
'margin-top:0cm;margin-right:0cm;margin-bottom:8.0pt;margin-left:0cm;text-align:justify;
line-height:107%;font-size:13px;font-family:"맑은 고딕 ";'><strong><u><span style="font-size:
20px;line-height:107%;">{name} </span></u></strong><strong><u><span style="font-size:
20px;line-height:107%;">님 입사를 축하드립니다. </span></u></strong></p> <p style='margin-
top:0cm;margin-right:0cm;margin-bottom:8.0pt;margin-left:0cm;text-align:justify;
line-height:107%;font-size:13px;font-family:"맑은 고딕 ";'><span style="background:yellow;
">잘 적응하고 계신가요?</span></p>
<p style='margin-top:0cm;margin-right:0cm;margin-bottom:8.0pt;margin-left:0cm;text-align:
justify;line-height:107%;font-size:13px;font-family:"맑은 고딕 ";'><em>어려운 부분이 있으시면
언제든 연락(020-1234-5678)주시길 바랍니다!</em></p>
```

```
<p style='margin-top:0cm;margin-right:0cm;margin-bottom:8.0pt;margin-left:0cm;text-
align:justify;line-height:107%;font-size:13px;font-family:"맑은 고딕 ";'><em>명함 보내드려요~!
앞으로도 잘 부탁드립니다</em></p>
        """
    msg = MIMEMultipart("alternative")
    msg["Subject"] = f'{name}님 명함 제작이 완료되었습니다.'
    msg["From"] = smtp_user
    msg["To"] = email
    msg.attach(
    MIMEText(
    msg_html,
    'html'
    )
    )
    # 명함 첨부
    attachment = open(f'명함_1/{file}', 'rb')
    part = MIMEBase('application', 'octet-stream')
    part.set_payload((attachment ).read())
    encoders.encode_base64(part)
    part.add_header('Content-Disposition', "attachment; filename=" + 'wordcloud_news2.png')
    msg.attach(part)
    # 메일 전송
    s = smtplib.SMTP(server, port)
    s.ehlo()
    s.starttls()
    s.login(smtp_user, smtp_password)
    s.sendmail(smtp_user, email, msg.as_string())
    s.quit()
```

방대해진 코드에서 여러분이 손보아야 할 부분만 좀 보겠습니다.

```
for file in file_list[:5]:
```

for문으로 1,000개의 메일을 보낼 수는 있지만 5개만 보내 보겠습니다(여러분은 조금 더 보내보셔도 됩니다). for문 안에 있는 코드는 메일을 보내는 코드입니다. 조금은 지저분합니다. 하지만 이 코드를 다시 함수와 같이 코드를 줄여주는 역할을 하는 기능을 추가하여 짧게 만들 수 있겠지만 여러분들 입장에서는 직관적으로 이해하는 것이 필요하기 때문에 그대로 두겠습니다.

```
msg_html = f"""
```

앞서 만든 HTML을 msg_html 변수에 넣어 줍니다. 주의할 점은 for문이 구동되면서 메일의 포함된 이름이 변경되게 해야 하기 때문에 for문 안에 코드를 넣어주는 것이 필요합니다. 이렇게 코드를 실행하면 아래와 같이 메일이 다양하게 도착한 것을 알 수 있습니다.

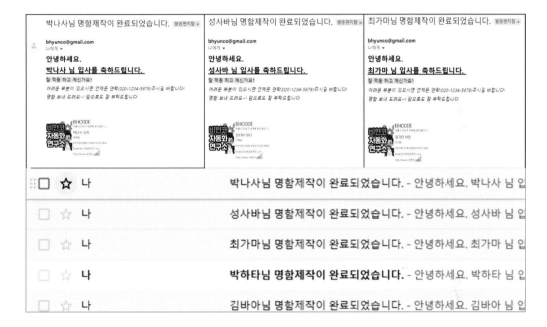

고생 많으셨습니다. 이렇게 여러 사람들에게 다른 내용의 다른 파일의 메일을 전송하게 되었습니다.

어떤 직군에서든 메일은 비중 있는 커뮤니케이션 수단입니다. 특히 메일 발송 업무가 잦은 분이라면 이번 절에서 다룬 기술이 큰 도움이 될 것입니다. 이 실습은 지메일을 기반으로 했지만, Outlook을 회사 메일과 연동시켜서 활용할 수도 있습니다.

6.3 문자 발송 자동화 기본 실습

커뮤니케이션 도구로써 문자는 전송 방법이나 사용 목적 등 메일과 공통된 점이 많지만, 이메일을 확인할 수 없을 때 사람들에게 정보를 전달하기에는 문자 전송만 한 것이 또 없습니다. 이번에는 파이썬으로 문자 보내기 실습을 하는데, 문자 전송을 위한 기본 문법 학습과 나에게 문자를 보내는 정도로만 진행하겠습니다.

문자 실습도 메일 전송과 같이 사전 작업이 필요합니다. 그리고 문자 전송은 비용이 발생한다는 점을 고려해 무료로 보낼 수 있는 문자 서비스를 활용해 볼 것입니다. 이 실습에서 학습한 코드를 기반으로 발전시키고, 유료 결제까지 완료한다면 나만의 문자 전송 시스템도 갖출 수 있게 될 것입니다.

문자를 보내는 방법은 2가지가 있습니다. 국내 서비스 혹은 해외 서비스를 이용하는 것입니다. 실제로 업무에 활용할 수준까지 만들려면 국내 문자 발송 사이트를 활용하시는 것이 좋습니다. 하지만 국내 서비스는 문자 발송 기능을 무료로 제공하지 않습니다. 그래서 이 책에서는 무료 문자 전송이 가능한 해외 서비스를 이용하여 실습을 진행할 것입니다. 그럼 실습을 시작해 보겠습니다!

> **실습 파일 경로:** chapter6/phone_msg.ipynb

Chapter 6 폴더의 phone_msg.ipynb 파일을 열어 보겠습니다.

STEP 1   Twilio 서비스 가입하기

위 경로를 따라 파일을 열면 다음 내용이 처음으로 등장합니다. 생소한 서비스명이 보이지요?

```
#### 1) Twilio 서비스 가입하기
# https://www.twilio.com/
```

Twilio는 이 실습에 활용할 해외 문자 전송 서비스입니다. 문자 전송을 매우 쉽게 할 수 있게 만들어진 웹 서비스인데, 이를 이용하려면 서비스 가입을 해야 합니다. 다음 링크를 참조하여 Twilio 사이트에 접속해 가입부터 진행해 주시기 바랍니다.

[링크] https://www.twilio.com/

> ⚠ **Warning** _ Twilio 가입 시 주의점
>
> Twilio 가입 시 주의하실 점은 내가 무료로 보낼 수 있는 문자의 수신처는 나의 휴대폰만 가능하다는 것입니다. 그러므로 나의 휴대폰 번호를 정확히 입력해주는 것이 중요합니다.

Twilio 가입이 완료되었다면 로그인을 합니다. 그러면 다음과 같은 화면이 나옵니다.

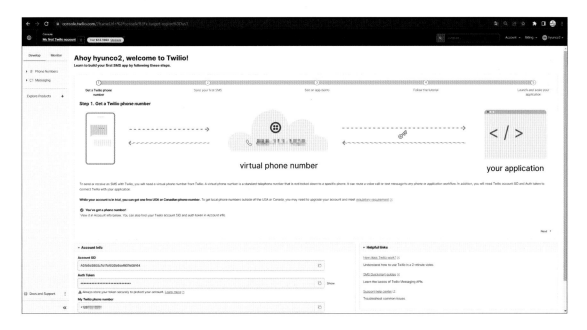

문자를 전송하려면 다음 3가지 정보가 꼭 필요합니다. 이 정보를 복사하여 따로 저장해 주시길 바랍니다.

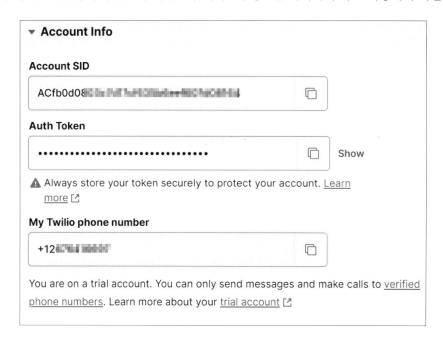

STEP 2   Twilio에서 문자 전송 코드 가져오기

이제 문자를 보내는 전송 코드를 찾으러 가 보겠습니다. 화면에서 스크롤을 내려 우측을 보면 여러 링크를 정리한 섹션이 있습니다. 여기서 **SMS Quickstart guides**를 클릭합니다.

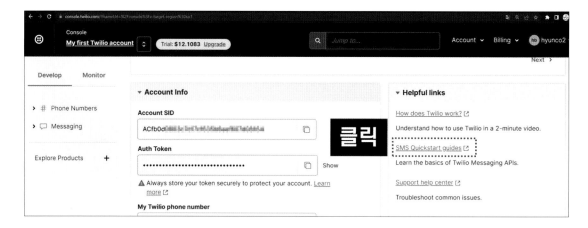

그럼 아래와 같이 문자 전송 방법을 제공하는 API에 대한 정보를 탐색할 수 있습니다. 우리는 파이썬 정보가 필요하니 **Python**을 클릭합니다.

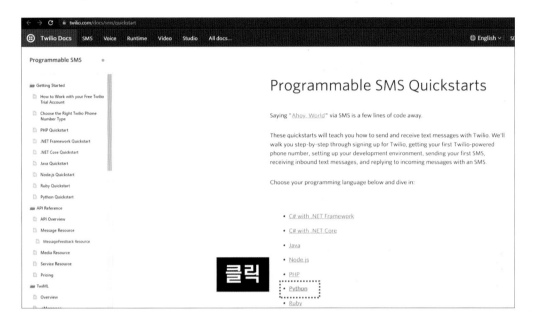

python 코드가 나오면 이를 복사한 후 Jupyter Notebook에 붙여 넣습니다.

```
client = Client(account_sid, auth_token)
message = client.messages \
                .create(
                    body = "Join Earth's mightiest heroes. Like Kevin Bacon.",
                    from_ = '+15017122661',
                    to = '+15558675310'
                )
print(message.sid)
```

이렇게 가져온 코드를 우리가 조금 수정해주면 바로 문자를 전송할 수 있습니다. 아래의 그림에서 빨갛게 표시한 부분이 추가 혹은 수정이 필요한 곳입니다. 이에 해당하는 코드는 어떤 의미를 가지는지 설명하겠습니다.

변형 전 코드   **변형 후 코드**

❶ 첫 번째 변형 코드는 twilio 패키지를 설치하고, Jupyter Notebook으로 가져오는 작업을 의미합니다.

```
!pip install twilio
import twilio
import getpass
```

❷ 두 번째 변형 코드는 문자 전송에 필요한 4가지 정보에 관한 것입니다. 앞서 저장해 두었던 3가지 정보 (Account SID, Auth Token, My Twilio Phone number)와 가입 시 작성한 여러분의 핸드폰 번호입니다. 각 각 account_sid, auth_token, from_pnb, pnb로 바인딩을 합니다.

📝 **Note** _ 바인딩

여기서 말한 바인딩(Binding)은 더 이상 변경할 수 없는 값으로 묶어 버린다는 의미입니다. 임의로 바꿀 수 있는 값이 아니라 구체적인 값을 할당했기 때문에 값을 변동할 수 없도록 구속(bind)을 시키는 것이죠.

참고로 pnb(나의 폰 번호)에 붙인 +82는 국가 코드입니다. 이 코드를 누락한 채 폰 번호만 적으면 문자 전송이 되지 않기 때문에 추가한 것입니다.

```
account_sid = getpass.getpass("account_sid:")
auth_token = getpass.getpass("auth_token:")
from_pnb = getpass.getpass("from_pnb:")
pnb = getpass.getpass("phonenumber:")
pnb = "+82" + str(pnb)
```

❸ 마지막 변형 코드는 문자 내용과 발신/수신인의 번호입니다. body는 문자의 내용, from_은 회신 번호, to는 나의 폰 번호입니다.

```
body = "비현코의문자테스트입니다.",
from_ = from_pnb,
to = pnb
```

변형 코드의 수정이 완료되었으면 전체 코드를 실행해 주세요. 그럼 아래와 같이 문자가 전송됩니다.

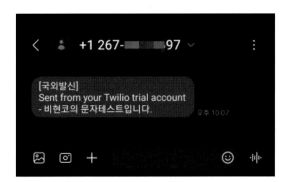

문자 전송도 생각보다 간단하죠? 이 책에서는 API에 대해 깊게 다루지 않았지만, 여러분이 문자 자동화를 좀 더 발전시키고자 한다면 기업에서 제공하는 Open API를 활용해 보시길 권장합니다. 정말 다양한 기능을 구현해 낼 수 있을 것입니다.

> 실습 코드에는 외국에서 발송하는 문자뿐만 아니라 국내에서 보낼 수 있는 문자에 대한 코드도 포함해 두었습니다. 해당 코드는 사이트에 방문해서 여러분이 직접 구현해 보시길 바랍니다.

6.4 문자 발송 자동화 현업 실습

(회사에서의 상황 예시)

고만해 팀장: 함 신입!! 나 좀 보세!

함 신입: 네, 팀장님.

고만해 팀장: 이번에 팀 부서가 변경된 사람들한테서 이전 부서에서 쓰던 자료 폐기 요청서 다 취합했어?

함 신입: 그게... 제가 메일을 보냈는데 아직 취합이 안 된 분들이 좀 있습니다.

고만해 팀장: 아~ 알아. 아는데… 보안 문제는 중요하다고 했잖아. 빨리 좀 처리해 보자고!

함 신입: 그게... 메일도 보내고 문자도 보냈는데...

고만해 팀장: 함 신입. 어려우면 비현코 과장한테 조언을 구해봐. 다음 주까지는 꼭 끝내야 한다, 알았지?

(잠시 후)

함 신입: 비현코 과장님...

비현코 과장: 응? 함 신입님 왜요? 왜 이렇게 울상이예요?

함 신입: 취합할 문서가 있어서 메일을 보냈는데 답장이 잘 안 와서 전체 문자를 보냈는데요… 생각보다 답장을 안 준 직원들이 너무 많아서 조언이 필요해요.

비현코 과장: 음… 함 신입, 나만 믿어요! ^^ 문자도 메일처럼 보낼 수 있거든요!

함 신입: 비현코 과장님 촉.오.

🔵 실습 파일 경로: chapter6/phone_msg/phone_msg.ipynb

이 상황은 이메일을 보낼 때와 비슷하므로, 코드 설계 없이 바로 실습을 진행해 보겠습니다.

> ❗ **Warning** _ 문자 서비스는 시간에 따라 서비스 코드가 변경될 수 있습니다
>
> 문자 서비스는 시간이 변경됨에 따라 서비스 코드의 변경이 있을 수 있습니다. 따라서 이 실습에서는 파이썬을 통한 문자 전송법을 확인하고 응용할 수 있는 능력을 키우는 것에 주력하겠습니다.

먼저 문자를 전송할 데이터가 들어있는 CSV 파일을 불러옵니다.

```python
import pandas as pd
df = pd.read_csv('문자전송용data.csv')
df
```

pandas에서 원하는 요소를 출력하는 방법은 여러 가지가 있습니다. 우리는 전화번호를 출력해야 하기 때문에 다음의 3가지 방법으로 전화번호가 출력되는 것을 확인해 볼 수 있습니다.

```python
print(df.loc[2][5])     # index 기반 index 2, 6번째값
print(df.iloc[2, 5])    # 순서 기반
print(df.iloc[2:3, 5:6])  # 순서 기반

020-3838-7664
```

문자에 들어갈 내용 중 이름/직급/회사/팀/이메일은 수신인마다 달라야 합니다. 완성된 문장을 하나로 예시를 들면 다음과 같습니다.

> "반갑습니다, **장타차 부장**님. **BHCODE 인사팀** 소속으로 일하느라 고생 많으셨습니다. 얼마 전 **장타차@비현코.com**
> 로 메일을 보내드렸는데, 아직 회신을 받지 못하여 문자로 문의드립니다. 답변 부탁드립니다."

이런 식의 문자를 보내기 위해서 다음의 코드를 만들어서 진행해 보겠습니다.

```python
for unit in range(len(df)):
    df_unit = df.loc[unit]
    phone_number = df_unit[5]
    print(phone_number, "발송예정")
    name = df_unit[2]
    rank = df_unit[3]
```

```
    company = df_unit[0]

    team = df_unit[4]

    email = df_unit[8]

    test = f"반갑습니다.{name}{rank}님. {company}{team} 소속으로 일하시느라 고생 많으셨습니다.
얼마 전 {email}로 메일을 보내드렸는데, 아직 회신을 받지 못하여 문자로 문의드립니다. 답변 부탁드립니다."

    print(test)

#   API 문자 전송
```

위 코드의 첫 번째 줄을 보면 특이하게도 for문을 진행하기 위해 range(len(df)라는 구문을 사용했습니다. 이 구문은 df 데이터프레임의 행(row) 수만큼의 반복문을 사용하기 위함입니다.

그럼 개별로 구분해야 할 내용도 살펴봤으니 문자를 전송하는 코드를 한 번 만들어 보겠습니다.

```
# 문자 전송 코드 작성
!pip install twilio
import twilio
import getpass
import os
from twilio.rest import Client


account_sid = input("account_sid: ")
passwd = getpass.getpass("auth_token: ")
from_phone = input('My Twilio phone number: ')
auth_token = passwd
pnb = getpass.getpass("my_phonenumber: ")
pnb = "+82" + str(pnb)


def send_msg(account_sid, auth_token, from_phone, pnb, msg_contents):
    client = Client(account_sid, auth_token)
    message = client.messages \
                .create(
                    body = msg_contents,
                    from_ = from_phone,
                    to = pnb
                )
    print(message.sid)
```

여기서 길어진 코드를 추후 1,000명에게 전송하기 위해서 쓰는 for문에 넣기 위해서는 함수를 써서 조금 단축화 작업을 하겠습니다. 위에서 배운 문자 전송하는 코드를 조금 일반화해서 def 함수로 만들었습니다.

def 안에 들어가는 매개변수는 twilio에서 획득할 수 있는 account_sid, auth_token, from_phone과 실제로 수신 받을 나의 휴대폰 번호 pnb, 그리고 마지막으로 들어갈 문자 내용인 msg_contents입니다.

```python
for unit in range(len(df[:5])):
    df_unit = df.loc[unit]
    phone_number = df_unit[5]
    print(phone_number, "발송예정")
    name = df_unit[2]
    rank = df_unit[3]
    company = df_unit[0]
    team = df_unit[4]
    email = df_unit[8]
    test = f"반갑습니다.{name}{rank}님. {company}{team} 소속으로 일하시느라 고생 많으셨습니다.
얼마 전 {email}로 메일을 보내드렸는데, 아직 회신을 받지 못하여 문자로 문의드립니다. 답변 부탁드립니다."
    send_msg(account_sid, auth_token, from_phone, pnb, test)
```

실제 실습에서는 1,000개의 모든 문자를 보낼 수 없기 때문에 5개의 문자만 보내 보도록 하겠습니다.

```python
for unit in range(len(df[:5])):  # 5개의 문자만 보낼 수 있도록 조정
```

위의 코드에서 보실 점은, test 변수의 값이 계속 바뀌면서 문자 전송 내용 또한 변한다는 것입니다. 지금은 우리의 휴대폰으로 보내지만, 이 실습을 활용해서 다양한 형태로 변형할 수 있습니다.

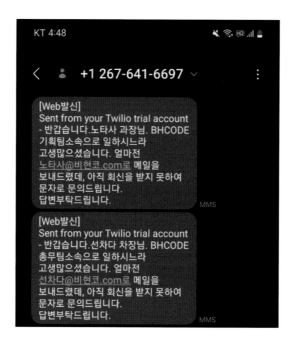

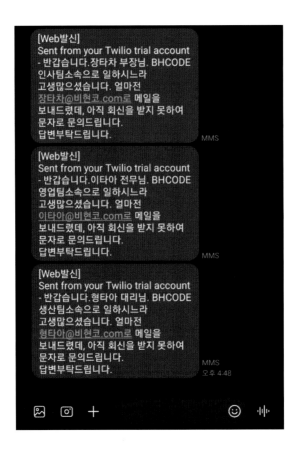

Summary

이번 장에서는 업무 유형 중 커뮤니케이션(메일, 문자 등)에 활용 가능한 파이썬 업무 자동화를 이야기해 보았습니다. 사실 메일, 문자 외에도 커뮤니케이션 방법은 다양합니다. 특히 협업 Tool 등을 활용하여 신속하게 의사소통을 할 수 있습니다. 우리가 이번 장에서 기억해야 할 포인트는 바로 누군가와의 의사소통에서 필요한 부분을 자동화할 수 있게 되었다는 것입니다. 기능에 초점을 맞추지 말고 나의 특정 업무를 어떻게 해결할 수 있을지 계속해서 고민해 보는 것이 중요합니다. 다음 장에서는 조금은 원시적이지만 변화가 확실한 마우스/키보드 등을 활용한 단순 반복 작업을 자동화해 보겠습니다.

## Chapter 07

{ [업무 유형 5]

단순 반복 업무 자동화
(a.k.a 물리적인 자동화) }

▶▶ Contents

7.0 챕터를 시작하기 전에

파이썬을 통해서 업무 자동화를 진행하다 보면 종종 파이썬을 통해서 접근하기가 어려운 (혹은 불가능한) 상황을 만나게 될 수도 있습니다. 이를테면 인터넷으로 구성된 인트라넷이 아닌 누군가가 만들어 놓은 GUI(Graphical User Interface) 프로그램을 이용할 경우 Selenium으로 정보를 획득하거나 다루기 어려울 수 있습니다. 또는 회사 보안으로 인해서 파이썬 자체에서 파일을 열기가 어려운 경우도 있습니다. 그럴 때 우리가 선택할 수 있는 방법은 일부 수동화입니다.

그런데 자동화의 강점은 내가 할 일을 프로그램에게 맡기는 역할을 하는 것인데 이런 작은 수동화가 하나의 자동화 프로그램을 운영하는 데 매우 큰 걸림돌 (혹은 귀찮은 일)이 될 수 있습니다. 그래서 이 수동화에 대해서 한 번 깊게 들여다 볼 필요가 있습니다.

수동화란 무엇인가요? 자동화뿐 아니라 수동화도 인간의 오감(시각/후각/촉각/청각/미각)을 활용해서 사람이 판단을 내리고 행동합니다. 이 모든 감각을 모두 프로그램으로 구현해 내는 것은 쉽지 않을 겁니다.

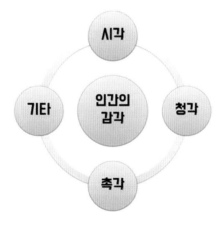

하지만 일부 역할(촉각 - 마우스 클릭 / 시각 - 스크린샷 등)은 파이썬으로 해결할 수 있습니다. 조금은 구식이고 물리적인 기술이지만, 앞서 배운 많은 기술들과 결합을 하게 되면 멋진 프로그램을 완성하는 데 큰 도움이 될 것입니다. 그럼 지금부터 물리적인 자동화를 학습해 보겠습니다.

물리적인 자동화는 인간의 행동을 꾸준히 할 수 있는 역할을 프로그램에 부여하는 것입니다. 그러므로 우리가 먼저 분석해 봐야 할 것은 인간의 행동입니다. 우리가 살면서 여러 가지 행동을 하는데요, 이 모든 행동을 자동화할 수는 없고, 컴퓨터를 활용할 때 하는 행동들을 살펴보겠습니다.

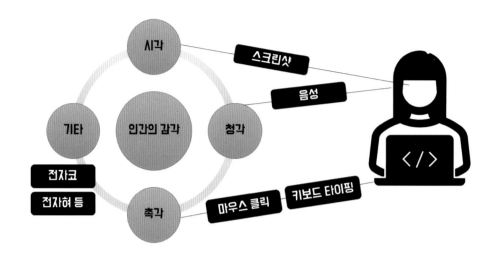

이처럼 인간이 가지고 있는 오감 중에 우리가 컴퓨터를 활용할 때 쓰는 감각과 하는 행동을 한 번 살펴보겠습니다.

- **시각**: 컴퓨터 화면을 봅니다. 클릭할 부분을 찾고 출력되는 정보를 본 다음 머릿속으로 직접 기억하거나 파일로 저장을 합니다.
- **청각**: 소리를 듣고 알림을 인식하거나 정보를 받아들입니다
- **미각**: 이번 장에서는 다루지 않습니다. (참고로 전자혀라는 개념으로 연구가 진행되고 있습니다.)
- **후각**: 이번 장에서는 다루지 않습니다. (전자코라는 개념으로 연구가 진행되고 있고, 프로그래밍으로 후각을 판단해내는 기술도 계속 발전되고 있습니다.)
- **촉각**: 마우스와 키보드를 제어합니다.

우리는 컴퓨터를 활용할 때 3가지 감각(시각, 청각, 촉각)을 주로 활용합니다. 사실 AI를 활용해서 구현해 내는 연구는 전 세계적으로 계속 이루어지고 있으므로, 다른 감각을 대체할 수 없다고 단언할 수는 없습니다. 하지만 이 책에서는 그런 고도의 기술을 다루는 것이 아닌 당장 내 삶에서 나를 도와줄 수 있는 프로그램 기능들을 알아볼 것이기 때문에 너무 깊게 들어가지는 않겠습니다.

결론적으로 시각, 청각, 촉각을 이용하는 행동 중 일부는 파이썬 프로그래밍으로 구현할 수 있습니다. 한 번 정리해 볼까요?

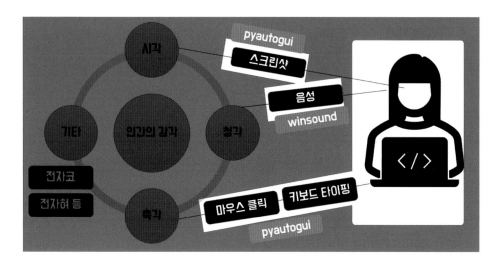

- **시각**: 이미지 스크린샷(pyautogui) + 이미지 텍스트 추출
- **촉각**: 키보드 제어(pyautogui)
- **촉각**: 마우스 제어(pyautogui)
- **청각**: 알림음 라이브러리(winsound)

이뿐만 아니라 정말 많은 기능이 있습니다. 앞서 말씀드렸지만 우리가 새롭게 기능을 만들어 내지 않고도 다른 사람들이 만들어 놓은 라이브러리를 활용해서 이 모든 기능을 손쉽게(?) 구현할 수 있습니다.

실무 관점에서 보면 아래와 같은 일을 해결할 수 있습니다.

1) 설치형 프로그램에서의 반복 작업

관공서와 일을 하게 되면 보안 문제 때문에 웹사이트에서 업무를 처리하지 못하고, 관공서에서 자체적으로 제작한 GUI 프로그램을 설치해서 활용해야 할 때가 있습니다. 이 경우에는 앞에서 배운 인터넷 자동화로는 대응이 불가능합니다. 그보다는 원하는 위치와 원하는 이미지를 직접 클릭하거나 물리적인 타이핑을 할 수 있는 물리 자동화를 사용하는 것이 효과적입니다.

2) 사내 보안 환경에서 파일 다루기

방대한 양의 데이터를 한 번에 편집하기 위해 파이썬으로 사내 엑셀 데이터를 불러와야 할 때가 있습니다. 하지만 보안 문제 때문에 pandas에서 엑셀 파일을 열 수 없는 경우가 많습니다. 이때 물리 자동화를 활용하면 엑셀을 직접 컨트롤하여 엑셀의 데이터를 파이썬의 pandas로 올릴 수 있습니다.

물리 자동화를 이용하면 보안 문제가 발생하지 않습니다. 왜냐하면 엑셀을 실행한 주체가 사람이든 컴퓨터든 엑셀을 직접 클릭하여 연 것이라면 모두 '사내에서 엑셀 파일을 보는' 행동이라고 인식되기 때문입니다. 결국 물리적 자동화를 하는 이유는 자동화를 하다가 기술적인 부분에서 막혔을 때, 인간의 행동을 닮은 프로그램을 만들어 그 부분을 돌파해 내기 위해서입니다. 해당 코드는 실습 코드에 들어가 있으니 한 번 확인해 보시길 바랍니다.

이번 장의 실습에서는 물리적 자동화를 하나씩 시도해 보고, 그 프로그램들을 연계해 볼 것입니다. 지금까지 했던 방식과 달리, 컴퓨터 안에서 우리가 하는 역할을 우리가 직접 시각, 촉각, 청각을 활용하는 원시적인 자동화를 해볼 것입니다. 그럼 하나씩 진행해 볼까요?

7.1 반복적인 클릭, 키보드 타이핑... 좀 없앨 수 없나?

물리적인 자동화는 타이핑, 마우스 클릭, 화면에 보이는 이미지 찾기 등 우리가 컴퓨터를 다루면서 항상 하는 행동입니다. 이런 반복 작업을 줄이기 위해서는 세 가지 라이브러리가 필요합니다.

첫 번째 라이브러리는 PyAutoGUI로 세 가지 중 사용 빈도가 가장 높습니다. 이 라이브러리를 활용해 타이핑, 마우스 클릭, 화면 캡처를 이용한 이미지 위치 찾기 등을 실행해 볼 것입니다. 두 번째 라이브러리는 win32com으로, 프로그램을 자동으로 열람해 볼 것입니다. 세 번째 라이브러리는 winsound로, 컴퓨터에서 어떤 상황이 되었을 때 소리를 내도록 구현해 볼 것입니다.

그럼 본격적으로 실습을 시작해 보겠습니다.

▶ **실습 파일 경로:** chapter7/automation.ipynb

STEP 1   마우스 컨트롤하기

물리 자동화의 첫 번째 실습은 PyAutoGUI 라이브러리를 활용한 마우스 컨트롤입니다.

PyAutoGUI 라이브러리의 공식 문서의 위치와 활용 방법은 다음 링크를 참조해 보시고, 다음으로 넘어가서 코드를 살펴보겠습니다.

[링크] https://pyautogui.readthedocs.io/en/latest/

먼저 PyAutoGUI 라이브러리를 설치하고, pyautogui를 pag라는 문자로도 활용하겠습니다.

```
>>> !pip install pyautogui
>>> import pyautogui as pag
```

마우스 제어를 위해 우리가 알아야 할 기본 개념은 컴퓨터의 모니터 화면의 특정 지점을 수치화하는 것입니다. 마우스를 화면 아무 곳이나 올려 놓고 아래의 코드를 실행해 보겠습니다.

```
# 마우스 위치 확인
>>> pag.position()

Point(x=180, y=348)  # 해당 위치는 임의의 위치입니다
```

실행 결과에 나오는 x좌표와 y좌표는 바로 마우스 커서가 있는 위치입니다. 화면의 위치는 왼쪽 최상단을 기준으로 하는데, 왼쪽 최상단을 (0, 0)으로 설정하고 거기서 멀어질수록 x좌표값과 y좌표값이 변합니다. 반대로 오른쪽 제일 아래를 놓고 클릭하면 저의 컴퓨터의 경우는 아래와 같이 나옵니다.

```
In [15]:    #마우스 위치확인
            pag.position()

Out[15]:    Point(x=1919, y=1079)
```

위 결과로 보아 제가 사용하는 컴퓨터의 모니터는 크기는 1920*1080임을 미루어 짐작할 수 있습니다. 다시 말해서 총 2,073,600개의 위치를 설정할 수 있다는 것을 의미합니다.

이렇게 컴퓨터 화면에 보이는 위치를 우리는 지정할 수 있습니다. 이제 아래 코드를 실행해서 원하는 위치로 마우스를 움직여 보겠습니다.

```
# 마우스 이동
>>> pag.moveTo(x = 180, y = 348)    # 지정한 위치로 마우스 커서 이동
```

위 코드를 실행하면 마우스 커서가 지정한 위치로 이동되는 것을 확인할 수 있습니다.

이번에는 마우스를 드래그하는 법을 배워 보겠습니다. 마우스를 드래그하기 위한 좌표, 드래그하는 데 걸리는 시간, 드래그 시 사용할 마우스 버튼을 정할 수 있습니다.

```
# 마우스 드래그
>>> pag.dragTo(508, 600, 1, button = 'left')    # 1초간 마우스 좌클릭을 한 상태로 지정한 위치까지 드래그
```

또한 아래와 같이 마우스를 클릭하는 동작도 수행할 수 있습니다

```
# 마우스 클릭
>>> pag.click(x = 249, y = 51)    # 지정한 위치를 클릭 (기본은 마우스 좌클릭)
```

앞서 실행한 dragTo에 커서를 올려놓고 Shift + Tap 을 눌러 보시면 도움말 문서가 활성화됩니다.

```
In [ ]: #마우스 드래그
        pag.dragTo(508,600,1,button = 'left')

        Signature:
In [ ]: pag.dragTo(
            x=None,
            y=None,
            duration=0.0,
            tween=<function linear at 0x00000221CCB8FE50>,
In [ ]:     button='primary',
            logScreenshot=None,
            _pause=True,
In [ ]:     mouseDownUp=True,
```

어떤 코드의 사용 방법을 잘 모르겠거나 상세 정보가 필요할 땐 이처럼 도움말 문서를 활성화해서 한 번 읽어 보세요. 코드 활용이 더욱 쉬워질 것입니다.

이제 마우스를 제어해 봤으니 키보드 제어를 해 보겠습니다.

STEP 2 **키보드 컨트롤하기**

키보드를 제어하는 방법은 여러 가지가 있지만 크게 2가지로 나눌 수 있습니다.

1. 문자열 자동 입력
2. 여러 키를 동시 입력

```
# 문자열 입력
>>> pag.click(x = 249, y = 51)    # 해당 위치는 임의의 위치입니다
>>> pag.typewrite('hello my name is bhyunco', interval = 0.1)
```

```
# 키보드 여러 키를 동시에 입력
>>> pag.click(x = 406, y = 402)    # 해당 위치는 임의의 위치입니다
>>> pag.hotkey("ctrl", "v")
```

키보드와 마우스를 자유자재로 다룰 수 있다는 것은 무엇을 의미할까요? 우리가 앞서 배운 다양한 방식의 자동화를 알지 못하더라도, 내가 컴퓨터로 하는 모든 행동을 이런 물리적 자동화로 완성한다면, 시간은 좀 걸리겠지만 내 자리에서 반복은 모두 진행할 수 있습니다.

그리고 우리가 아는 코딩으로 해결하지 못할 때 이 라이브러리를 조금씩 섞어서 활용하면, 어려운 문제들을 생각보다 쉽게 해결할 수 있습니다.

화면 프로그램 컨트롤하기

다음으로 배워볼 것은 시각 기능입니다. 컴퓨터를 볼 때 시각은 하나만을 진행합니다. 눈에 보이는 모든 정보를 보고 우리의 뇌로 전달합니다. 우리도 또한 이 역할을 컴퓨터에서 화면을 캡처하거나, 원하는 요소가 있는 걸 찾는 데 활용합니다.

먼저 우리가 보는 화면에서 스크린샷을 찍어 보겠습니다.

```
# 스크린샷
>>> pag.screenshot('test1.png', region = (1, 20, 100, 100))
```

```
In [18]:  #스크린 샷
          pag.screenshot('test1.png'.region=(1,20,100,100))

Out[18]:
```

screenshot 메서드에 저장할 파일명과 영역(region)을 입력하면 원하는 위치와 크기로 스크린샷을 찍을 수 있습니다. 여기서 영역에 들어갈 파라미터는 4가지(x 좌표, y 좌표, 가로 길이, 세로 길이)로 나누어집니다. 파라미터를 설정 후 코드를 실행하면, 해당 좌표에 있는 스크린샷이 test1.png라는 파일로 저장됩니다.

방금 생성된 스크린샷 파일(test1.png)이 있는 화면상 위치(좌표)를 확인해 보겠습니다.

```
# 이미지가 있는 위치 확인
>>> pag.locateOnScreen('test1.png')
```

```
In [19]:  #이미지가 있는 위치 확인
          pag.locateOnScreen('test1.png')

Out[19]:  Box(left=1, top=20, width=100, height=100)
```

locateOnScreen 메서드를 이용하면 지정한 이미지가 있는 좌표를 반환합니다.

이번 실습을 따라오면서 큰 어려움은 없으셨을 겁니다. 간단한 코드이지만 알고 쓰면 활용할 점이 많으니, 하나씩 직접 실행하면서 여러분의 것으로 체득하시길 권장합니다.

STEP 4   물리적인 프로그램 오픈

앞에서 우리는 다양한 라이브러리를 활용하여 엑셀 프로그램을 다뤘습니다. 그런데 막상 업무에 이 라이브러리를 활용하려고 하면 사내 보안 정책 때문에 안 되는 경우가 종종 있습니다. 이럴 땐 어떻게 대응해야 할까요?

당연히 회사의 보안은 지키면서 업무 자동화를 해 나가야 합니다. 혹 Windows 환경을 이용하는 회사라면, 이 상황에 대응할 차선책을 생각해 볼 수 있습니다. 바로 win32com.client 라이브러리를 활용한 자동화입니다.

win32com.client는 파이썬으로 윈도우 프로그램(MS Office 등)들을 제어하도록 돕는 라이브러리입니다. 이 라이브러리를 이용하면 마치 사람이 하는 동작을 컴퓨터가 수행하는 것처럼 모사할 수 있습니다.

> **❗ Warning** _ 회사의 보안 정책에 준수하는 방법으로 자동화를 합시다
>
> 회사 컴퓨터의 보안상 라이브러리가 실행되지 않아서 파일 자동 열람이 되지 않을 수도 있습니다. 이 경우는 당연히 회사의 보안 정책에 위배되는 방식으로 파일을 가져온 것이기 때문에 올바른 자동화라고 할 수 없습니다. (어떻게 보면 해킹의 영역이 될 수 있기 때문에 조심해야 합니다.)

먼저 win32com.client 라이브러리를 설치해 줍니다.

```
# # win32com.client 설치 후 불러오기
!pip install pywin32 == 227
import win32com.client
```

파이썬으로 엑셀 프로그램을 실행합니다.

```
# 엑셀 프로그램 실행
excel = win32com.client.Dispatch("Excel.Application")
```

이제 열린 엑셀 프로그램이 화면에 보이도록 설정합니다.

```
# 엑셀 프로그램 보이게
excel.Visible = True
```

제가 미리 만들어 놓은 1.xlsx 파일을 열어 보겠습니다. 아래는 2장에서 배운 절대경로(p.124~125)를 활용한 코드입니다.

```
# 기존 엑셀 파일 열기(현재 경로 절대 경로 인식)
import os
ab_ads = os.getcwd()
wb = excel.Workbooks.Open(f"{ab_ads}/1.xlsx")
```

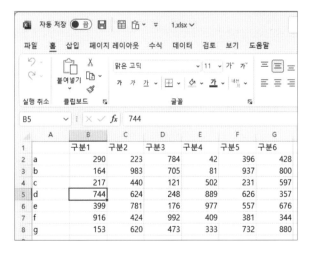

이제 ws 변수에 우리가 보고 있는 엑셀 시트를 바인딩합니다.

```
# 엑셀 시트 활성화
ws = wb.ActiveSheet
```

활성화된 시트의 데이터를 가져옵니다. 아래와 같이 가져올 범위(range)를 따로 지정하지 않을 경우에는 해당 시트의 모든 데이터를 가져오게 됩니다.

```
# 활성화된 시트에 사용된 범위의 데이터 모두가져오기
ws.UsedRange()
```

가져온 데이터를 pandas의 데이터프레임으로 가공합니다. 이제 데이터프레임을 활용해 엑셀 파일의 데이터를 다양한 방법으로 편집할 수 있습니다.

```
# pandas dataframe으로 만들기
import pandas as pd
df = pd.DataFrame(ws.UsedRange())
```

STEP 5 특정 조건에서 알림음 내기 (윈도우 환경)

마지막으로 배울 물리 자동화 관련 라이브러리는 winsound입니다. 이 라이브러리의 공식 문서의 위치와 활용 방법은 다음 링크를 참조해 보시길 바랍니다.

[링크] https://docs.python.org/ko/3/library/winsound.html

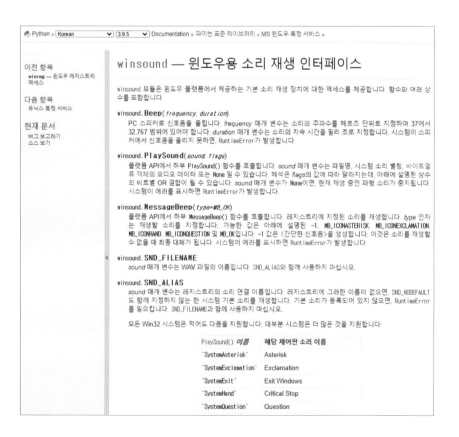

이 라이브러리는 어떤 상황이 발생했을 때 컴퓨터 소리를 발생시키는 식으로 활용합니다. 소리를 발생시키는 방법은 다양한데, 우리는 그중 기본인 beep 음을 내는 코드만 확인하고 넘어가겠습니다.

```
!pip install winsound
import winsound
winsound.Beep(1000, 5)
```

해당 코드를 실행시키면 beep음이 5초간 울리게 됩니다. 코드의 상세 내용을 확인하기 위해서 Shift +
Tap 을 눌러 보면 아래와 같이 나옵니다. 여기서 말하는 frequency는 주파수, duration은 mileseconds
를 의미합니다. (예를 들어 소리를 1초간 내게 하려면 duration 파라미터에 1000을 입력해야 합니다.)

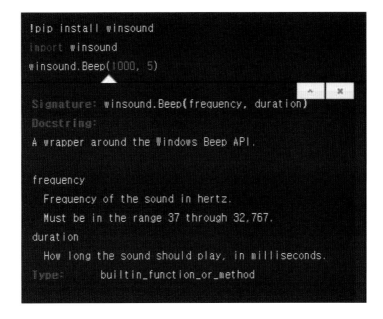

(회사에서의 상황 예시)

> **비현아 사원**: 비현코 선배님. 마케팅팀 비현아예요! 문의할 게 있어서 연락 드렸어요.
>
> 비현코 과장: 와! 비현아 사원님, 잘 지내셨어요? 무슨 일이셔요?
>
> **비현아 사원**: 네, 제가 이번에 개발한 상품 판매와 연계된 강의를 론칭해야 하는데, 사람들이 모여 있는 여러 가지 어플에서 홍보를 좀 진행하려고요. 그런데… 예산이 없어요 ㅜㅜ
>
> 비현코 과장: 그럼 제가 전에 알려드린 Selenium으로 자동화하시면 되잖아요?
>
> **비현아 사원**: 선배님, 이 어플은 웹 기반이 아니어서 Selenium으로 자동화도 안 되요… 마우스, 키보드로 노가다 해야 해요 ㅠㅠ
>
> 비현코 과장: 아… 그런가요? 그럼 제가 좀 도와드릴까요?
>
> **비현아 사원**: 역시 비현코 선배 최고! 제가 커피 살게요!!
>
> (잠시 후)
>
> 비현코 과장: 아… 선배 체면에 말은 했는데… 어떡하지?
>
> …어떡하긴, 해결하면 되지! PyAutoGUI를 이용한 마우스, 키보드 자동화로 해결해 오겠어!

마우스 커서 위치, 이미지의 위치 등 여러분의 컴퓨터 환경은 제 것과 다르기 때문에, 실습과 똑같은 코드로 실행해도 저와 다른 결과가 나올 수 있습니다.

그런 이유로 물리 자동화 실습은 코드만 소개해드리는 것으로 하겠습니다.

다음은 윈도우 환경에서 Nox라는 모바일(안드로이드) 애뮬레이터를 열어 애플리케이션을 실행하고, PyAutoGUI를 활용해 물리 자동화를 구현하는 코드입니다.

```
# nox 플레이어 실행
import pyautogui as pag
import time
st = 1
time.sleep(st)
pag.press('super')
time.sleep(st)
pag.typewrite('nox')
time.sleep(st)
pag.press('enter')
time.sleep(30)   # 프로그램 로딩 시간
```

윈도우 시작 버튼을 누르고 Nox 프로그램을 실행합니다.

```
# 창 위치 설정
# 클릭을 원하는 위치의 이미지 확보
nox_x = int(pag.locateOnScreen('nox.png').left)
nox_y = int(pag.locateOnScreen('nox.png').height)
print(nox_x)
print(nox_y)
# 좌측 최상단을 클릭한다
pag.moveTo(nox_x, nox_y)
time.sleep(st)
# (0,0)으로 드래그한다
# pag.dragTo(0, 0, 3, button = 'left')
try:
    pag.dragTo(0, 0, 1, button = 'left')
except:
    print(1)
pag.FAILSAFE = False   # 오류 발생 시 (0,0)으로 마우스를 이동시키는가? 아니요
pag.mouseUp()     # 마우스 클릭 해제 (확인 차)
```

이제 실행된 Nox 프로그램의 이미지를 확인하여 위치를 체크하고 그 위치를 (0,0)으로 이동시킵니다.

```
# 필요 app 실행
# 1-1 앱 클릭
time.sleep(st)
pag.click(x = 414, y = 378)
```

그리고 우리가 원하는 애플리케이션을 클릭해서 열어 줍니다.

```python
# 세부 자동화
# 1. 내 모임 클릭 (346,996)
time.sleep(st)
pag.click(348, 996)
# 2. 가입한 모임 클릭 (130,361)
time.sleep(st)
pag.click(296, 355)
# 3. 채팅창 클릭 (51,993)
time.sleep(st)
pag.click(51, 993)
# 4. 원하는 인사말 쓰기
time.sleep(st)
pag.typewrite('nice to meet you. my name is bhyunco')
# 5. 원하는 인사말 전송 (521,991)
time.sleep(st)
pag.click(521, 991)
# 6. 정보 탭 클릭 (66,144)
time.sleep(st)
pag.click(66, 144)
# 7. 클래스 만들기 클릭 (278,880)
time.sleep(st)
pag.click(278, 880)
# 8. 사진 클릭 하고 사진 추가하기 (184,247/ 262,425/ 275,437/ 399,80)
time.sleep(st)
pag.click(184, 247)
time.sleep(st)
pag.click(262, 425)
time.sleep(st)
pag.click(275, 437)
time.sleep(st)
pag.click(399, 80)
# 9. 수업 제목 클릭하고 내용 넣기 (55,437)
time.sleep(st)
pag.click(55, 437)
time.sleep(st)
pag.typewrite('bhyunco_class')
# 10. 수업 시작일 클릭하고 선택하기 (170,498/ 429,759)
```

```
time.sleep(st)

pag.click(170, 498)

time.sleep(st)

pag.click(429, 759)

# 11. 수업 시작 시간 클릭하고 선택하기 (164,399/ 226,647/ 270,655/ 444,715)

time.sleep(st)

pag.click(164, 399)

time.sleep(st)

pag.click(226, 647)

time.sleep(st)

pag.click(270, 655)

time.sleep(st)

pag.click(444, 715)

# 12. 수업 장소 클릭하고 정하기 (88,602)

time.sleep(st)

pag.click(88, 602)

time.sleep(st)

pag.typewrite('gangnam station')

# 14. 강사 소개 타이핑하기 (40,744)

time.sleep(st)

pag.click(40, 744)

time.sleep(st)

pag.typewrite('bhyunco python tutor is best')

# 15. 수업 내용 타이핑하기 (38,936)

time.sleep(st)

pag.click(38, 936)

time.sleep(st)

pag.typewrite('python automation class')

# 맨 밑으로 내리기 (537,985) —> (537,288)

time.sleep(st)

pag.moveTo(537, 985)

pag.dragTo(537, 288, 1, button = 'left')

time.sleep(st)

# 16.수업 비용 타이핑하기 (82,588)

time.sleep(st)

pag.click(82, 588)

time.sleep(st)

pag.typewrite('55000000')
```

```
# 17. 최대 인원 타이핑하기 (489,651)
time.sleep(st)
pag.click(489, 651)
time.sleep(st)
pag.typewrite('5')
# 18. 최소 인원 타이핑하기 (486,703)
time.sleep(st)
pag.click(486, 703)
time.sleep(st)
pag.typewrite('3')
# 19. 클래스 만들기 (255,936)
time.sleep(st)
pag.click(255, 936)
```

위의 코드는 어플리케이션을 클릭하고 그 안에서 작업하는 동작들을 하나하나 코드로 만들어 둔 것입니다. 물론 매우 무식한 자동화이긴 하지만, 실제로 이런 모든 것을 무시할 수 있는 단순한 자동화가 큰 자동화의 부품이 되고 시너지를 내어 큰 효과를 발휘합니다.

위의 코드를 따라 치지 마시고 이런 식으로 활용이 가능하다 생각하고, 다음 장으로 넘어가 보겠습니다.

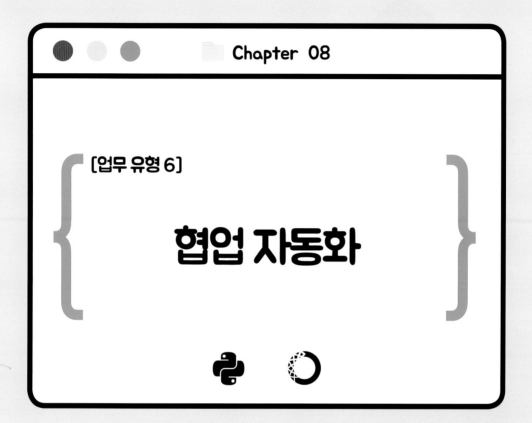

Chapter 08

[업무 유형 6]

협업 자동화

▶▶ Contents

8.0 챕터를 시작하기 전에

파이썬으로 협업하기 (나를 위한 자동화 VS 팀을 위한 자동화)

지금까지 배운 기술로 여러분은 자신이 원하는 거의 모든 자동화를 구현해 낼 수 있습니다. 실제로 저는 이 기술로 현업에서 발생한 문제를 해결했습니다. 여러분도 앞서 배운 지식을 활용해 현업 문제를 해결하거나 고안한 아이디어를 대부분 구현해 낼 수 있을 것입니다. 축하드립니다. 이로써 여러분은 4차 산업혁명시대에 나를 복제하는 분신술을 터득하셨습니다.

그런데 나만 잘살고 나만의 시간을 아끼면 끝일까요? 내가 파이썬 업무 자동화 기술을 습득하고 나서, 주위의 사람들이 해당 프로그램을 사용할 수 있게 하면 어떨까요? 엑셀, PPT, 이메일 양식 등 형태만 다를 뿐 내가 시간을 들여서 만들어 낸 결과물을 다른 사람들이 사용할 수 있게 하는 업무 또한 협업의 일종이라고 할 수 있습니다. (실제로 현업에서는 파이썬 업무 자동화 기술로 만든 결과를 공유 문서 양식으로 만드는 작업을 많이 합니다.)

물론 다른 사람들도 여러분처럼 파이썬을 습득해서 사용하면 됩니다. 하지만 여러분도 여기까지 오시기 쉽지 않았듯이 다른 사람들도 우리와 같은 경지에 도달하는 데 오랜 시간이 걸릴 수 있습니다.

협업을 위한 다양한 서비스와 기술이 있는데, 이번 장은 그중 파이썬으로 구현할 수 있으며 협업에 큰 역할을 해내는 2가지 기술을 소개하겠습니다. 이 기술은 웹/서버/클라이언트/DB 등을 연동하지 않고, 지금까지 배운 것만으로도 해낼 수 있습니다.

이번 장에서 배울 기술들은 다음과 같습니다.

> - 내가 만든 파이썬 파일을 다른 사람이 파이썬 설치 없이 사용하도록 만들기
> - 모두가 공유할 수 있는 데이터를 쉽게 가져오고 업데이트하기

8.1 팀을 위한 프로그램 제작(PyInstaller 활용)

첫 번째 협업 자동화 기술로, 우리가 기존에 만든 .ipynb 파일을 다른 사람의 컴퓨터에서 활용할 수 있도록 해 보겠습니다.

이 실습에서는 python 프로그램을 .exe 파일로 변환해주는 라이브러리인 PyInstaller를 활용할 예정입니다. 해당 라이브러리에 관한 자세한 내용은 다음 링크를 참조해 주세요.

[링크] https://pyinstaller.org/en/stable/

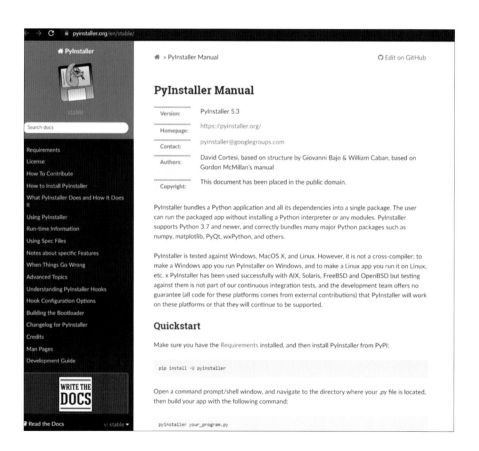

PyInstaller 라이브러리의 활용법은 생각보다 간단합니다. 다음 2단계만 거치면 됩니다.

1. 완성된 프로그램을 .py 파일로 변환
2. pyinstaller를 활용하여 .exe 파일 만들기

그럼 실습을 시작해 보겠습니다.

● 실습 파일 경로: chapter8/pyinstaller/pyinstaller_sample.ipynb

먼저 우리가 기존에 만든 .ipynb 파일을 하나 찾아서 주피터 노트북에서 열어 줍니다. (참고로 아래는 우리 가 3장에서 활용한 daily 시황분석자료 제작 프로그램입니다.)

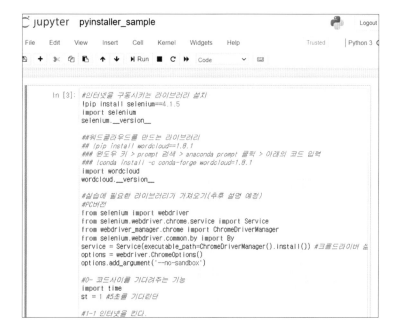

해당 프로그램을 실행하면 잘 구동되는지 확인했으면 .py 파일로 변환합니다.

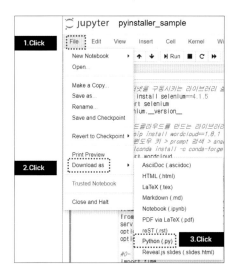

.py 파일이 자동으로 생성되어 다운로드되면 pyinstaller/exe 폴더 안에 넣어 줍니다.

그리고 chapter8 폴더에 있는 .ipynb 파일(앞쪽의 실습 파일 경로 참조)을 열어서 pyinstaller 라이브러리를 다운로드합니다.

다운로드 후 아래와 같이 3줄의 코드를 작성하여 실행합니다.

```
In [1]: !pip install pyinstaller

        Requirement already satisfied: pyinstaller in c:\users\asus\anaconda3\lib\site-p
        ackages (4.1)
        Requirement already satisfied: pywin32-ctypes>=0.2.0 in c:\users\asus\anaconda3
        \lib\site-packages (from pyinstaller) (0.2.0)
        Requirement already satisfied: setuptools in c:\users\asus\anaconda3\lib\site-pa
        ckages (from pyinstaller) (51.1.1)
        Requirement already satisfied: altgraph in c:\users\asus\anaconda3\lib\site-pack
        ages (from pyinstaller) (0.17)
        Requirement already satisfied: pefile>=2017.8.1 in c:\users\asus\anaconda3\lib\s
        ite-packages (from pyinstaller) (2019.4.18)
        Requirement already satisfied: pyinstaller-hooks-contrib>=2020.6 in c:\users\asu
        s\anaconda3\lib\site-packages (from pyinstaller) (2020.10)
        Requirement already satisfied: future in c:\users\asus\anaconda3\lib\site-packag
        es (from pefile>=2017.8.1->pyinstaller) (0.18.2)

In [2]: import os
        os.listdir()

Out[2]: ['.ipynb_checkpoints', 'pyinstaller_sample.py', 'pyinstaller_만들기.ipynb']

In [*]: !pyinstaller pyinstaller_sample.py
```

위 코드의 의미는 다음과 같습니다.

첫 번째 행 - PyInstaller 설치

두 번째 행 - 현재 경로에 있는 .pyinstaller_sample.py 찾기

마지막 행- 터미널에 pyinstaller_sample.py를 모두가 사용할 수 있는 프로그램으로 제작

이 코드는 실행 시간이 좀 깁니다. 코드를 실행해 두고 잠시 다른 업무를 봐도 좋습니다.

모든 작업이 완료되면 아래와 같이 폴더가 만들어집니다.

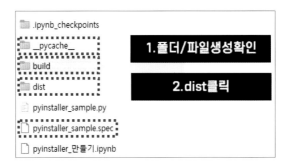

만들어진 dist 폴더에서 pyinstaller_sample 폴더에 들어가면 .exe 실행 파일이 있습니다.

이 파일을 실행하면 별도의 파이썬 설치 없이 원본 파일의 코드와 똑같은 기능을 발휘할 수 있습니다.

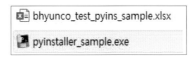

조금은 무거운 작업이지만 누군가에게 내가 만든 코드를 공유할 수 있으니 매우 효율적입니다. 잘 활용하여 다른 사람도 여러분과 같이 똑같은 기능을 사용할 수 있도록 만들어 주시길 바랍니다.

팀과 함께 보는 데이터 공유 (구글 스프레드시트 활용)

이번에는 두 번째 협업 자동화 기술을 배워 보겠습니다.

여러 사람이 문서를 공유하고 열람할 수 있도록 지원하는 협업 서비스는 다양한데요. 이 실습에서는 그중 구글 스프레드시트(Google Spreadsheet)를 파이썬과 연동하여 우리가 원하는 형태로 데이터를 편집하고 다른 사람에게 공유하는 방법을 보여드리겠습니다.

> 실습 파일 경로: chapter8/google_spread_sheet/co_work.ipynb

이 실습은 코딩보다는 세팅 작업이 더 어렵습니다. 혹시 6장에서 메일/문자 자동화를 위한 준비 작업으로 관련 사이트에 가입하고 승인을 받은 것 기억하시나요? 이번에 할 작업도 이 과정과 유사합니다. 그럼 사전 준비부터 해 보겠습니다.

STEP 1 **사전 준비**

구글 스프레드시트를 파이썬과 연동하려면 구글 클라우드(Google Cloud)에서 구글 API를 받아야 합니다. 이 과정에서 여러분이 서비스에 가입하고 진행하셔야 할 것들이 조금 많아서 진행 순서를 정리했습니다.

구글 스프레드시트 공유 문서 사용을 위한 구글 API 적용 FLOW

01 **구글 API 발급**

- 구글 로그인 진행
- 구글 클라우드의 API 및 서비스 페이지 접속
- 프로젝트 생성
- 서비스 계정 생성
- 서비스 계정의 이메일 및 고유 ID 기록
- 서비스 계정의 키 생성 후 보관
- Google Sheets API 사용 설정
- Google Drive API 사용 설정

과정이 좀 길어 보이나요? 여러분의 이해를 돕기 위해서 세부적으로 나누느라 좀 길어졌습니다. 한 번 같이 해 보겠습니다.

01 **구글 API 발급**

■ 구글 로그인 진행

구글 클라우드에서 제공하는 API를 받으려면 구글 아이디가 필요합니다. 구글 로그인을 해 보겠습니다.

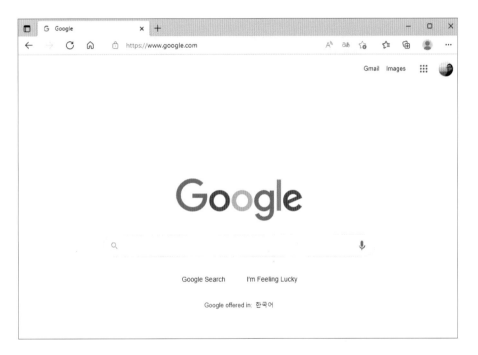

■ 구글 클라우드의 API 및 서비스 페이지 접속

다음 링크를 통해 구글 클라우드의 API 및 서비스 페이지로 접속합니다.

[링크] https://console.cloud.google.com/apis

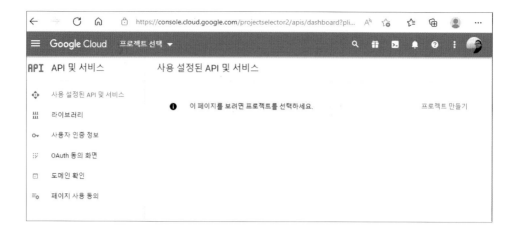

■ 프로젝트 생성

프로젝트를 생성하기 위해 **프로젝트 선택 > 새 프로젝트**를 클릭합니다.

프로젝트 이름을 짓고('bhyunco-cowork'로 설정) **만들기**를 클릭합니다.

만들기를 클릭 후 시간이 조금 지나면 승인된 데이터가 올라옵니다.

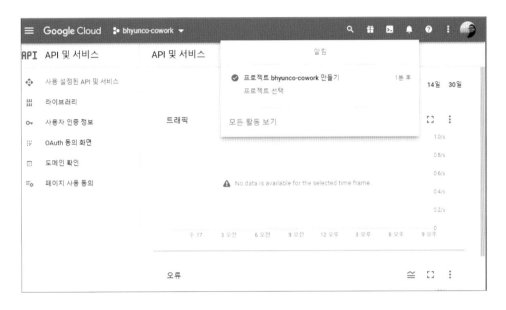

■ 서비스 계정 생성

데이터 승인을 받았으면 화면 왼쪽에 보이는 **사용자 인증 정보**를 클릭합니다.

이어서 화면 상단의 **+CREATE CREDENTIALS(사용자 인증 정보 만들기) 〉 서비스 계정**을 클릭합니다.

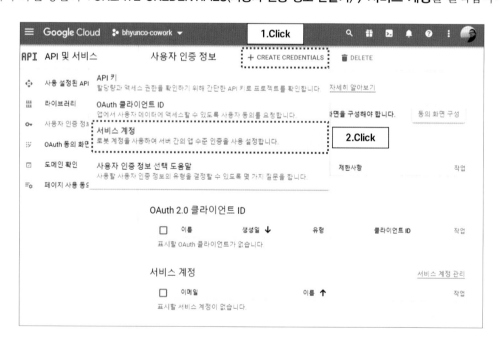

서비스 계정명을 'bhyunco-cowork'로 입력 후 **완료**를 클릭합니다.

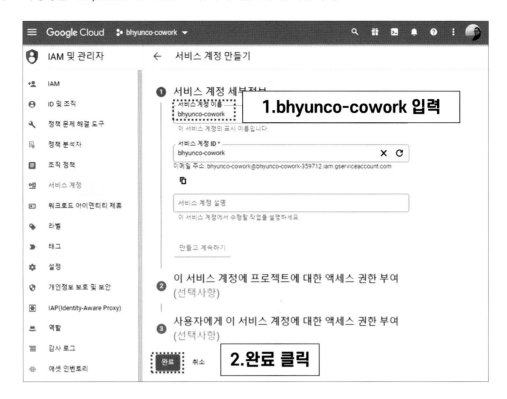

그럼 서비스 계정이 생성됩니다. 생성된 계정을 확인 후 클릭해 주세요.

■ 서비스 계정의 이메일 및 고유 ID 기록

화면 좌측에서 **서비스 계정**을 클릭한 후 상단의 **세부정보** 탭을 선택하면 이메일 및 고유 ID가 나옵니다.
두 가지를 메모 앱 등에 기록해 둡니다

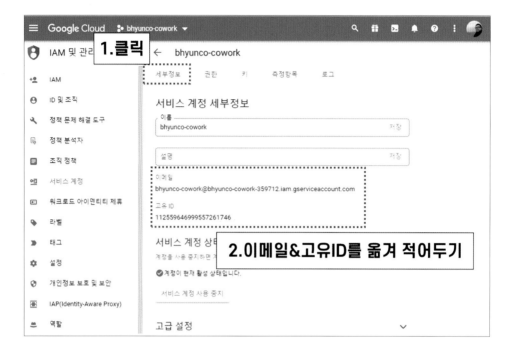

■ 서비스 계정의 키 생성 후 보관

이번에는 서비스 계정의 **키** 탭으로 들어가서 **키 추가 〉 새 키 만들기**를 클릭합니다.

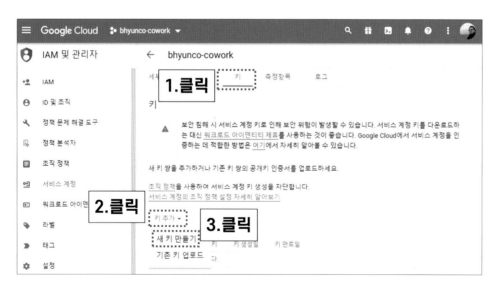

키 유형으로 **JSON**을 선택하고 **만들기**를 클릭합니다.

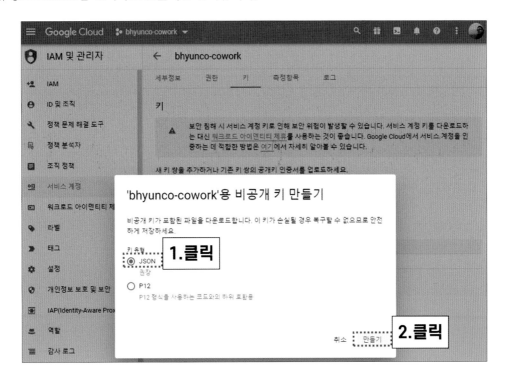

그럼 json 파일이 자동으로 다운로드될 것입니다. 다운로드된 json 파일을 co-work.ipynb 파일이 있는 폴더에 저장해 줍니다.

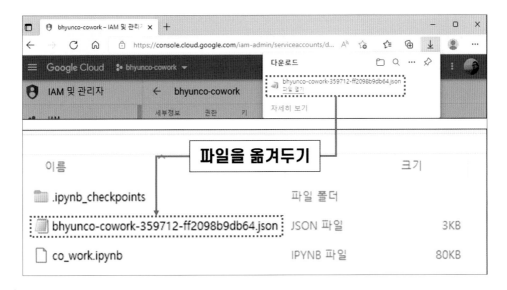

Colab을 활용하는 경우 참고!

.json 파일을 구글 드라이브에 넣고 공유 링크(읽기 전용으로 Share)를 만듭니다. 만들어진 URL을 아래의 코드에 넣고 Colab에서 구동하면 Jupyter Notebook처럼 현재 폴더에 .json 파일을 다운로드할 수 있습니다.

```
# 파일 다운로드
# colab용
!pip install gdown == 4.5.1
import gdown
import getpass
google_path = "https://drive.google.com/uc?id="
drive_url = "구글드라이브 json 파일 URL경로"
file_id = drive_url.split('/')[-2]
gdown.download(google_path+file_id, 'test.json', quiet = False)
output_name = 'test.json'
```

■ Google Sheets API 사용 설정

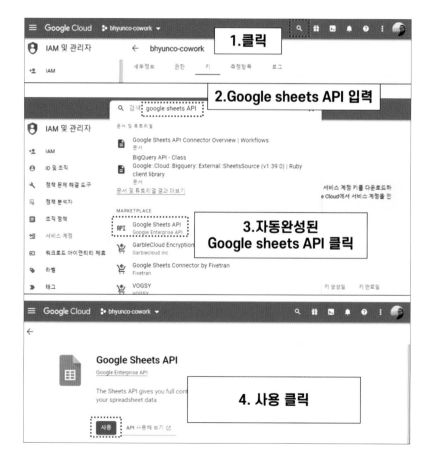

■ Google Drive API 사용 설정

이렇게 API 발급을 마쳤습니다. 이제 나의 구글 드라이브에 접속하여 스프레드시트를 만들어 보겠습니다.

02 구글 드라이브에서 스프레드 시트 만들고 공유

■ 구글 스프레드시트 생성

구글 드라이브(drive.google.com)에 접속해서 구글 스프레드시트를 생성합니다.

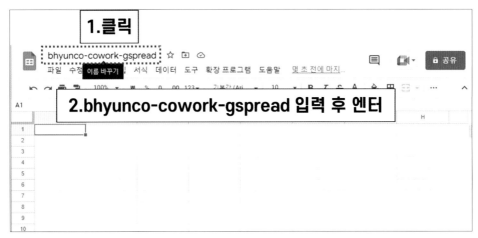

■ 구글 스프레드시트를 구글 클라우드 서비스 계정의 이메일로 공유

생성한 스프레드시트의 상단에 있는 **공유**를 클릭합니다. 그 후 앞서 기록한 구글 클라우드 서비스 계정의 이메일을 붙여 넣고 **전송**을 클릭합니다.

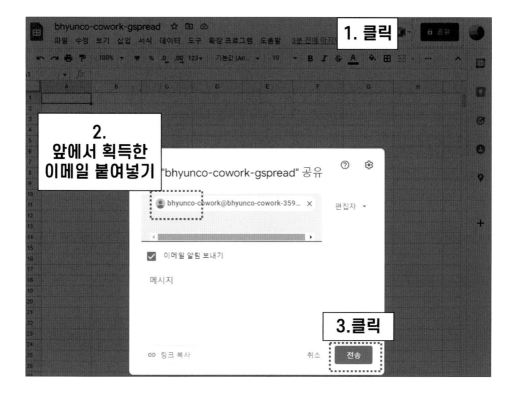

03 코드로 설정

이제 코드를 구동해 보겠습니다.

```python
import os
file_list = os.listdir()
print(file_list)
for file in file_list:
    if ".json" in file:
        output_name = file
```

위 코드는 현재 폴더에 있는 .json 파일을 가져와서 output_name 변수에 담는 코드입니다.

여기서 잠깐 몇 가지 세팅을 추가하겠습니다.

■ 스프레드시트에서 가져온 데이터를 데이터프레임으로 변환

아래의 코드는 구글 스프레드시트에서 가져온 데이터를 pandas DataFrame으로 변환하는 함수입니다. 추후에 활용할 것이니 실행해 주시기 바랍니다.

```python
# 구글 스프레드시트에서 받은 데이터를 데이터프레임으로 변환하는 함수
def gsheetdf(sheet):
    df = pd.DataFrame(columns = list(sheet.get_all_records()[0].keys()))
    for item in sheet.get_all_records():
        df.loc[len(df)] = item
    return df
```

위 코드를 실행한 다음 스프레드 시트에 임의의 데이터를 입력해 주세요.

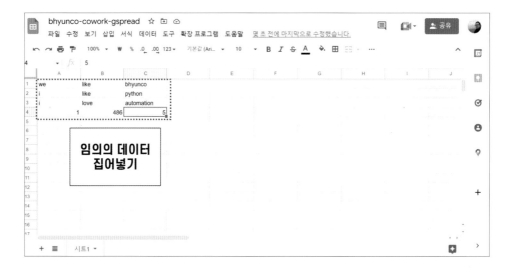

데이터 입력을 완료했으면 아래의 코드를 실행합니다.

```python
# 구글 스프레드시트를 파이썬과 연동시키기
!pip install gspread == 5.4.0
!pip install –upgrade oauth2client
from oauth2client.service_account import ServiceAccountCredentials
import gspread
scope = ["https://spreadsheets.google.com/feeds",
         "https://www.googleapis.com/auth/spreadsheets",
         "https://www.googleapis.com/auth/drive.file",
         "https://www.googleapis.com/auth/drive"]
creds = ServiceAccountCredentials.from_json_keyfile_name(output_name, scope)
```

```
spreadsheet_name = "bhyunco-cowork-gspread"  # 스프레드시트 이름
client = gspread.authorize(creds)
spreadsheet = client.open(spreadsheet_name)
## 시트 이름에 따른 변수 설정 by name
sheet = spreadsheet.worksheet("시트1")
print(sheet)
# ## OR by index
# sheet = spreadsheet.get_worksheet(0)
# print(sheet)
# 데이터 가져오기
sheet.get_all_records()
# pandas로 변경하기
import pandas as pd
df_sample_data = gsheetdf(sheet)
df_sample_data.head()
```

그럼 아래와 같은 결과값이 출력됩니다.

	we	like	bhyunco
0	i	like	python
1	i	love	automation
2	1	486	5

놀랍지 않으신가요? 절차가 많아 다소 복잡했지만 인터넷상에 있는 데이터를 파이썬 코드로 가져왔습니다. 여기서는 스프레드시트에 작성된 데이터를 파이썬으로 가져오는 정도로 그쳤지만, 사실 이 기술은 그이상의 역할도 해낼 수 있습니다. 예를 들어 데이터를 읽는 것(Read)뿐 아니라 쓰는 것(Write)도 가능하다면 파이썬 코드만으로 하나의 데이터 서버를 만들어 낼 수 있는 셈입니다.

지금까지 알아 본 협업 자동화 기술들을 보아, 파이썬 업무 자동화는 개인의 업무뿐만 아니라 여러 사람과 작업을 공유하는 일도 능히 해낼 수 있습니다. 협업의 가장 중요한 포인트가 '공유'라는 점을 생각해 본다면 두 기술이 가진 잠재력은 상당합니다. 이제 다음으로 넘어가서 이 기술을 활용한 심화 작업을 해보겠습니다.

현업 적용 코드를 실행하기 전에 좀 더 드라마틱한 기능성을 확인하기 위해서 추가 세팅을 해 보겠습니다.
일단 세팅하기 전에 아래의 현업 도식화를 보겠습니다.

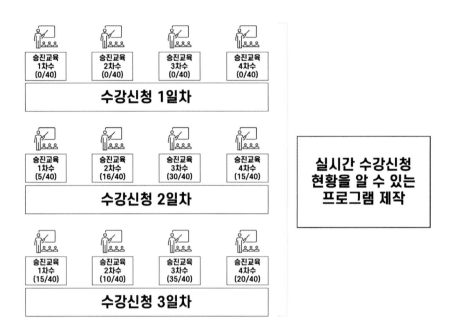

승진 교육을 운영해야 하는 교육 담당자가 차수별 신청인원을 실시간으로 확인할 수 있는 시스템이 필요
합니다. 그런데 회사 개발팀에서는 해당 프로그램을 개발할 수 있는 여력이 생기지 않습니다. 어떻게 해
야 할까요? 구글 설문과 그 결과에 대한 스프레드시트를 파이썬으로 연동시키면 바로바로 확인할 수 있는
시스템을 만들 수 있습니다.

현업 적용 사례를 보여드려려야 하니 설문 데이터를 한 번 만들어 보겠습니다.

■ 구글 설문지로 설문 데이터 만들기

구글 드라이브에서 구글 설문지를 생성합니다.

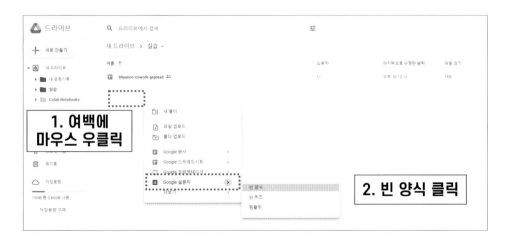

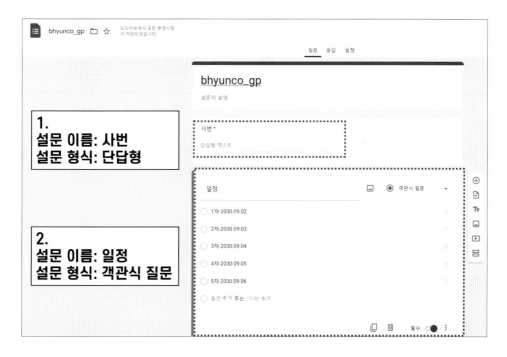

설문 항목은 2개만 만들겠습니다.

설문지를 만든 다음, 우측 상단의 **응답**을 클릭하고 **스프레드시트 아이콘**을 선택해 구글 스프레드시트 파일을 하나 만듭니다.

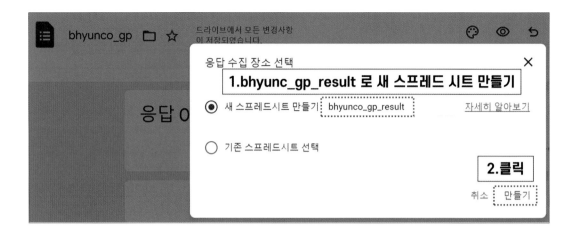

그럼 아래와 같이 설문지 파일과 새로운 스프레드시트가 만들어집니다.

 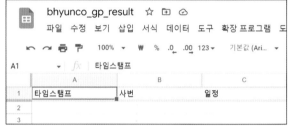

생성된 bhyunco_gp_result 스프레드시트에서 **공유** 버튼을 클릭해 API 생성 시 획득한 이메일 주소를 넣어 줍니다. (앞서 한 방식이니 자세히 설명하진 않겠습니다.)

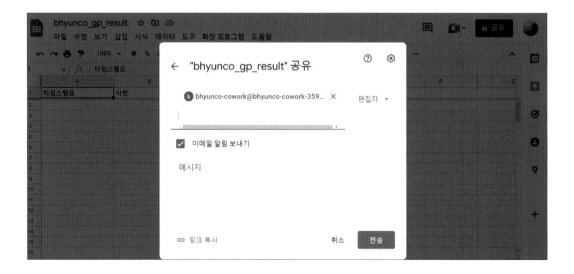

마지막으로 bhyunco_gp_result 구글 스프레드시트에 결과물을 출력할 시트를 하나 추가하고, 시트 이름은 '응답결과'로 설정합니다.

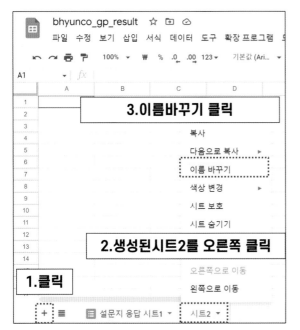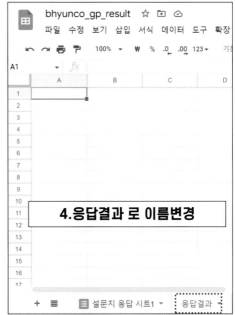

자, 모든 세팅을 완료했습니다. 이제 설문에 응답해서 설문 데이터가 잘 업로드되는지 확인해 보겠습니다. 아래와 같이 설문 파일을 획득한 후 설문 파일을 열어 줍니다.

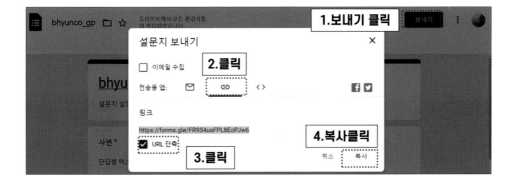

그리고 설문을 응답하면서 데이터가 잘 쌓이는지 확인합니다.

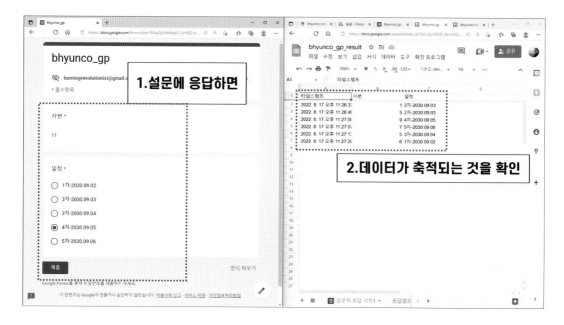

그럼 이제 코드를 돌려서 설문 현황이 바로바로 올라오는지 확인해 보겠습니다.

> 추후 실습을 위해서 10개 이상의 설문 데이터를 직접 만들어 주시길 바랍니다. 그리고 그중에서 사번이 동일한 사람이 다른 일정을 선택하는 데이터를 쌓아 주시기 바랍니다. (추후에 이런 중복 데이터를 정리하는 작업을 해 볼 것입니다.)

데이터가 잘 축적되었음을 확인했다면 아래의 코드를 구동합니다.

```python
# 구글 스프레드시트와 파이썬 연동시키기
!pip install gspread == 5.4.0
!pip install --upgrade oauth2client
from oauth2client.service_account import ServiceAccountCredentials
import gspread
scope = ["https://spreadsheets.google.com/feeds",
        "https://www.googleapis.com/auth/spreadsheets",
        "https://www.googleapis.com/auth/drive.file",
        "https://www.googleapis.com/auth/drive"]
creds = ServiceAccountCredentials.from_json_keyfile_name(output_name, scope)
spreadsheet_name = "bhyunco_gp_result"  # 스프레드 시트 이름
client = gspread.authorize(creds)
spreadsheet = client.open(spreadsheet_name)
## 시트 이름에 따른 변수 설정 by name
```

```
#3. 해당 데이터를 원하는 형태로 가공하는 프로그램을 제작한다.
# 응답지가 있는 데이터 시트를 설정
survey_sheet = spreadsheet.get_worksheet(0)
# 불러온 dict 데이터를 pandas DataFrame으로 만들기
import pandas as pd
df = gsheetdf(survey_sheet)
# df 컬럼값 변경
df.rename(columns = {'타임스탬프':'Time', '사번':'epnum', '일정':'class'}, inplace = True)
# 마지막만 남기기
df = df.drop_duplicates(['epnum'], keep = 'last')
# 클래스별 현황표 출력
result_df = df.pivot_table(index = 'class', values = 'epnum', aggfunc = 'count')
display(result_df)
result_df['class'] = result_df.index
result_df = result_df[['class', 'epnum']]
sheet_unit = spreadsheet.get_worksheet(1)
# 기존에 있던 데이터를 모두 삭제
sheet_unit.clear()
# 만들어진 result_df를 원하는 시트에 넣기
!pip install gspread_dataframe == 3.3.0
import gspread_dataframe as gd
gd.set_with_dataframe(sheet_unit, result_df)
```

위 코드에 대한 설명은 다음 절(8.3)에서 하고 결과부터 보겠습니다. 먼저 아래와 같은 값이 나오며, bh-yunco_gp_result 스프레드시트의 두 번째 시트를 보면 놀라운 일이 발생했을 것입니다.

	epnum
class	
1차-2030.09.02	1
2차-2030.09.03	1
3차-2030.09.04	1
4차-2030.09.05	1
5차-2030.09.06	1

설문지 응답 시트1에 있는 데이터를 요약한 정보가 **응답결과** 시트에 입력되었습니다. 설문을 몇 번 더하고 다시 코드를 실행하면 내용이 계속해서 업데이트되는 모습을 확인할 수 있습니다.

STEP 3 **구글 스프레드시트 관련 기본 문법**

설문 데이터를 만들어서 확인해 봤으니 지금부터 구글 스프레드시트 관련 기본 문법을 학습하도록 하겠습니다.

구글 스프레드시트와 파이썬 연동을 위한 사전 작업

구글 스프레드시트 관련 문법을 사용하려면 사전 작업이 필요합니다. 다음 코드를 쭉 따라가면서 세팅을 진행해 보겠습니다.

구글 클라우드 API 정보가 든 json 파일을 가져와서 output_name 변수에 담습니다. (여기서 말하는 json 파일은 앞서 구글 클라우드 서비스 계정 생성 후 저장한 json 파일입니다.)

```python
# 폴더에 있는 json 파일 가져오기
import os
file_list = os.listdir()
print(file_list)
for file in file_list:
    if ".json" in file:
        output_name = file
```

작성한 구글 스프레드시트의 데이터를 가져와서 데이터프레임으로 바꿉니다. 이 함수를 실행해야 스프레드시트의 변경 사항이 데이트프레임에 반영됩니다.

```python
# 구글 스프레드시트에서 받은 데이터를 데이터프레임으로 변환하는 함수
def gsheetdf(sheet):
    df = pd.DataFrame(columns = list(sheet.get_all_records()[0].keys()))
    for item in sheet.get_all_records():
        df.loc[len(df)] = item
    return df
```

Google Sheets API와 Google Drive API를 이용해 스프레드시트를 불러 옵니다. 여기서는 'bhyunco-cowork-gspread' 시트를 불러오는 역할을 합니다.

```python
# 구글 스프레드시트와 파이썬 연동시키기
pip install gspread == 5.4.0
pip install --upgrade oauth2client
from oauth2client.service_account import ServiceAccountCredentials
import gspread
```

```
scope = ["https://spreadsheets.google.com/feeds",
         "https://www.googleapis.com/auth/spreadsheets",
         "https://www.googleapis.com/auth/drive.file",
         "https://www.googleapis.com/auth/drive"]
creds = ServiceAccountCredentials.from_json_keyfile_name(output_name, scope)
spreadsheet_name = "bhyunco_gp_result"  # 스프레드 시트 이름
client = gspread.authorize(creds)
spreadsheet = client.open(spreadsheet_name)
```

이로써 세팅을 마쳤습니다. 이제 구글 스프레드시트 관련 기본 문법을 배워 보겠습니다.

먼저 우리가 불러온 구글 스프레드시트(bhyunco_gp_result)의 정보를 모두 가져오겠습니다.

```
# 스프레드시트의 세부 시트 확인하기
spreadsheet.worksheets()
```

이 코드를 실행하면 해당 스프레드시트에 대한 모든 워크시트(worksheet)의 이름을 가져오게 됩니다.

💡 **Tips** _ **특정 워크시트만 불러오는 방법**

파이썬으로 특정 워크시트만 불러오는 방법으로는 다음 2가지가 있습니다. 상황에 따라 적합한 방법을 골라 쓰시면 됩니다.

[방법 1] 이름으로 불러오기

```
# 스프레드시트의 세부 시트 중 원하는 시트를 변수로 설정하기
sheet_unit = spreadsheet.worksheet('시트1')
print(sheet_unit)
```

[방법 2] 순서로 불러오기

```
# ## OR 순서로 선택하기
sheet = spreadsheet.get_worksheet(0)
print(sheet)
```

이번에는 해당 시트에 있는 데이터를 모두 가져와 보겠습니다.

```
# 스프레드시트의 세부 시트 데이터 불러오기
sheet_unit.get_all_records()
```

위 코드대로 실행하면 우리가 편히 보는 데이터프레임이 아닌 dict 자료형으로 데이터를 가져오게 됩니다. 그래서 앞서 함수로 설정한 코드를 활용하여 데이터프레임으로 바꿔 줍니다.

```
# 불러온 dict 데이터를 pandas DataFrame으로 만들기
import pandas as pd
def gsheetdf(sheet):
    df = pd.DataFrame(columns = list(sheet.get_all_records()[0].keys()))
    for item in sheet.get_all_records():
        df.loc[len(df)] = item
    return df
df_sample_data = gsheetdf(sheet)
df_sample_data.head()
```

데이터 조회 작업을 익혔으니 이제 데이터를 입력하는 방법을 알아보겠습니다.

아래 코드를 구동하여 데이터의 변동 여부를 확인하겠습니다.

```
# 스프레드시트 데이터 작성하기
# cell update
sheet_unit.update_acell('B1', 'b1 updated')
```

내용을 보면 B1 셀의 데이터가 업데이트된 것을 알 수 있습니다.

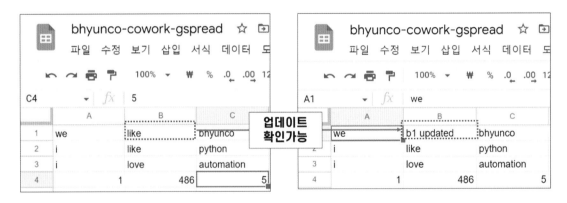

데이터 입력뿐 아니라 행을 추가할 수도 있습니다.

```
# 행 추가하기
sheet_unit.append_row(['data1', 'data2', 'data3', 'data4'])
```

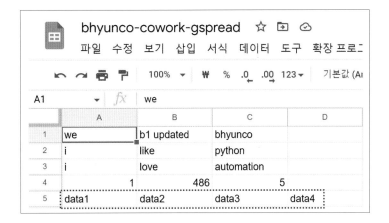

또한 특정 행 값을 추가할 수도 있습니다.

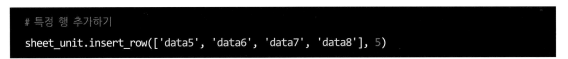

```python
# 특정 행 추가하기
sheet_unit.insert_row(['data5', 'data6', 'data7', 'data8'], 5)
```

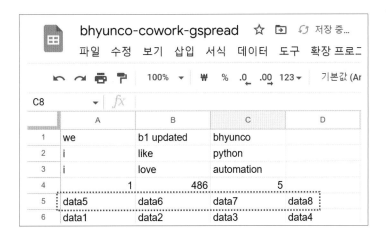

이렇게 기본 문법을 알아보았습니다. 이제 마지막 현업 적용 사례로 넘어가 보겠습니다.

협업 자동화 현업 실습

(회사에서의 상황 예시)

(rrrrrrr)

비현코 과장: 안녕하세요. 소심한 차장님! 무슨 일 있으세요?

소심한 차장: 어, 비 과장. 나 궁금한 게 있어서 전화했네.

비현코 과장: 네, 차장님 이번에 진행하는 승진자 의무교육 때문에 그러시나요?

소심한 차장: 맞아. 이번에 승진자 교육 대상자여서 내가 차수를 정해서 가야 하는데, 알다시피 내가 사람 많은 걸 좀 힘들어 해서… 이번 교육 5차수 중에 제일 적게 참석하는 차수가 언제야??

비현코 과장: 잠시만 기다려 주세요.

(확인 중)

비현코 과장: 차장님, 3차수가 제일 적게 신청했네요! 3차수로 해 보세요.

소심한 차장: 응? 어젠 5차수가 제일 적다고 했잖아…? 이거 매번 바뀌어서 확인하러 연락하기가 힘드네. ㅠㅠ 혹시 차수별 인원이 몇 명인지 내가 직접 확인할 수 있는 방법이 없을까?

비현코 과장: 아… 차장님 저도 개발팀에 이거 확인할 수 있게 의뢰를 좀 해봤는데 너무 개발팀이 바빠서 몇 개월은 지나야지 개발이 가능하다고 하네요. ㅠㅠ

소심한 차장: 아… 그렇구나 근데 나 같은 사람 많지 않아?

비현코 과장: 네, 맞아요. 전화가 자꾸 와서 업무를 못하고 있어요. ㅠㅠ

소심한 차장: 비 과장 파이썬 잘 하지 않아? 공유 문서로 해결하는 방법이 있지 않을까?

비현코 과장: 공유 문서요?

먼저 코드 설계 노트를 정리한 후 현업 문제를 해결해 보겠습니다.

1. 승진 교육을 선택하게 된 사람들이 교육 참여 일정 체크한 설문 파일을 만든다.
2. python으로 구글 스프레드시트를 연동한다.
3. 해당 데이터를 원하는 형태로 가공하는 프로그램을 제작한다.
4. 완성된 구글 스프레드시트를 게시판에 올린다.

앞절에서 현업 적용 사례 코드를 보여드렸기 때문에 세팅은 모두 마쳤습니다. 바로 코드 해석으로 들어가 보겠습니다.

```python
# 3. 해당 데이터를 원하는 형태로 가공하는 프로그램을 제작한다.
# 스프레드시트 세팅
# 구글 스프레드시트와 파이썬 연동시키기
!pip install gspread == 5.4.0
!pip install --upgrade oauth2client
from oauth2client.service_account import ServiceAccountCredentials
import gspread
scope = ["https://spreadsheets.google.com/feeds",
         "https://www.googleapis.com/auth/spreadsheets",
         "https://www.googleapis.com/auth/drive.file",
         "https://www.googleapis.com/auth/drive"]
creds = ServiceAccountCredentials.from_json_keyfile_name(output_name, scope)
spreadsheet_name = "bhyunco_gp_result"  # 스프레드 시트 이름
client = gspread.authorize(creds)
spreadsheet = client.open(spreadsheet_name)
# 시트명 확인하기
spreadsheet.worksheets()
```

앞서 만든 구글 설문지의 응답 시트를 열어 줍니다.

```
[<Worksheet '설문지 응답 시트1' id:20038398>, <Worksheet '응답결과' id:17191
3623>]
```

응답지가 있는 데이터 시트(첫 번째 시트)를 survey_sheet 변수에 할당해 줍니다.

```python
# 응답지가 있는 데이터 시트를 설정
survey_sheet = spreadsheet.get_worksheet(0)
print(survey_sheet)
```

그리고 해당 데이터를 데이터프레임으로 가져오는 명령어를 실행하여 df 변수에 저장합니다.

```python
# 불러온 dict 데이터를 pandas DataFrame으로 만들기
import pandas as pd
def gsheetdf(sheet):
    df = pd.DataFrame(columns = list(sheet.get_all_records()[0].keys()))
    for item in sheet.get_all_records():
        df.loc[len(df)] = item
    return df
df = gsheetdf(survey_sheet)
df.head()
```

	타임스탬프	사번	일정
0	2022. 8. 17 오후 11:26:37	1	2차-2030.09.03
1	2022. 8. 17 오후 11:26:48	5	2차-2030.09.03
2	2022. 8. 17 오후 11:27:00	9	4차-2030.09.05
3	2022. 8. 17 오후 11:27:07	7	5차-2030.09.06
4	2022. 8. 17 오후 11:27:13	5	3차-2030.09.04

이제 타임스탬프, 사번, 일정 컬럼명을 영어로 변경하는 작업을 하겠습니다.

```python
# df 컬럼값 변경
df.rename(columns = {'타임스탬프':'Time', '사번':'epnum', '일정':'class'}, inplace = True)
print(df.shape)
```

여기서 중요한 점이 하나 있습니다. 다음 코드를 실행해 피봇을 돌려보면 중복으로 설문에 참여한 인원이 있다는 것을 알 수 있습니다. (앞서 말씀드린 것처럼 여러분이 직접 설문에 참여하여 중복된 데이터를 만들어 내 셔야 중복값이 보일 것입니다.)

```python
# 각 사번 최종 작성 데이터를 최종본으로 변경
pdf = df.pivot_table(index = 'epnum', values = 'class', aggfunc = 'count')
display(pdf[pdf['class'] > 1])
print(pdf.shape)
```

코드 실행 결과를 보면 사번이 5인 사람은 2번의 응답을 했다는 것을 알 수 있습니다. 이 경우에는 마지막에 응답한 것을 최종 답안으로 생각해야 합니다.

따라서 아래 코드를 실행해 중복된 값을 가장 최신값으로 업데이트해 줍니다.

```
# 마지막만 남기기
print(df.shape)
df = df.drop_duplicates(['epnum'], keep = 'last')
print(df.shape)
```

위 코드를 실행하면 중복된 값이 제거되어 shape가 6개의 행에서 5개의 행으로 줄어든 것을 알 수 있습니다.

```
(6, 3)
(5, 3)
```

이제 정리된 내용을 출력해 보겠습니다.

```
# 클래스별 현황표 출력
result_df = df.pivot_table(index = 'class', values = 'epnum', aggfunc = 'count')
display(result_df)
result_df['class'] = result_df.index
result_df = result_df[['class', 'epnum']]
display(result_df)
```

	epnum
class	
1차-2030.09.02	1
2차-2030.09.03	1
3차-2030.09.04	1
4차-2030.09.05	1
5차-2030.09.06	1

class		epnum
1차-2030.09.02	1차-2030.09.02	1
2차-2030.09.03	2차-2030.09.03	1
3차-2030.09.04	3차-2030.09.04	1
4차-2030.09.05	4차-2030.09.05	1
5차-2030.09.06	5차-2030.09.06	1

클래스별로 승진자들이 1명씩 지원한 것을 알 수 있습니다. (여러분의 결과는 설문 데이터를 어떻게 쌓았는지에 따라 달라집니다.)

이제 최종 출력된 데이터를 두 번째 시트인 '응답결과' 시트에 작성하기 위해서 시트를 선택합니다.

```python
# 설문지 응답 요약 SHEET로 sheet_unit 변수 설정하기
sheet_unit = spreadsheet.get_worksheet(1)
sheet_unit
```

그리고 해당 시트의 기존에 적혀 있던 모든 데이터를 삭제합니다.

```python
# 기존에 있던 데이터를 모두 삭제
sheet_unit.clear()
```

그리고 마지막으로 result_df 변수에 들어 있는 데이터프레임을 '응답결과'에 모두 붙여 넣습니다.

```python
# 만들어진 result_df를 원하는 시트에 넣기
import gspread_dataframe as gd
gd.set_with_dataframe(sheet_unit, result_df)
```

그럼 앞서 본 결과값이 실시간으로 확인이 가능한 형태로 업데이트되는 것을 알 수 있습니다.

Summary

이번 장에서는 나 혼자 개발한 프로그램을 다른 사람과 같이 사용하거나 데이터를 공유할 수 있는 기능을 배웠습니다. 이 장의 학습 과정이 유달리 복잡하고, 협업을 위해 번거로운 과정을 거치며 내 시간을 낭비해야 하나 하고 느끼셨을 지도 모르겠습니다. 이 과정은 단순히 생각해 보면 누군가가 우리가 편하게 사용할 수 있도록 주어진 서비스를 활용하기 위한 것입니다. 하지만 좀 더 넓게 생각해 보면 자동화를 통해 자신의 업무 효율만 개선했을 때보다 팀과 조직의 효율이 개선되었을 때 더 가치 있는 결과를 내고, 다양한 문제 해결 능력을 가질 수 있게 될 것입니다. 결국 이러한 경험은 나의 환경을 바꾸고 나를 성장시키는 원동력이 될 것입니다.

다른 사람에게 문서나 파일 공유가 가능한 협업 서비스는 비단 구글 스프레드시트만 있는 것이 아닙니다. 세상에는 누군가가 파이썬으로 만들어 놓은 API가 정말 다양히도 존재합니다. 그것을 잘 활용해서 내 것으로 만드는 것은 바로 여러분들의 몫입니다. 여러분이 '이런 기능은 없을까?'라고 생각한 기능은 대부분 다른 사람들이 이미 만들어 놓았을 가능성이 큽니다. 그러니 여러분은 잘 검색해서 잘 사용하기만 하면 지금까지는 경험하지 못한 업무 생산성을 만들어 낼 수 있을 것입니다. 길고 긴 8개의 도전을 극복하고 끝까지 오시느라 수고 많으셨습니다. 이 다음은 이 책에서 제가 못다한 이야기를 좀 더 다루고자 합니다.

마치며

앞으로 시간이 흘러갈수록 정말 다양한 방식으로 사회가 변화하겠지만 그 변화의 흐름에 온몸을 맡기고 앞으로 나아가기 위해서는 코딩 능력은 필수인 시대가 다가오고 있는 것 같습니다. 그리고 그 중심에는 파이썬이 있습니다.

특히 이 책의 2쇄를 찍는 시점(2024년 초)은 생성형 AI의 돌풍으로 전 세계적으로 많은 변화들이 생기고 있습니다. 생성형 AI의 영향으로 기업 교육쪽에서는 '시민 개발자'라는 단어가 사용되기 시작했는데, 앞으로 몇 년간은 이 키워드가 중요한 트렌드로 자리 잡을 것입니다.

이 책에서 배운 내용은 여러분의 미래의 새로운 결과물을 만들어 나가는 첫번째 퍼즐이 될 것입니다. 이제부터 여러분이 하실 것은 나를 위한 업무 자동화를 계속해서 만들어 나가는 겁니다. 큰 기능부터 만들어 나간다는 거창한 방향을 세우지 않으셔도 됩니다. 아주 작은 기능부터 만들어 나가시면 됩니다. 예를 들면 이 작은 기능으로 아래와 같은 일들을 해낼 수 있습니다.

- 아침에 출근해서 하는 메일함 정리 자동화 (하루 10분)
- 매일 일정이 등록된 내 스케줄을 구글 스프레드시트로 옮기기 자동화 (하루 5분)
- 고객의 생일마다 축하 안내 문자 & 메일 보내기 자동화 (하루 15분)

그리고 이런 작은 기능으로 확보하는 시간이 조금씩 누적될 것입니다. 1분이 5분이 되고 30분이 되고 1시간, 2시간으로 늘어나기 시작할 것입니다. 또한 작은 기능들을 합쳐 큰 기능이 만들고, 그 큰 기능은 우리의 시간을 본격적으로 복제해주기 시작할 것입니다. 이건 저의 추측이 아니라 저의 경험에서 나오는 이야기이니 믿으셔도 좋습니다. 이렇게 나의 시간을 저축하다 보면 파이썬 코딩을 통한 업무 자동화가 엑셀을 활용하듯이 편해지는 시기가 분명 오게 될 것입니다.

저는 2020년 3월에 파이썬 학습을 제대로 시작했고, 학습한 지 1년이 채 되지 않아서 코딩 강의를 시작했습니다. 그리고 지금은 파이썬 업무자동화라는 주제로 책을 쓰고 있습니다. 제가 파이썬 코딩을 잘해서 이런 일을 해낼 수 있었을까요? 그렇지 않습니다. 제가 가진 것은 11년이라는 현업 경력입니다. 그동안 겪은 다양한 경험들은 일반적인 개발자들은 알기 어려운 내용일 것입니다. 결국 코딩에 저만의 경험을 결합하여 새로운 콘텐츠를 만들 수 있었기에 가능한 것입니다.

여러분은 어떠신가요? 여러분 또한 저마다의 환경과 경험을 가지고 있습니다. 그 차이와 파이썬 코딩 언어를 합치는 순간, 세상에 없던 가치 있는 무언가가 만들어질 것입니다. 그것은 다른 누구도 흉내를 낼 수 없고 오직 당신만이 해낼 수 있을 것입니다. 기술은 복제할 수 있더라도 경험은 복제할 수 없기 때문입니다.

그렇게 여러분만이 만들 수 있는 멋진 결과가 탄생하기를 간절히 바랍니다. 그리고 훗날 이 책이 여러분의 위대한 시작의 작은 불꽃이 되었다는 이야기를 들을 수 있으면 좋겠습니다. 여러분의 미래를 응원하겠습니다.

이 책이 나올 수 있게 많은 고민과 노력을 해주신 디지털북스의 박소정 편집자님 , 양종엽 본부장님께 특히 감사의 말씀 드립니다. 그리고 이 책을 쓸 수 있게 모든 면에서 지원해준 배우자 민경이와 튼튼하고 멋지게 자라주고 있는 서온, 서호 남매에게 고맙다는 말을 전하고 싶습니다. 마지막으로 저의 인생 철학이자, 아버지의 오랜 가르침인 캐치프레이즈를 공유하며 글을 마치겠습니다.

'세상은 스스로 돕는 자를 돕는다'

IT 비전공자를 위한

파이썬
업무 자동화 (RPA)

1판 1쇄 인쇄 2023년 4월 25일　**1판 1쇄 발행** 2023년 4월 30일
1판 2쇄 인쇄 2024년 3월 25일　**1판 2쇄 발행** 2024년 3월 30일

—

지 은 이 비현코(김우현)
발 행 인 이미옥
발 행 처 디지털북스
정　　가 26,000원
등 록 일 1999년 9월 3일
등록번호 220-90-18139
주　　소 (04997) 서울 광진구 능동로 281-1 5층(군자동1-4, 고려빌딩)
전화번호 (02)447-3157~8

팩스번호 (02)447-3159

—

ISBN 978-89-6088-425-0 (93000)
D-23-04

DIGITAL BOOKS
디지털북스